回佛對談紀實❷

迴響
Responding

心道法師與世界宗教熱忱的對話

一個致力於世界和平的佛教團體
以回佛對談
開啟世界宗教和平的溝通橋樑
跨越全球
與伊斯蘭世界的對話實錄

釋了意◎主編

以慈悲心來關懷世界眾生

　　佛經中《華嚴經》說：「諸法從緣起，無緣則不起。」世間一切種種，無論是好是壞、是善是惡，或者是非善非惡，沒有不是從因緣生起而出現，依因緣壞散而滅去，世間所有人、事、物就這樣隨著因緣聚散而生生滅滅。一個覺行圓滿者的出世，是要在這緣起緣滅的世間裡，導引眾生離苦得樂的途徑，啓發明悟每一眾生本來具足的光明自性，使得人人皆能成就內在解脫的羅漢與外在慈悲的菩薩境界。

　　靈鷲山的宗風是慈悲與禪，透過禪修來成就內羅漢，以了悟自心無量光明覺性，開啓內求自證的禪悟境界；而在整體法界裡面，一切都是如同珠玉之網般的息息相關，禪悟體驗愈深，愈能領會世間所有眾生都是生命共同體，都是你中有我、我中有你。看到世間眾生的苦痛、劫難，內心除了不忍、不捨，就是無量的慈悲與愛，發願學習佛菩薩救度一切眾生的精神，努力幫助每個有需要的眾生。

　　在進入二十一世紀這個全球化的後現代世界裡，愈發彰顯任何單一事件都與每一個眾生有不可分割的關係，這正是佛法講的互為緣起的世界。因此，早在1991年我們便開始積極籌辦世界宗教博物館，為世界宗教融和作準備。然而，就在2001年世界宗教博物館即將開館的時候，卻發生了阿富汗巴米揚大佛被摧毀的遺憾事件，沒多久又發生

了美國「911事件」，看著因宗教意識迥異所引發的歷史衝突及悲劇，身為佛教比丘的我除了深感悲切外，更深覺自身背負的使命與責任。因此，當下即開始發起成立「全球聖蹟保護委員會」，研究如何保護全球各地區聖蹟。並且積極以如何平息伊斯蘭教和基督教文化之間的長年紛爭做努力，因為佛教的和平與圓融精神，正好以柔性調和這兩個宗教的第三力量，藉著這份因緣和使命，我們於2002年初便展開一系列的「回佛對談」。

　　另外，全球生態環境日趨惡化，近來因氣候暖化問題所引起的強烈颶風、海嘯等等的嚴重天災，更令人對地球的未來極為憂心，我盼望藉由「回佛對談」等宗教對話的發酵、開展，不單能消弭宗教之間的隔閡與仇恨，更能藉此進一步喚起所有宗教，以至於全人類對我們地球家園的關心，因為居住在地球上的人類，猶如搭乘在同一條船上的「有緣人」，所以，我們必須共同努力守護地球平安與全球和平。

　　最後，藉著一波一波跨宗教之間的「聆聽」與「迴響」，祈願帶給我們平靜、清淨的心靈境界，以及平安、美麗、多采多姿的地球家園，這才是圓滿、和諧生命共同體的精神，以及「心淨則國土淨」的真實意義。更於此向所有參與回佛對話的學者、專家、宗教領袖、所有工作同仁以及一切付出善意回應的朋友致意！

世界宗教博物館暨靈鷲山佛教團創辦人

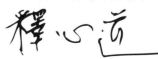

打破異文化間的藩籬
——用宗教對話化解人類紛爭

　　現今對於跨文化關係的討論是一項多文化、多宗教的任務。沒有任何宗教能依據它本身對教義的特定見解，自顧自地說它是「單一」、「本土」的傳統。從實際的論述中，我們看到種種需求、動機與理念是相互串連起來的，它讓我們發現自己的傳統即是跨文化過程的產物。因此，具體來看，觀點中的多元性質本爲既定之事實。於是，以下幾點就變得重要了：

　　第一，我們需要知道跨文化議題的任何論述，如對話的基礎、多元主義與價值的需要，以及人對眞理和希望的追求等，必定要以一種特定的語言來表達，所用的語言決定了論述的規則。這不僅是包含語言相對性的語言學問題，更牽涉到權力的問題：被使用的語言是決定遊戲規則之人的語言。我們無法避免去使用一種語言，而由於許多歷史與政治的因素，這種語言是英文。但我們還是需要意識到這個問題，因爲我們在這裡面對的是諸如眞理等的規範性議題，這是跨文化論述的一個主要困難之處。

　　第二，宗教作爲社會認同的穩定要素與倫理的基礎，並非只是在過去而已，當今世界的政治局勢中，它仍是一個非常重要的社會因素。事實上，在過去二十年間，宗教似乎比二十世紀初期來得更重要。不僅伊斯蘭國家如此，

在美國，甚至中國，這點都很明顯。

第三，今天，沒有一個地理區在文化及宗教上是完全封閉的。這就是說，沒有一個文化空間是有明確界線的，或者只根據一種傳統而構成的文化情境。受各種宗教及過去不同文化體系的歷史所影響，我們有時反倒是某種程度的混合文化。另一方面，社會認同的建構與宗教的社會化，也是受到各種內在外在的影響力而建立的。這些融合過程不斷衍生出愈來愈複雜的結構。尤其是現代世界發達的溝通管道，使各種宗教的或非宗教的價值系統以不太協調的方式傳遞出去。與此同時，眾多截然不同的宗教、文化、語言社會化模式，也就是社會及倫理價值被選擇性地混合起來，形塑了我們社會的多元架構。根本而言，它是科技發展所促成，以消費主義為導向。然而，「宗教」不只是一套依循傳統的行為模式，訴諸於傳承過去而提供安定性；早以新的方式塑造個人及團體的認同，宗教似乎也成為重要的力量與因素。

第四，不同的語言系統與文化，建構出各種不同的範疇體系。因此，在跨文化溝通的情境上，我們需要一種非球員身兼裁判的後設論述（meta-discourse）。這即是說，溝通的規則要在溝通過程中被創造出來。這類論述不僅揭露了不同文化中價值的多元基礎，也會顯示在價值創造的跨文化過程中，異議與同意之間的辯證是如何發展出來的。對此有所認知，就是在溝通過程的規則中樹立公正的價值。因此，對話須仰賴兩種基本的態度：每個與談者都

有公正平等的機會以及對他人的尊重，包括他人情感上的與知性上的完整性。

如同基督徒與穆斯林或印度教徒與穆斯林的關係，回佛關係也籠罩在過去暴力的陰影下。這種暴力嚴格上來說到底是宗教暴力，還是被宗教合理化的政治暴力，是很難去斷定的。文化上的、政治上的以及經濟上的利害關係中，宗教經常是一個推動的因素。在佛教徒與穆斯林的關係史中，由於穆斯林軍隊入侵印度，是屬於其中一方在行使暴力，這使得回佛關係更為困難，因為穆斯林侵略者摧毀了印度的佛教寺院與機構。這是佛教變得非常衰弱的一個主因，甚至佛教還被逐出了它發源的國度。同樣的，幾百年來中亞地區的佛教文化也受到穆斯林軍隊的攻擊。

這些歷史需要受到重視，新的對話選擇才會有希望與成果。新的對談開放性尚處於兩個宗教文化的歷史邊緣，有賴雙方對自己的歷史主動進行反思，秉持勇氣在共同關心的領域裡尋找合作的機會，始能得到發展。在相互依存的全球化世界中，這兩個大傳統有許多可以共同關心的地方，他們不只是在某些區域親自見面而已，也是為了人類的福祉而提供自己的資源。這裡並不需要強調兩個宗教的異或同，因為這類探究不是徒勞無功，就是淪於老套。更重要的問題是，出身於這些重要傳統的人，能站在什麼基礎上合作？要用什麼方式進行？

人類正處於重大危機中。佛教徒也許會說，這是因為缺乏心靈的教育，穆斯林也許會指出，世界的不義與不道

德使整個國家陷入絕望，在沒有希望的情況下暴力成了出路。這兩種看法都是真實且不衝突。我們需要認知到自己身處於相互依存的時代，這也包括了相互依存的宗教主張與生活方式。佛教徒和穆斯林能夠坦誠相待嗎？如果人能信任他人在道德上、知性上以及情感上的誠實，像任何人一樣，佛教徒和穆斯林也能彼此坦誠相待。這種誠實是個人的交往、經驗以及關係中的公正感的問題。

　　目前正在進行的對話是很有前景的。關心的領域被突顯出來。個人的、知識的許多熱情促進了信賴和參與的氣氛。對話必須繼續下去，也會繼續下去。在知識的、情感的、財務的以及社會的層面來說，這是一項辛苦的任務。當前全球論述的公共論壇中，沒有宗教應被拒於分享問題與看法的門外。在今天的世界中，宗教顯然是一股驅動的力量，這就是爲什麼在提倡文明之間的對話與合作時，聯合國或全球取向的機構也要從事基本的宗教對話了。這是件困難的工作，因爲在許多情況中，宗教彼此的真理觀及價值觀是相互矛盾的。然而，生命的多元性是顯而易見的事實。它並不需要導致對立，反而可能成爲一個合作的基礎。第一步已經跨出去了。搭造佛教與伊斯蘭世界之間的橋樑，是何其重要的任務啊！

德國慕尼黑大學宗教研究所教授

麥可・馮・布魯克

Michael von Brück

先知、佛法會面時

When Prophet Muhammad and Buddha Gautama Siddhartha meet

　　幾年前，個人在一所私立大學的宗教研究所教授「伊斯蘭專題」的課程，有一位佛教徒學生告訴我他的期末報告想做比較佛教與伊斯蘭的題目，我建議他不妨做根源的比較，於是他選擇了比較佛陀釋迦摩尼與先知穆罕默德之生平。當他做完期末報告後，他告訴我他對佛教、伊斯蘭的觀點有了很大的改變，視野變得更寬闊，心胸更開朗，不再執著於宗教之間枝節細微的差異與衝突。不同宗教之間的對話、比較本是難事，自有人類以來，宗教即存在，而因宗教導致的戰爭至今也未曾停止。直到二十一世紀的今天，有心人士仍無時無刻地思考如何消弭宗教間的衝突與戰爭，如何促進、建構人類和諧共處的空間。這也是臺灣世界宗教博物館成立近十年來所強調的議題與活動。

　　吾人若探究人類文明發展的歷史，不難發現宗教內外的衝突與融合隨著時空的轉移過程一直在進行，一個精緻宏偉的文明絕非是單一性質的，而世界性宗教更是。就伊斯蘭文明而言，它整合了東西古文明的精華，建構了一個承先啟後的新文明，進而間接或直接地影響了西方現代文明的發展。這種現象無非是經由宗教作為基礎之對話、交

流、融合所產生的結果；而起源於南亞地區的佛教文明亦然，它至今依然影響著世界各地人類社群的活動。世界三大宗教：基督教、伊斯蘭教、佛教諸多社群於當代世界更是交涉頻繁，其中有暴力衝突，亦有和平溝通。無可否認地，作為世界三大宗教的基督教、伊斯蘭教、佛教，其終極目標都是在建立人間淨土，或今世樂園；進而創造後世永恆的極樂淨域。

人類社會的差異性可能來自地理環境的不同；而宗教儀式、教義的差異亦與在地社會的發展有關係。理解立基於宗教教義之不同人類社會、文明及其所形塑之文化的差異，乃是現代人宗教對話目的之一。不論研究者其出發點以及信仰立場為何，現代學術界所謂的「比較宗教研究」對消除因宗教之差異性所造成的衝突以促進人類和平是否有貢獻，端視一個人對他者之宗教的認知是否持包容、接受的態度。

眾所皆知，宗教之真諦全是「勸人為善」；然而，如何藉此通則於不同的宗教信仰者之間做溝通，並非易事。宗教的建立、傳播與人類社群之政治運作亦有莫大關係。若追溯人類歷史，即不難發現此事實。當宗教儀式活動的運作政治化之後，宗教教義即有負面的效應產生。而不同宗教之間的遭逢、碰撞若以政治力介入處理，暴力衝突必難避免；在同一宗教內部此現象亦經常發生。人類的主觀意識常常造成排他的後果。此即是人類常常被自己的無知所蒙蔽，轉而對他人宗教信仰批判、攻擊、排斥。因此，

欲理解他人宗教，其重要前提是將自己的信仰先擱置一邊；亦即，從圈外人的漠視態度轉化為圈內人之關懷情愫，進而去理解等同自己宗教的他人信仰；換言之，「人生而平等且多元」的觀念非有不可。如此看待非己之宗教信仰方不至於產生負面的理解。在這種情況下，亦有可能出現改變宗教的現象，但這對整個人類社會的發展並非是負面的。

在華人世界中，穆斯林與佛教徒的對話早在十七世紀中國的明朝末期即已出現。當然，在中國境內的「回佛」（或是「回儒」）對話並非全然是宗教性，而是更帶有政治、文化意義。當時的對話是穆斯林採主動態度，目的是為了穆斯林少數群體宗教、文化的存繼。然而其效果不彰，導致清朝中國西北（陝甘清）與西南（雲南）地區穆斯林的「回變」後遭到大屠殺，家破人亡，不少穆斯林流亡到中國境外的國家、地區，形成了華人（漢語）穆斯林的離散社群。因宗教或文化沙文主義而起的大小衝突、暴力迫害事件在華人世界至今比比皆是。

臺灣世界宗教博物館近幾年來舉辦了十場的國際「回佛對話」，針對兩宗教社群的問題提出溝通，冀圖共同激盪出人類和平的交集。十次的論壇內容涵蓋了相當廣度的議題，試圖以中庸之道去解決問題，其中最值得一提的是有關宗教暴力的議題。宗教本身並無暴力，暴力實則來自於人類的下階意識，也就是，非靈性意識之不當操作。從兩宗教的教義觀之，伊斯蘭與佛教的交集在於屬靈的教

義、思想部分，亦即，佛教的禪觀與伊斯蘭的蘇菲觀（Tasawwuf, Sufism）。伊斯蘭從阿拉伯半島往外東傳後，在南亞、中亞與印度教、佛教有了接觸，印、佛教的一些宇宙觀、屬靈教義、儀式也無形中被穆斯林吸納、應用，但以伊斯蘭面貌外顯流傳。這種宗教融合是人類社會發展交流的自然現象，其本質是和平的。然而，宗教社群中一些觀念狹隘的無知份子卻視之為異端，加以排斥、撻伐，以致有宗教暴力的產生。一個信仰者如果能深入體驗其自己宗教之信仰核心、本質，以及「人被生之多元性」，當不至於排斥異己之宗教，也不會有「異端」的意識產生。人類在處理宗教時的一個嚴重問題是，常常將其信仰自劃界限，並有意無意地將此界限擴大入侵到其他人的宗教領域。因此，宗教的普世性常被人類自我過強的意識所破壞，而導致人類社群更加支離破碎。「世界大同」本是人類社會之終極理想，卻變成永遠無法達成的幻夢。

處於伊斯蘭文明顛峰時期（中世紀）的穆斯林知識分子往往會虛心地學習他文化，吸取其優點而置入伊斯蘭的日常生活實踐中，進而豐富其宗教內涵。這種現象一直持續到歐洲殖民帝國主義的入侵伊斯蘭世界，因西方科技的發達超越伊斯蘭世界與宗教世俗化走向，而導致傳統保守的穆斯林對他宗教不屑一顧，心態由自卑轉向自大，溫和轉向激進。一般的穆斯林對佛教徒至今仍停留在偶像崇拜的階段，殊不知佛教的真諦並不在於單純地對佛像崇拜膜頂的人類行為，他們對佛教教義全然無興趣去理解，即使

生活在一個佛教的大環境中。相對地，一般佛教徒亦自認為其宗教是人類唯一的救贖，視穆斯林為專以暴力破壞偶像、世界和平的狂熱份子、業障製造者。對穆斯林或是佛教徒而言，膜拜佛像不應該是一個嚴重的問題，雙方若不去深入思考膜拜佛像背後的實質意涵，則容易導致如發生在阿富汗境內巴米揚石佛雕像被炸毀的事件。

而當吾人從事「回佛對話」時是否曾思考如何破除自己對他人宗教所抱持的負面刻板印象與迷思？宗教對話並非在宣揚自身宗教的教義，而是去理解對方宗教之內涵是否與自己的宗教信仰有共鳴之處；而且不應將自己的宗教傳統加諸於他宗教信仰者身上。常有慈悲為懷的佛教徒賑災、救濟貧困、受難者不餘遺力，但是慈悲行為的背後卻蘊藏著受救濟者必須認同、接受救濟者之宗教信仰、傳統的主觀認知。這種宗教交流、對話是不可能長久的，相互利益之誘因消失後即會中斷。《古蘭經》第一百零九章（al-Kafirun）提到宗教崇拜不得勉強，人的業障必須自己擔負，救贖必須是自力的：「你（穆罕默德對他們）說：『不信仰的人們啊！我不崇拜你們所崇拜的，你們也不崇拜我所崇拜的；「我不會崇拜你們所崇拜的，你們也不會崇拜我所崇拜的；你們有你們的（宗教）方式（Din），我也有我的（宗教）方式（Din）』。」因此，吾人從事宗教對話時必須摒除向對方宣教的意圖，而抱持學習的態度，摒除宗教優劣的比對，如此方能有效進行。毫無疑問地，人類社會達到永恆和平之途徑，並非是去消

除他人宗教的信仰，而是從自己宗教之教義、儀式中去淨
化自己的靈性，放空一切，回歸到人類剛出生時的純淨狀
態，如此方能談及包容、接納異己。宗教的發展切忌政治
化或商業化，因為它會腐化人類的靈性。不論穆斯林或是
佛教徒當引為警惕，秉持此心態，對話方有意義。

　　回到前面所提到的學生期末報告，該論文的結論是伊
斯蘭先知穆罕默德與佛教始祖釋迦摩尼皆是「悟道者」，
是自力的救贖者，即使後來其宗教的發展有入世與出世不
同的傾向，但其建立的本質是相同的；而兩者所傳遞的真
理並無不同，即使兩者對「主宰」有不同的表達方式。若
穆罕默德與釋迦摩尼在永恆的極樂淨域會面，那時彼此應
會莞爾一笑吧！臺灣世界宗教博物館所舉辦的國際「回佛
對話論壇」已經為穆斯林、佛教徒，以及他宗教信仰者帶
來會心的一笑。阿密陀佛、Amin！

臺灣伊斯蘭研究學會

林長寬

2009／10／20於木柵

對話緣起

- 和平，從聆聽開始，在每個人的耳邊迴響。
- 當聆聽是我們共同的話語時，在耳邊迴響的，將是何等動人的和平樂章。

　　從2002年第一場回佛對談在紐約舉辦以來，不知不覺地已歷經了十場。如果說，紀錄前四場內容的《聆聽》是揭開回佛對談序幕的協奏曲，那這一本呈現後面六場面貌的《迴響》，就是氣勢磅礴、震撼人心的交響樂了。

　　這些年來的風塵僕僕、篳路藍縷地舉辦回佛對談，秉持的是宗教對世人的使命，也是一份對世人的關懷。在這段時間裡，我們走過很多地方，也認識很多朋友，更重要的是讓「愛與和平」的理念種子在全世界各地生根發芽。這本《迴響》，留下我們在德黑蘭、巴塞隆納、摩洛哥、北京、臺北、紐約進行回佛對談的足跡，也留下我們對「愛與和平」的渴望與呼籲。

　　我們對話的目的，除了期待能通過對話的模式，在全球化時代下的神聖或文明衝突中，尋求一個不同信仰中相互理解、溝通的契機；並且希冀能進一步地從這樣的基礎擴散出去，結合不同的信仰力量，在這個人心被欲望和貪婪所宰制、從而也導致我們的生存環境被各式的全球問題擠壓而變形脆弱的同時，共同為人類的未來尋找出口。

　　通過這些年來的經驗，讓我們更清楚如何從宗教的角度，去關懷和思考當前人類所面對的問題，並且以此作為推動和平的努力方向，也因此，這些議題是相當多元且廣泛的，具有強烈的實踐取向。我們除了關注信仰議題層面的對話，也關注從信仰層面延伸出去對社會與自然的對話，這些都可以從我們歷屆議題的演變看到發展的軌跡。

　　我們第五場主題是「宗教責任」，談的是宗教信仰的交流和對話應該如何進行的問題，著重在宗教或文明衝突如何通過宗教對話來消弭各個異議，並且讓宗教成為和平的推動力量；第六場主要是對「善治」觀念的思考與探討，主要是涉及佛教和伊斯蘭教如何看待當代對「善治」的理解與實踐的問題，不同宗教如何相互支持、合作進而促成善治思想的落實；第七場名為「宗教與社會」，探討的是宗教靈性與神聖危機對社會的影響，主要是對當代各種價值失衡與自我迷思做出反思，同時揭櫫宗教在其中可以扮演的角色。整體來看，這幾場都比較從大價值、大論述的角度來探討信仰與人的關係，是一種較為偏向意識型態層面的討論。

　　第八場討論不同宗教的「死亡觀」，一連三天的討論讓人欲罷不能，與會者在不同宗教如何看待、理解死亡和由此延伸而來的解脫思想中來回遊走，而且互動熱絡，顯現「生死事大」確實是關乎每個人的切身問題；第九場探討的是宗教間「相互尊重」的問題，並且回顧與展望回佛對談未來可能的議題走向，希冀能從宗教問題的探討擴散

到對當代人類生存議題的關懷，值得一提的是，這場會議在臺灣世界宗教博物館舉辦，這是第一次回到主辦單位的地方舉行，使得這種回顧與展望更顯得別具意義；第十場重回紐約並且在聯合國總部舉辦，主題「邁向地球家」探討的是宗教如何在人權、貧窮、生態環保等和人們現實生活息息相關的議題上做出努力與貢獻，回應了上一場次的構想。這三場，探討了不只是宗教間的認識與理解問題，而是進一步地思考宗教如何攜手合作來面對和處理人類的生活與生存問題。

依此，回佛對談並不是一個一成不變的、關起門來自己討論的例行會議，它的目的是從促進宗教認識、理解，進而擴展到宗教間相互交流、合作來關懷與人類整體生命生活，從而達到世界和平的重要力量。

或許有人會質疑，我們這樣不停地對話，在當今資本掛帥與物欲橫流的時代，能夠發揮多大的效應？這個問題的答案，就像我的上師心道法師所說的：「去做就對了！」我們不斷通過對理念的宣揚與呼籲，讓更多人認同並加入我們，當聲音夠響亮時，就能夠影響那些有權力、能力改變世界的個人及組織，讓他們仔細聆聽我們的聲音，進而獲得他們的迴響。

「回佛對談」能夠持續舉辦，要感謝各位認同和推動宗教對話的好朋友們，因爲您們的支持與參與，讓我們有信心與動力可以不斷地辦下去，同時也獲得更多的寶貴經驗。同時，也要感謝我的上師心道法師，因爲他的慈悲與

願力，才能開啓回佛對談的契機，也讓我們這些駑鈍的弟子能夠有更多學習的機會。宗師行誼，卓爾不凡，是我們弟子難以望其項背，更必須努力仿效、學習的。

　　「當我們能夠懂得聆聽來自愛與和平的聲音時，獲得迴響的日子自然不會太遠。」願以這段話和認同與期待「愛與和平地球家」早日來臨的人士共勉。

世界宗教博物館 執行長

釋 了 意

目錄
CONTENS

宗教責任與其它宗教對話　　20
The Religious Other as a Task for World Religions

2004年4月25日～30日／德黑蘭

- 摩塔哈里思想觀與宗教的社會責任

佛法，阿拉與善治　　48
Dharma, Allah and Governance

2004年7月11日／巴塞隆納

- 宗教的教法與平衡

宗教與社會　　80
Religion and Society

2005年11月6日／馬拉喀什

- 宗教的包容性
- 神聖的危機

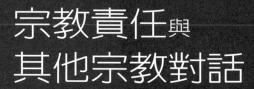

德黑蘭

宗教責任與
其他宗教對話

The Religious Other
as a Task for World
Religions

議題：

- 摩塔哈里思想觀與宗教的
  社會責任

我相信，一旦反省開始普遍，即使最
微不足道的個人，也將是成就整體的
關鍵。

I believe, once introspection become
common, even the most negligible
individual will be the key of fulfilling
the entirety.

～釋心道
Dharma Master Hsin Tao

釋心道

（Dharma Master Hsin Tao）

吉姆‧斐德里克

（James L. Fredericks）

「靈鷲山無生道場」、「世界宗教博物館」、國際非政府組織「愛與和平地球家」（GFLP）的創辦人。幼為滇緬戰地孤雛，二十五歲出家，歷經頭陀苦行十餘年，期間斷食長達兩年，並以生活禪教化徒眾，以菩薩道行化世間。

1999年受邀於南非開普頓「第三屆宗教會議」發表演說，2000年於聯合國「千禧年世界宗教領導和平高峰會議」發表祈願文。

2001年受邀擔任聯合國「千禧年宗教及精神領袖世界和平高峰會」委員會諮詢委員。世界宗教博物館開館後，持續參與國際宗教交流活動，舉辦一系列回佛對話。目前仍以致力守護人類之心靈，積極推動「世界和平」的願景而努力至今。

舊金山牧靈中心天主教神父，任教於加州羅耀拉瑪利蒙特大學神學研究系。擅長跨宗教對談，曾到日本、中國、印度、伊朗與歐洲等地進行國際講學。過去為日本京都資深傅爾柏萊特研究學者，並於龍谷大學佛教沼田講座擔任客座教授。

著有《信仰中的信仰：基督教神學與非基督宗教》、《佛教徒與基督教徒：以比較神學建立新的共識》。

盧西安 · 柯希金

（Lucien Cosijns）

　　為天主教神父，早年在比利時的天主教修道院生活了二十二年，爾後在日本傳教十四年之久。1993年後開始參與跨宗教文化領域等等的國際事務，目前仍致力於世界宗教對話及交流的活動。著有*Dialogue among the Faith Communities*（暫譯：《信仰團體間的對話》）。

▼ 其他與會人士

安亞托拉 · 塔斯里

（Ayatollah Taskhiri）
　　世界伊斯蘭教派促進團結論壇 秘書長。

莫斯達發 · 達摩

（Mostafa Mohaghegh Damad）
　　現任德黑蘭薩伊德 · 貝赫斯提大學法學院教授，伊朗科學研究院資深會員（自1988年起）。

　　爲紀念伊朗偉大的思想家摩塔哈里（Ayatollah Motahari）逝世二十五週年，由伊朗國家電視臺主辦的「摩塔哈里思想研究國際會議」，邀請世界上近百位宗教、哲學及政治的學者發表研究論文。除了伊朗現任總統及前任總統分別出席致詞外，在爲期三天的會議行程中（其他三天爲參訪行程），現場每天都有超過上千位來自伊朗全國各地的學者及學生與會旁聽。

　　本篇主要收錄2004年4月26日之會議內容，而此場會議各專家學者之闡述主題涵蓋「宗教思考的自由」、「宗教思想復振」、「思想的信仰與自由」、「婦女與婦女宗教權」等四大主題，是「回佛對談」深入伊斯蘭世界中最爲重要的會議之一。

摩塔哈里生平簡介

　　摩塔哈里的宗教哲學，是提升伊斯蘭文明與國家文化的新泉源。他的思想涵蓋了思想自由、宗教靈性、宗教思想復興以及知識智慧爲基礎的對話。

　　摩塔哈里於1920年出生，曾任德黑蘭大學神學與伊斯蘭教育系主任、伊朗憲法委員會主席、伊朗革命委員會成員，是伊朗宗教圈非常活躍的角色，1979年遭暗殺身亡。

　　摩塔哈里在伊朗接受傳統的神學哲學教育，認爲共產黨以無神唯物論來詮釋伊斯蘭哲學與《古蘭經》，旨在改變伊斯蘭聖教、摧毀它的精神。遂以學術著作爲伊斯蘭辯

護，指出其他思想流派之謬誤以破邪顯正。

　　摩塔哈里的著作首在回應任何反對伊斯蘭的對象，並證明其他學說的不足，論明伊斯蘭的偉大。他相信若要證明馬克思主義乃至其他意識形態的錯誤，不僅要從學術的角度去評論，更必須呈現真實的伊斯蘭意象。

摩塔哈里的貢獻

　　1.提出創新的理論，為青年世代闡釋了伊斯蘭的意識形態。

　　2.克服了東西方文化輸入的意識形態，並為伊斯蘭意識和社會議題作連結，從而建立了該門學術方法的基礎。

　　3.提倡社會公義與正義。

　　4.透過自身的理論知識對抗馬克思主義以及自由思想，並對已經屈服於外來輸入文化之意識形態的年輕學者，推動伊斯蘭意識形態深具啟發性的圖像。

　　5.伊斯蘭「智識主義」的倡導者，他對於外來輸入性意識形態的方法論的處理，後被證明是相當有效的。

　　6.摩塔哈里處理伊斯蘭哲學的方法，被稱作「摩塔哈里哲學」。其範圍包含自由、思想的自由、婦女、婦女於宗教中的權利及其他宗教對話、知識和哲學的創新等等之議題進行深入的研究。

摩塔哈里的思想概覽

（一）伊斯蘭與西方世界的性倫理學

摩塔哈里不贊同傳統基督教（或佛教）對於物質、人身、性行為的厭離。認為性非邪惡，應以符合人性的方式加以規範；「性」是人的自然慾望，男女應有和諧滿足的婚姻，成就人類伴侶本是神的旨意。但不贊同現代西方的性解放，認為在無禁制的性關係中，真誠的愛反而難得。婚姻建立於真正的愛與仁慈，超越了性本能而成為精神的一部分。

（二）伊斯蘭婦女與其／她們的權利

在評論現代西方女性的解放與平權運動中，摩塔哈里認為西方女性在追求自由與權利平等時，忽略了最基本的問題。一是所涉及的家庭權利體制與其他社會體制的問題；二是自然權利的基礎在於自然本身的問題（註一）。因此，兩性的權利必須顧及生理與身體層面，根據「自然」決定男女的權利是否屬於同一類，考量家庭組成的社會是否半屬自然的社會。平等不等於大家都一樣，平等的質也不等於量。摩塔哈里懷疑西方女性的自由口號是工業革命的副產品，以自由之名利用女性在生產與消費上的經濟價值。

另一方面，摩塔哈里反對在男女身體上的差異加上「完美、不完美」的價值判斷，造物主並不偏厚任一性別。人的幸福、社會幸福要靠每個人各司其職，只有當兩性依循自然的正軌，自由與平等才是適當的。《古蘭經》

中的女性，就是自然（這本聖書中）的女性。

（三）歸結

　　摩塔哈里可能十分專精伊斯蘭律法，對西方文明、西方現代社會哲學也頗熟悉（如佛洛伊德與羅素）。其基本倫理觀為在符合伊斯蘭規範的情況下，人的基本（自然）需求須被滿足，以獲致人生與社會的幸福。對於西方文明弊病多所剖析，時而將之與（良善的）伊斯蘭傳統作對照。認為應謹慎利用西方的工業、技術與合宜的規範，反對仿效西方風俗、以西方法律模式來修正伊斯蘭的民事法與家庭關係。

　　摩塔哈里的分析論述尚稱達理，未見激進或不滿西方世界的情緒言論，反倒對西方社會陷入「自作自受」之苦表以同情，推測其立場應偏向「溫和保守派」。

■ 註一：

　　這裡的「自然本身」是指女性先天生理構造、身體能力、相對於男性所衍生出的種種「半自然」的社會角色，以及一切普遍被認為屬於女性本有之特質。

議題一：
摩塔哈里思想觀
與宗教的社會責任

釋心道

　　摩塔哈里先生銜接宗教與時代的一個思想，用聆聽來融洽宗教，推動互相依存的一個宇宙生命，因為他犧牲的光輝，呈現了一個真理存在的價值。今年世界宗教博物館與伊斯蘭教團體合辦了一個伊斯蘭文化展，讓臺灣的民眾有機會了解伊斯蘭教的信仰、文化與藝術。

　　透過宗教的文化交流，我們更能夠深入了解宗教的世界觀和信仰的系統，相信這和摩塔哈里先生的精神不謀而合。2002年的時候，我在拜訪馬來西亞的一個伊斯蘭教大學時，校長也分享了他長年推動多元文化教育的經驗，他說，一個真正深入自己信仰的人，一定是寬容和平的人，也會尊重他人的信仰。我教育年輕佛教徒理解宗教對話的目的，也是建立宗教之間的尊重、包容與博愛，正如我們今天的會面。

　　摩塔哈里先生的哲學思想，融化了人們心靈的衝突，宗教在農業時代的保守、工商時代的開放，這期間分別扮演了不同的角色。摩塔哈里先生的思想卻銜接了資訊時代的教育功能、和平引導的作用。正如他所說的，真正的自由是靈性的自由，去除內心的執著障礙、追求完美的真

理，宗教就是真理的窗口，是愛的現身，用來滋潤機械化的一個生命。

在推動世界宗教博物館的過程當中，體會到《古蘭經》中所說的：「阿拉有大門，正義並充滿仁慈的意義。」《古蘭經》強調宇宙的計劃性和次序，用來證明真土的一個大門。萬物都被賦予明確的性質，這性質使每一種東西在整體中發揮作用，同時又有限度，這種對次序的強調，是伊斯蘭宇宙觀和教育的原則之一。

這也是讓我們聯想到佛教的「華嚴世界」，這指的是一個智慧的世界。華嚴世界就是每一個眾生都是一個世界，每一個眾生都是一個智慧的，也就是「一花一世界，一葉一如來。」意指每一個靈性都是一個智慧，每一個花朵都是一個世界。一切眾生都是這個世界的智慧，這個智慧所合起來，就變成我們處在的這個世界。

所以，一切靈性所顯現的萬事萬物都是一個世界，每一個人也是一個世界、每一個心也是一個世界，每一個世界結合起來就變成一個華嚴世界。所以說，我們這個宇宙是由靈性的花朵、智慧的花朵所組合呈現的。我們相信佛教和伊斯蘭教有很多共識，兩個宗教都強調萬物的作用性、融合性，不同的是「空性」。我們的世界就是一個相互依存的世界，只有尊重、包容、博愛每一種眾生的存在，才會成就人類的永恆福祉。

摩塔哈里先生強調正義，我們用科技、基因、武器傷害了地球，正義也將判決地球的滅亡。因此，「正義」是宗教的一種責任，讓真理存在、世界存在、保護一切的存在，這是為什麼宗教教育是我們的當務之急。宗教教育的

目的，是在於延續眞理的不滅，開闊的宗教教育可以傳承宗教的正確思想，導引社會倫理能夠和諧健康，帶動良性的循環。

宗教可以讓知識的分歧、盲目、衝突都消除，進一步昇華爲大愛，彼此造福。在我們認識、接受世界的多元化，我們必需透過宗教的教育，不斷地傳遞這項訊息。每個宗教都應該致力於培養、尊重其他宗教的傳教人才。充分地實現尊重、包容、博愛的精神，這是每個宗教都要回應時代的使命，更是我們對於智慧和眞理的奉獻。

這就是摩塔哈里先生所說，社會宗教的發展都要走向一個整體，也是我長年提倡「愛與和平地球家」的神聖呈現，由種種而認識眞理的創造性、由唯一而認識眞理的永恆性、永恆不變。靈性的解放是生命眞正的自由，眞理的光，是不熄滅的存在。我們感謝一切，感謝大家。

盧西安・柯希金

上帝的人民，泛指所有的人類與那些有著神性本質的人，爲了瞭解像我這樣講者所說的話，去瞭解我非常不同的生活背景與所有的恩典，就變得很有用。我有三個人生，第一個人生是在日本做爲天主教神父與傳教士的十四年；第二是之後的三十二年在日本與歐洲之間的職份；我的第三個人生開始於1993年，從那時起，我開始每天獻身於提倡信仰間的對話。

我所看過的世界中，我一直無法忘懷的事是去拜訪一直沒辦法去的伊斯蘭最大的城市，這也是爲什麼我的第三個人生是爲了信仰間對話的原因。我非常開心來到這裡，

見到素昧平生的聽眾與新環境，同時很高興能從這次的會議中，學到更多摩塔哈里先生的思想。摩塔哈里認為，訓練與教育的活動是他最重要的任務，他的工作不只侷限在課堂，他在家鄉也一直是當地居民及親友們在社會經驗上的老師。

我也曾經從宗教家柯梅尼（Khomeini, Ayatollah Ruhollah）（註二）所說的問題中走出來，他在言論中提到摩塔哈里的磨難。從中我引述「殺死上帝的敵人，是伊斯蘭教指導方針中的一部分。」從我人生歷史來看，你們已經知道我從三個歧異人生中的表現得到殊榮，以便在許多不同的文化中，與許多不同信仰和生活方式的人對話。

我完整的演講稿，可以說是我八十歲的聲明。我不同人生的結果，特別是整整十一年每日獻身於地球上信仰社群間的對話，是為了將世界帶領至信仰間對話的交流。過去這十一年每天的工作，是為了聯繫世界上所有的人類，我的演講的目的，是為了引起您們的注意，因為世界的整合是必行之道，可以從過去六十年所組成的九個全球性組織看出來。

從1944年的世界銀行（WBG）開始，聯合國（NU）、國際貨幣基金（IMF）、北大西洋公約組織（NATO）、世界貿易組織（WTO）、歐洲聯盟（EU）、正在籌組的亞洲聯盟，與同樣正在籌組的非洲聯盟。最後一個也很重要，就是世界宗教領袖理事會（WCORL）。反觀穆斯林的主導行動明顯不足，似乎是因為缺乏具全球性、權威性的伊斯蘭組織才受到阻礙。

過去十一年我為了更多的信仰間對話會議做了努力，

我的第一個印象在於，我們面臨到許多字面上的問題。同時，整合的需要嚴重不足，而且他們不說「整合」，反而是說，世界上信仰間對話組織與信仰團體間的「聯合合作」。儘管非政府組織與其他相似組織，為了世界的諸多問題盡一切努力（比如說批評乾淨水生產的不足、軍售、用戰爭手段侵略其他宗教信仰不同的國家等等），但是，所有的問題卻沒減少，反而逐年增加。

這讓我得到一個結論，也就是世界上只有政府與政治人物才有權力和方法，讓世界上存在的問題真正得到改善。有數以萬計追隨者力量的組織，才會讓政府、政治人物，還有媒體受到其傳統行動的刺激。也就是說，只有世界宗教無以計數理想的行動共識，才能夠成為政府與政治人物無法忽略的聲音。需要信仰社群與政治世界的合作，才可能達成。

上面提到的世界宗教領袖，可以做為這些對話的一步。聯合國需要一種整合宗教組織或信仰社群代表的全球性論壇，包括人道與其他信念，來做為真實、有力量的夥伴，一起處理世界上的問題。在與政治世界的對話中，告訴所有人要開始新的生活方式，就是一種用新的角度看待其他文化的方式。一些天主教堂做了宗教上最大的改變，我是其中的一員，同時，也戲稱自己為佛教天主教徒。

過去的六十年開始有了變化，開始興起用更科學的方式詮釋聖經，並將《舊約》與《新約》過去的文學重新詮釋。第二步是在1962年到1965年間召開的第二次梵諦岡會議。我認為此會議的目的，在宣揚其他文化與宗教皆有其價值的問題，皆須受到重視，而且救世的概念不是基督教

的展示品。所有的改變都可能改變未來教堂的歷史，在歐洲與美國，有愈來愈多人不遵守人類創造出的舊有戒律與禁令。教義於現在大眾的心中，也愈來愈被視為是人類追尋上帝全新形象的信仰，就讓我們相信教義吧！

之後的幾年，我也看到世界科學與宗教的和解運動，試著讓人們接受在不同的學科中，彼此的位置是不確定的。就如同你們的前總統賽依德‧穆罕默德‧哈塔米（Seyed Mohammad Khatami）在2003年12月12日於日內瓦召開的「普世教會協會」（World Council of Churches）（註三）中所說的：「我呼籲文明的對話，同時也呼籲宗教間的對話，特別是伊斯蘭教與基督教，絕對是重要、必要、不可否認的需要。」另一段引述是：「現今世界的宗教生活能夠藉由對話、了解與分享經驗的方式，跨越障礙並解決問題。」

總之，世界各宗教活動在過去幾個世紀以來的目標與教育的態度也許是互相有差異，但透過近年來地交流與溝通，也愈來愈多人願意學習他者對宗教和諧共存的態度，如此才可以解決在舊社會中，由於其他宗教與文化的引進所產生的問題。擁有這個態度，最後會豐富自我認同，同時也會在多元文化與多元宗教的社會中，帶領人類朝向多方接受與了解。

■ 註二：

　　柯梅尼（Khomeini, Ayatollah Ruhollah, 1900～1989年），伊朗宗教家、革命領袖。伊朗什葉派宗教學者，1979年伊朗革命的政治和精神領袖。此次革命推翻了伊朗國王穆罕默德·禮薩·巴列維的白爾泰政權。被許多什葉派穆斯林視為精神領袖，從推翻白爾泰政權開始擔任伊朗的最高精神領袖直到1989年去世。柯梅尼被許多人認為是二十世紀最有影響力的人之一，被評為1979年《時代》雜誌「年度人物」。

■ 註三：

　　普世教會協會（World Council of Churches），又稱「世界基督教協進會」、「世界基督教會聯合會」或「普世基督教會協會」，簡稱「WCC」，為推行普世教會合一運動的國際性基督教組織，總部設在日內瓦。該協會於1948年成立，強調「凡認耶穌基督為上帝及救主」的教會都可加入成為會員，進一步促進教會不同宗派之間互相學習和彼此合作。

　　普世教會協會大力宣傳「教會合一」，宣稱「教會是超國家、超民族、超階級的普世性實體」，號召基督新教、天主教和東方正教終止歷史上的對立，應採取互助合作之聯合行動。

吉姆‧斐德里克

　　從基督教的年分來看，我們現在正處在所謂的「復活期」。我們都記得耶穌從死亡的狀態復活，向門徒所說的第一句話是「願你們平安」。我不知道波斯文怎麼說，不過我大概知道怎麼用阿拉伯文說「Assalamu alaikum」（意指：願平安與您同在）。在1993年，哈佛大學的杭廷頓（Samuel P. Huntington）曾發表一篇名為〈文明衝突論〉的文章（註四）。杭廷頓的論點如下：在冷戰時期，世界秩序主要是由社經意識型態的衝突所建立，隨著蘇維埃式社會主義的沒落，世界秩序便開始會依照四個不同文明路線而建立。

　　杭廷頓的論文被批評為不具真實性，然而，做為宗教人士、做為穆斯林、佛教徒、基督教徒，與其他宗教人士，我們必須認清在現今的世界，有強制的力量正在運作，並將文明帶往衝突。由於存在宗教傳統的分歧與許多的差異性，宗教信仰者必須尋求方法，共同為了對抗毀滅性力量而努力。走不同宗教路線的人，例如伊斯蘭教的向前路線、佛教的中間路線與基督信仰的路線，必須在宗教社群中，建立起新的宗教與社會團結形式。為此，思考「德」有很大的幫助。

　　宗教人士必須在人生艱困的時刻，一同辨識何謂「德」。拿宗教間的對話來說，我們必須辨認、培養「德」，以讓我們能成功地生活在宗教差異極大的世界，其中政治、宗教與經濟力量都在文明和宗教間產生衝突。我特別想要提出宗教間的友誼為一種「德」，在今天非常的需要，作為一個「德」來抵抗世界上正在運作的毀滅性

力量。跨越區分宗教社群的友誼，過去通常被認爲是一種「惡」；今日，我們必須將這種友誼視爲一種「德」。

我的論述組織如下：一、我想要用非常一般的術語來討論杭廷頓的論文，並且深思其對宗教社群的影響。二、我想強調一些當代西方對於「德」的討論。三、我想帶出一些對跨宗教友誼的思考，視其爲一種「德」，適於今天世界的需要。所以，就從杭廷頓的論文開始來說明我今天要談的議題。

根據杭廷頓的說法，冷戰成功將世界組織圍繞在兩個對立的社經意識型態之中——蘇維埃式的社會主義與西方的自由主義。如今冷戰已經結束，文明間的緊張提供了新世界的基礎，杭廷頓指出幾個文明世界，包括中國與其生活於國外的人民、印度、伊斯蘭世界與西方世界。民族國家一直是新世界秩序的重要行爲者，不過眞正的衝突會在文明之間發生，杭廷頓提出幾個文明衝突的例子，包括西方世界文明與伊斯蘭世界文明的衝突，以及穆斯林與印度教徒之間的衝突。

杭廷頓在論文中認爲，我們必須期待更多宗教上有名的公衆人物，做爲世界上許多地方社會秩序的基礎。在伊朗這裡絕對是如此，因爲在這裡，伊斯蘭主義與眞正非主流的所謂「西方的荼毒」對立，這種現象在俄羅斯與印度也可以看到。在美國，福音派基督教對布希政府的影響也需要受到注意。有學者曾經表示，西方世界是普世的文明，適合全人類；法蘭西斯·福山（Francis Fukuyama）曾說：「整個世界已經到達歷史的終點，因爲西方的世俗自由主義，才是邁向成功社會的唯一基礎。」個人認爲這

種言論是很天真的。

可靠的宗教作為社會秩序的基礎，即代表著相對於西方世俗自由主義的另一種可行的方式。我不認為文明的一戰無可避免，然而，我確切相信，今天的世界有強大的政治、經濟與宗教力量正在運作，並且帶領我們向著這個目標前進。宗教人士急需團結起來，並且設法對抗這些力量，用全球視野對待此問題。我的提議是很謹慎的，必須要提倡友誼，切斷宗教上的區分，對抗分化我們的力量。這一種友誼在過去的天主教被視為是一種「惡」，今天，它們被視為是「德」。

我們進入到第二個部分，我想很簡短地說明，至少在西方關於「德」的四個重要想法。在古希臘亞里斯多德時代的雅典，友誼被讚美為一種重要的「德」，不過在討論友誼為「德」之前，我想要先簡要說明一下，特別是在今天西方的基督教中，討論關於「德」的四個重要觀念。

首先，「德」是一種持續的性格，其活動帶領人們走向繁榮。因此，「德」是人類性格中持久的面向，不是透過情緒的表達，而我們的「德」反映出最基本的價值。

第二，「德」所包含的不是只有價值，也包含著技巧。從價值面來看，我說的是理想，是大眾認為對共同利益的貢獻；從技巧面來看，我說的是為了具體達成我們的理念，所要的實際能力。價值能夠成為「德」，只有與技巧結合，才能實現價值。

第三，「德」有其歷史，這個部分很重要，因為人們會識別、培養「德」，以回應不斷變化的社會情況。在一個時代中，所謂的「德」可能在另外一個時代被視為

「惡」，相反的情況也是如此，過去被認為的「惡」，可能未來在新的情況下，被視為「德」。所以，「德」可能因為所處的社會環境，而有新的意義。

第四，「德」通常做為修正的功能。當然，在這裡我想到亞里斯多德提到的「溫和」，用以對「德」的相互撞擊反彈來說明。舉例來說，「勇氣」的出現需要「謹慎」的撞擊來激發；「德」也同樣做為「惡」的修正，例如「勇氣」做為「懦弱」的解毒劑，在這個情況下，修正成為正式的抵抗。

由此觀之，關於宗教間友誼的思考就變得很重要，如同「德」的觀點，讓我進入友誼的「德」之思考，特別是將不同宗教路線的人結合在一起的友誼。首先，宗教間友誼的「德」是促進人類繁榮的一種方法，我與心道法師的友誼豐富了我的生活，我希望自己在一些小地方也能帶給他一些助益。的確，與心道法師的友誼，讓我成為一個更好的基督徒。

在美國，我認識一位羅馬天主教神父，他定期與一群什葉派的穆斯林會面，這些穆斯林既尊重神父並和他成為朋友。雖然有許多語言上的限制，但我仍曾經在紀念什葉派一千多年前的聖者胡賽因教長（Imam Hussein）的場合上發言過；而我那位天主教神父朋友也在伊斯蘭的聖日時，陪同什葉派進行他們的宗教儀式。他們對神父的回禮，就是神父與穆斯林朋友分享羅馬天主教「仰望十字聖架」的儀式，在儀式中，天主教徒表達自身的罪惡與失落。由於此一宗教間的友誼，也就是天主教與什葉派穆斯林的友誼，讓美國成為更適合居住的地方，對穆斯林更

好，也對基督教更好。

第二，與一個走不同宗教路線的人做朋友，暗示著價值與技巧的結合。宗教間友誼的「德」珍藏著一些價值，這些價值增加宗教社群間的相互了解，超越單純的容忍，達到眞正對另一個宗教的尊重，也幫助我們在自己的信仰中，保持謙虛的態度，並準備好隨時向他者學習。宗教間的友誼伴隨著技巧，這些技巧在今天很重要。

如在面對陌生人時，「德」幫助我們對抗自然反應所產生的害怕與衝動。同時，讓我們用新的神學方式，除了思考其他宗教之外，也思考自己的信仰對其他宗教的啓發。宗教間友誼的「德」讓我們培養出技能，以生活在宗教互異所造成的模糊世界中，並了解他人的生活方式與我們的差異。的確，我與心道法師的友誼伴隨著所有的價值與技巧。

第三，至少對一些人來說，宗教間的友誼是新的「德」。與其他宗教路線人士的友誼、交流，在過去許多基督徒的眼中視爲一種「惡」，今天，歷史的局面讓基督徒將宗教間的友誼視爲「德」，而不是「惡」。事實上，建立起宗教間的友誼，推動了整合以及人類的繁榮，我回想自己與心道法師的友誼，部分做爲本身宗教的任務，部分則跟隨著上帝的使命，這並非是爲了改變他人信仰的任務，而是去服務、嘉惠我的佛教朋友。

第四，宗教間的友誼可視爲對「惡」的修正，今天，我們需要抵抗「惡」。與其他宗教信仰者的友誼，幫助我們修正自己對陌生人的懼怕與拒絕外來的傾向。陌生人可能因爲我嘲笑迷信或將厭惡視爲幼稚，就認爲我是恐怖分

子，宗教間的友誼幫助我們抵抗所有的「惡」。杭廷頓對於文明衝突的說法可能不是很正確，我希望他錯了。世界上宗教社群間的衝突還在增加，宗教信仰人士必須找到方式，抵制將我們分化的力量。在今天，跨宗教界線的友誼必須被視為「德」，而不是「惡」。

■ 註四：

　　杭廷頓（Samuel P. Huntington, 1927～2008），美國當代著名的政治思想家、國際政治理論家。早年就讀於耶魯大學、芝加哥大學和哈佛大學，二十三歲即獲哈佛大學博士學位，並於該校任教職長達五十八年。曾編撰多達十七本專論書籍，內容大多數與美國政府、民主化、軍事政治學、民事及政治發展有關。最著名的作品包括1996年出版的《文明衝突與世界秩序的重建》（The Clash of Civilizations and the Remaking of World Order）一書，該書曾被翻譯成三十九種語言。

　　本文所說的〈文明衝突論〉文章為《文明衝突與世界秩序的重建》一書的前身，內容講述後冷戰時期的暴力衝突，並非出於各國在意識型態上的分歧，而是不同文明之間的文化及宗教差異所造成，此論述在國際間引起極大的迴響。

▼ 現場迴響

觀眾

在我提問之前，我想先表達我的意見。一個簡單的意見，我覺得對許多人都有助益。已故的一個學者曾經被問過「你是位基督徒嗎？」這是一個很簡單的問題，然而對我們、對我的鄰居來說，都負有其責任，甚至我覺得對我們許多人來說也都有責任，因為我們是穆斯林。我們的鄰居能夠告訴我們，因為我們是穆斯林，在任何的情況之下，我們都聽過信仰間的對話，我希望杭廷頓能夠聽到關於不同形式的對話。對話不只是我們坐下，說我們有多好的地方，對話是行動，對話是社群結合在一起，對抗不正義，幫助那些生活悽慘、無家的人。從其他方面來看，我想請心道法師說一下不同社群如何因為對話的需要而結合在一起，而不是用對話來處理彼此的差異性？談到相似性是好事，不過關於差異性如極端主義、宗教極端主義、排他性、基本教義，當然還有不同的非正義等，為什麼他們不在討論的範圍？謝謝。

釋心道

我們最早的宗教交流不是只有這個談話，譬如在臺灣，有一個基督教的醫院過去經營狀況還不錯，現在卻比較貧窮。他們就向我們佛教募款，而我們也很自然地替他們進行募款，把這基督教醫院建設得更完善。

另外，在臺灣有天主教徒終生閉關的地方，有時候他們疏忽而沒有食物可以食用，一兩天沒食物，我們也是提供他們協助。之後，又請我負責這間閉關中心的事務，我們也自然地提供協助了，所以，直到現在跟他們的友誼還

是非常的良好。

當我們在進行人道救濟的時候，可以從各種疾病跟天災方面著手，在這樣的議題上面，不同宗教是可以一起合作的。利用這樣地合作機會，把彼此之間的友誼、交流聯合起來，共同做相關救濟的事情。

觀眾

我有一個問題想請問各位，第一，每位講者都提到信仰間或宗教間的對話，不過都沒有提到宗教內的對話。就我在信仰間對話的經驗上來說，我認為宗教內的對話比宗教間的對話更難達成。

在我的國家與美國本身的許多基督教間，就很難在內部達成對話，例如，天主教與新教，甚或新教內部本身。舉例來說，我自己有個經驗，當我踏進摩門教堂，其他教堂認為摩門教不再屬於天主教，原因在於，摩門教沒有以聖父、聖子、聖靈之名的降臨。

不過當我到教堂中，他們有以其為名的降臨，有以聖父、聖子、聖靈之名的降臨。所以，我回到天主教堂，並且提問「為什麼你們說我不再是個基督徒？就因為他們沒有以其名的降臨嗎？你們認為有無屬於基督教教義的標準到底在那裡？」這是第一個問題。

而且我認為，就如同昨天我經歷了穆斯林內部的對話一樣，舉例來說，就是什葉派與遜尼派之間的對話。昨天，一位女士問我「可以請妳告訴我遜尼派的優點嗎？是否能夠告訴我遜尼派對所有人都有好處，並且讓我了解信仰什葉派又是如何？也許我能更了解自己的信仰。」因

此，我告訴她「我沒辦法說那一個是對的、那一個是錯的，這不是我的考驗。」

只有這種考驗能夠做出評斷，因爲遜尼派與什葉派雙方都是穆斯林，並且都根據彼此的傳統、歷史關聯與法典教規，去了解《古蘭經》。因此，我認爲，我的問題在於此，也許你們至少提供一些建議，要如何增加宗教內部本身的對話。

另外一個問題，我覺得很重要，特別是對吉姆・斐德里克來說，對話的障礙是否在於人們害怕掉進本土文化主義之中？因此，也許可以給我們你的意見。謝謝。

吉姆・斐德里克

謝謝你的提問。你提到的宗教間對話，需要從許多不同的方面說明。一方面，對話能夠在社群之間持續，是一項很高度技術等級的教育，就好像我們討論教條、政策等事情一樣重要。同時，對話不只在學術風尙間持續，在各個宗教傳統中，偉大領袖的結合也可以持續，並且用非常公開的方式表達對他者的尊重反應，這也是一件好事。

還有另一個等級，也就是我今天在演講中提到的，也許我沒有說得很清楚，不過當我提到友誼，我表達的是宗教間的友誼，也就是說，我說的是宗教間的相遇，很明顯地，伊斯蘭教與基督教就是一個例子。在伊斯蘭法律或基督教神學中，不表示一定要有偉大的技術專家，在非常個人層面的交流下，改變等級也改變靈性。

我可以給你一個例子，眞實的故事，發生在地球的另一端，在我居住的洛杉磯。我認識一個小女孩，她是天主

教徒，我想，她現在應該是五年級，長得很漂亮，她在學校有一個朋友，是一個穆斯林小女孩。我想說的故事對我來說很重要，非常感動我這個天主教徒。

在齋戒月期間，這位天主教女孩帶著她的穆斯林朋友，手牽著手走出餐廳，離開其他正在用餐的學生，走進學校另一端的球場。天主教女孩想要陪伴穆斯林女孩，因為要在午餐時間當一個穆斯林是很難的，在洛杉機，很難要求每個人坐下來用午餐。我想說的是，在這個非常非常簡單的動作中，宗教間的對話就在運作了。

這位天主教女孩正在學習關於伊斯蘭的美好事物，我希望那位穆斯林小女孩也正在學習基督教的事物。心道法師曾提到美國的侵害人權、侵害人類尊嚴、侵害穆斯林的事，這很丟臉，但這是事實。我還能說什麼？這很丟臉，沒有藉口。不過，能讓我說一些話嗎？「911事件」發生之後，我在洛杉機與學生們見面，其中一、兩位對伊斯蘭表示激憤、生氣，他們雖然說了些話，但不是認真的。

然後，其餘的學生，大概有三十二位學生，都說：「神父，下個學期教我們伊斯蘭文化，我們想要學習伊斯蘭，將伊斯蘭帶到校園中，帶到學校，我們才能與他們見面、聊天，向穆斯林學習。」這是我學生說的話。我必須要說，現在對穆斯林的暴力還在持續，我也重覆，這很丟臉，沒有藉口，這些事件都上了報。

我的學生的第一個反應是願意傾聽，有強烈的慾望想要學習、了解伊斯蘭，但是這個故事沒有登上報紙，在洛杉機的學生需要穆斯林朋友，我作為一個宗教領袖，必須為他們與穆斯林做聯繫。我在論文中提過，我的建議很嚴

謹，指出我們今天所面臨的巨大又複雜的問題，不過我仍然覺得我們需要這麼做，這兩個就是對話。

觀眾

我有一個問題想問吉姆神父。我們都知道布希總統的政治受到大主教福音教派與國家的影響。而且，除了我們自己之外，我們認為越南與其他國家的政治也不是很好。因此，天主教、羅馬天主教、國家、教會、羅馬天主教會，與政治權力的立場是什麼？並且，為什麼這麼多的政治都在毀壞《舊約聖經》？就我認為，其他的基督教徒與天主教徒也確實相信《舊約聖經》，穆斯林也相信《舊約聖經》，但不相信我們的經書與《新約聖經》。可以請你就這個議題回應嗎？

吉姆·斐德里克

我會很簡短回答，因為是一個很簡單的問題。就世界上的毀滅力量來說，首先，我要回到前述，不過我只有十五分鐘的時間。世界上有一個力量無法因為任何國家的關係而減少，力量強加在世界上所有人的身上，有時候這種力量被稱為「全球資本主義」，有時被稱為「全國大眾文化」。我想要告訴你，今晚我好幾次了解到這個力量究竟可以成為如何穩定、麻煩、冒犯的程度。

就我來說，我了解這不必然是美國政府或是其他政府的政策，這和全球通訊科技有關，好嗎？這是一個很複雜的問題，沒有簡單的答案。不過我了解這可能造成未來的不穩定性、侵略性與問題性。我認為，這與我先前所提到

的，關於什葉派伊斯蘭教在伊朗被視爲可做爲西方世俗文化的替代品有關。

由一個美國人來說這件事，有其重大意義，不過對一個天主教徒來說卻不是很困難，我集中了兩個身分。因此，除了全球資本主義之外，還有全球形象的力量，我也會加入宗教的狂熱形式。當然，問題在於狂熱的意義到底是什麼？

在伊斯蘭教、猶太教與基督教中，都有宗教狂熱的形式；在佛教中，有更狂熱的宗教形式。了解到狂熱形式的危險之後，我想站在穆斯林這邊，與廣大的穆斯林大眾一起抵抗這些形式。我們要怎麼做？怎麼站在同一邊？我認爲以打開心胸，接受對方的友誼當做起點。要提出問題，需要多年的時間，針對你的問題，這不是很好的答案，不過，你我之間的對話，就是一個開始。

（全文摘錄整理於2004年4月26日德黑蘭「回佛對談」會議記錄）

巴塞隆納

佛法，
阿拉與善治
Dharma,
Allah and Governance

議題：

- 宗教的教法與平衡

沒有宗教間的和平，就沒有國族間的
和平。

There will be no peace among nations
without peace among the religons.

～孔漢思
Hans Küng

瑪利亞・哈比托

（Maria Reis Habito）

釋心道

（Dharma Master Hsin Tao）

穆罕默德・卡吉

（Mohammed Kagee）

為世界宗教博物館的國際計劃主持人，於1979～1981年就讀於臺灣師範大學中國語言與文學，隨後前往慕尼黑大學研讀中文、日文及哲學，並於1985年取得文學碩士。她獲頒日本文化局獎學金並於1986～1988年為京都大學文學院研究成員，1990年完成慕尼黑大學博士學位。1990～2002年，於美國德州達拉斯南方衛斯里大學教授中文、日本歷史與文化以及世界宗教。她曾發表許多中國宗教的文章及兩本書籍。

「靈鷲山無生道場」、「世界宗教博物館」、國際非政府組織「愛與和平地球家」（GFLP）創辦人。1999年受邀於南非開普頓「第三屆宗教會議」發表演說，2000年於聯合國「千禧年世界宗教領導和平高峰會議」發表祈願文。世界宗教博物館開館後，持續參與國際宗教交流活動，舉辦一系列回佛對話，致力守護人類心靈，積極推動「世界和平」願景。

南非開普敦宗教交流會創始會員之一，此會致力於推動世界宗教會議的議會活動，對促進宗教間瞭解與對話貢獻良多。

大衛・恰沛爾

（David W. Chappell）

　　夏威夷大學榮譽退職的佛教與比較宗教教授，曾於1981～1995年擔任佛教與基督教研究學術期刊的創始編輯，於1988年為佛教與基督教社會研究機構的合辦人，並於1993～1995年成為該機構主席。

蘇拉克・西伐洛克沙

（Sulak Sivaraksa）

　　為泰國著名批評與激進份子，曾獲得兩次的諾貝爾和平獎提名，目前於斯沃索莫學院與哈佛大學擔任客座教授。

阿密・伊斯蘭

（Amir Al Islam）

　　伊斯蘭教教授、伊斯蘭教對話論壇總監。

努拉・艾瑪尤拉

（Nurah-Rosalie P. Jeter Amatullah）

　　伊斯蘭教婦女學院的執行董事研究與開發（MWIRD），長年關注新移民及伊斯蘭婦女等議題。

　　由「世界宗教理事會」主辦的「巴塞隆納宗教大會」是世界最大規模的宗教會議，為期一週，近八千人與會。其中也有媒體焦點人物前來參加，包括2003年諾貝爾和平獎得主的伊朗女律師Shrin Ebadi、印度靈療大師Sri Sri Mata Amritanandamayi、宣揚與推動全球倫理的著名學者孔漢思（Hans Küng），以及馳名國際的宗教對話學者潘尼卡（Raimon Panikkar）等人。

　　大會從7月8日開始，持續到13日結束。本書所輯錄的是7月11日在會場中進行「全球回佛對談系列」會議部分。會議內容主要將「宗教的教法與平衡」的議題，進行心得互換。讓其他與會人士及現場觀眾更深層體認到宗教對話的必然性，進而達到經驗互換等交流之目的。

「世界宗教理事會」簡介

　　「世界宗教理事會」（Council for a Parliament of World's Religions，簡稱CPWR）於1893年首度召開，匯聚各界宗教領袖，向全世界呈現出東西方多樣化的宗教與靈性傳統，並引發學者對於比較宗教學的研究興趣，後因第一次及第二次世界大戰而停辦。

　　一百年後，基於全球化急速互動的緣故，世界宗教會議再度受到重視，於1993年及1999年分別於芝加哥與南非開普敦，召開第二屆及第三屆。在第二屆的會議上，與會

的宗教領袖最後達成協議，全球化的經濟應建立在全球化的倫理道德之上，故以孔漢思的全球倫理宣言為藍本，提出四條符合東西方傳統的倫理原則。在1999年的開普敦會議上，世界宗教會議將出席成員擴大，包括青年代表、政府單位、勞工代表、農工商教育界人士、藝術與媒體等。

　　由於各界反應熱烈，1999年的會議後有多項聯盟活動與未完的討論，因此有了2004年的巴塞隆納大會與在巴塞隆納郊區蒙塞拉所舉行的會前研討會。

主持人：瑪利亞・哈比托

　　我想要感謝今天專題討論的與談者，特別是世界宗教理事會組織和巴塞隆納城，使這次的回佛會議得以在此時此刻展開，這已經是這幾年來第六次舉辦了。「回佛對談」一系列會議的發起，是由於心道法師對巴米揚大佛被破壞的回應，以及想要超越佛教與伊斯蘭教社會的心念。

　　我們需要互相對話，並且彼此瞭解，因為大多數的亞洲居民都是佛教徒或穆斯林。2002年，我們「回佛對談」的系列會議在紐約哥倫比亞大學開始了，接著在馬來西亞、印尼舉行，2004年5月則是在巴黎聯合國教科文組織舉行。每次會議我們都有不同的主題：第一次是比較不拘形式的談論佛教和伊斯蘭教的基本概念；之後的兩次是分別在馬來西亞、印尼具體的討論佛教徒和穆斯林在亞洲的情況，包括全球化的問題；在巴黎聯合國教科文組織，我們談論了全球化概念和善治，這是和我們今天的題目比較接近的。

　　基本上，問題在於我們怎麼藉由這次會議的平臺，來了解佛教和伊斯蘭教關於實踐世間「善治」代表性和關鍵性的概念。我想要邀請我們的第一位與談者心道法師發言，他是世界宗教博物館的創建者以及愛與和平地球家的創辦人，致力於世界多種信仰非營利組織間的交流工作。

宗教的教法與平衡

▼ 回佛對話

釋心道

　　各位貴賓，願和平與您們同在：

　　我想懇切地感謝CPWR舉辦佛法、阿拉與善治的對話：回佛對談，帶領我們分享觀點和取得解決的途徑。我是一個佛教的比丘，佛教教義的特點在於因果觀念，意指不同的因導致不同的果以及不同的人生旅途。換句話說，如果我們播種良善種子，將獲得和平的果實。我認為今天將會是個關於良善種子的討論，是要主動培養更多良善的，因此，我想要對其它專題討論的參與者表達謝意。

　　自從結束閉關生活之後，我開始帶領一小部分的佛教信徒，不懈怠地促進國際間多種信仰的交流與對話，希望達到更多的良善。臺灣的世界宗教博物館便是一個展示不同宗教深刻、豐厚內涵的空間，這是一個未來相互尊重、包容和博愛的種子，是一個交換資訊和知識的平臺。

　　過去二年，我在美國、印尼、伊朗、馬來西亞和法國促進了一系列的「回佛對話」，在建立世界宗教博物館過程中，我發現這樣的概念也同時為其他宗教所擁有。根據《古蘭經》，阿拉是擁有無限力量、正義和仁慈的上帝，《古蘭經》特別強調宇宙的治安，伊斯蘭教用這樣的概念表達宇宙秩序：一切事物都擁有它特別的存在，並且擁有

它獨特的功用，雖然一切事物在統一網路發揮作用時，會被宇宙的法則所限制。不論是佛教或是伊斯蘭教，在論及非人類的生命型態時（包含植物和動物），都不是只有單純存在著利益人類的看法，身為佛教徒，我們非常強調所有眾生之間的彼此尊重，我們發願和所有眾生維持一種和諧友好的關係，在生生世世中皆是如此。在我們和其他眾生互動中，不可避免地受到自我負面習氣的影響，譬如貪、瞋、癡、慢、疑。然而，佛法的目的是將這些惡根性轉換培養成慈悲和仁愛，因此，所有生活的形式，會成為一個統一的生命共同體，一個相互依賴、共存共生和實踐慈愛的生命體。

我認為，伊斯蘭教和佛教之間將建立起廣泛的共識，因為兩者皆強調與重視，個體和生命共同體之間的作用與內在關連，我們的地球是一個因緣和合、相互依賴的世界，唯有各種不同形式的生命彼此相互尊重、包容與接納，才有可能造就我們永續發展的唯一歸宿。

我們的努力應該從家庭做起。以道德實踐精神來看，佛教徒強調家庭的重要性。我們以佛陀的教法作為指導原則，每個家庭成員都要培養尊重、包容、博愛。根據佛教四無量心——慈、悲、喜、捨的基本精神，是要由家庭延伸至社會的。家庭的良好運作是社會和樂的基石，我們因此而能夠遏制傳染性的冷漠、個人主義和自負，我們的下一代不會在他們的生活旅途中無所依靠，因為他們能從家庭和社會這個大家庭中得到支持和靈性的滋潤，這會促進人類文明中，靈性智慧和傳統的持續發展與新生。

今日，由於普遍的現代化和全球化，我們面對的是一

個多面向的世界，因此，社會的整合、文化的保存，和生態的保護已經成為共同的全球性議題，我們希望搭起一座對話的橋梁、促成公眾輿論，為了在現代和傳統價值之間能有更多的互動，為了在不同宗教之間能有更多的對話。為了達成這個目標，教育是最急迫的任務，而宗教教育的使命是傳送真理之光，因此開放的宗教教育，能為倫理的、和諧的、健康的社會以及世界發展的正向循環帶來正確觀念。

世界宗教博物館是溝通、分享、培養信任的平臺。我們需要各宗教的支持以邁向永續發展，攜手創造更大的團結。我們下一個願景是破除宗教間的隔閡與偏見，並為建立世界宗教大學籌組一個聯盟。這項志業將成為倡導全球村及和平實踐的和平種子。宗教裡面的積極觀點，將會引導社會追求大地之母的共同利益。我相信這是穆斯林與佛教徒所共有的願景。但願愛與智慧引領世界邁向全球和平。謝謝。

穆罕默德·卡吉

如前所說，這是我們去年在巴黎所舉行的穆斯林和佛教徒對談之後的延續討論。我想要說，在巴黎對談期間，心道法師高尚的心靈深深地啓發了我，雖然他出席的時間很有限，但我非常地感謝那次的相遇。

（一）世界的失衡能威脅和平與繁榮

由於西方文明的出現、政治和經濟控制權、殖民化、與資本主義融合的哲學、財富的競爭和承購，社會和經濟

差距，為世上的大多數人民帶來了無限的苦難。在為了能達到一定生活層次的主要宗旨上，這是合理的：盡量少取用自然資源，為地球上的未來世代提供公平和安全經濟的福祉，以及保存社會經濟和政治的穩定。地球有六十五億人口，其中十億人擁有國民生產總值的百分之八十，而這世上的其他五十五億人則止為了每天少於一元美金的收入而努力奮鬥著。除非這失衡的狀態受到重視，否則這會威脅整體人類的和平與繁榮，不管是現在、還是未來。

伊斯蘭教沒有和平主義的信念，但是為了人類的行為，以及促進政治的平等與社會經濟秩序的運作，伊斯蘭教是一個強調社會、道德、道德行為的宗教。努力追求進步、彰顯唯物主義、消費者至上主義以及貪婪的文化，讓我們破壞了地球微妙的平衡與人類和平的本質。伊斯蘭教的教義提供對自然定律的理解，在伊斯蘭教信仰裡，定義人類的責任也是核心所在。

首先是統一性上帝、創造的統一性概念。「認主獨一」（Tawheed）這個概念認為：所有的一切，存在著一個絕對的創造者、發動者、珍藏者和滋養者，「認主獨一」是個統一的創造，人類與之有內在關連，是其中的一部分。《古蘭經》認為：「上帝是屬於所有天堂和地球的，因為上帝含涉一切。」因此整個宇宙是互相關聯、相互依賴的，井然有序、微妙美麗地平衡著，不管有多複雜，它總有穩定的運作模式。至於「認主獨一」的概念，則指一個至高無上的上帝，我們經常聽到「Allahu Akbar」的宣示，意指「阿拉至大」。因為「阿拉至大」，祂是唯一力量的源泉，沒有任何個人、團體、國家

可以控制整個地球的資源，或者討伐任何人種。當人類承認這種至上神聖的力量是超越所有世俗一切方法手段之時，便會了解人類力量的有限與微薄。作為人權運動者，伊斯蘭教領袖千卓拉‧穆札法（Chandra Muzaffar）博士認為：「當財富和資源累積和集中在少數的人手裡，而貧窮愈來愈普遍，這便相當於對上帝權威的否定。」

（二）作為上帝的管理者或委託人的人種

根據《古蘭經》，所有上帝在地球上的創造，都由被選定的人種擔任特許的職務——作為上帝管理者或委託人的人種，並且作為創造物的監護人。《古蘭經》中有許多章節關於上帝對於人種的神聖義務：「這是祂任命了你成為這地球的總督。」或「作為上帝的委託，他（人或人類）並沒有自己的權利，而是有妥當管理的責任，和向擁有者——上帝匯報的責任。」這包含了所有地球的資源：礦物、土地、水。作為上帝的委託人，人們有義務保證：和平與正義會戰勝地球上所有的飢餓和恐懼，地球的資源在任何情況下不會被濫用，不管是空氣、土地或水。我們與環境的關係並非根據我們直接的需要，而是未來世代的關注與需要。先知穆罕默德做了很好的說明，和平的他說：「如果時間緊迫，你們之中的任何人手中有棕櫚嫩芽，而且能夠在它枯萎前栽種它，那就應該這麼做，因為這樣的行為是值得獎勵的。」

接著是「守約」（Amanah）的概念，是神對每個個體賦予管理地球工作的神聖託付。我們因此被允許使用地球的資源，但卻不曾擁有這些資源。每個人背著這個神聖

的託付去轉化自然的元素，以得到營養、健康、遮蔽和通稱的幸福。這個神聖託付的觀念，是要被祝福的人們保有財富，擺脫貧窮和困頓。實際上，根據伊斯蘭教的看法，基本生活的需求是指貧者是有權利因為被幫助而富裕起來的。請容我再次引述《古蘭經》：「擁有財富是貧窮和困頓的人應有的權利。」這在「大課」（Zakat）的制度裡也被建立了，貢獻年度所得，是一個永恆和必需的美德或責任。除此之外，還有對伊斯蘭教當局進一步的義務，這是平衡、秩序的問題與中道的原則。《古蘭經》五十五章第七節說到：「我們提高了天堂的高度，有次序的建立了正義的平衡。如此正義得以建立，不至於突然失衡。」

所以，所有的創造，是根據神聖的自然法則定律而平衡，如果太陽、月亮、星星和樹木等所有的創造沒有依循著自然法則，便無法對地球上的生活起任何作用。人們有安排自己、干涉創造的意圖，沒有比增加利潤的銀行制度更公然顯眼的了，銀行以利益價值為衡量指標，這是一個脫離被創造物的法則制度，一個使多數人類貧困的制度。

（三）教法與平衡

伊斯蘭教當局即是一個正義的觀念。《古蘭經》用兩個詞語來說明這樣的概念：「Figh」意味的正義、平等，恢復平衡和給予他人充分完全的命運；「Adl」則意味著公正恰當的行動。這兩個詞語出現在《古蘭經》多處，並且指出正義是自然法則的基礎。神聖的《古蘭經》經文假設宇宙被創造的概念是以正義作為基礎的，根據《古蘭經》，自然法則根源於正義，而任一偏差則從所謂的混亂

或失序而來。知名學者馬哈穆德‧塔哈（Mahmud Taha）恰當地描述了《古蘭經》的看法，他說：「接近上帝的道路是導致整體人類社會福祉的道路，是正義自由的道路，所以少數人無法獲取上帝只爲他們自身使用自然資源的獨佔權。」伊斯蘭教社會被期待能促進正義、法則和公平，作爲社會經濟生活基礎。當面對人種自然法則瓦解之時，包括侵犯人權，穆斯林便有了面對資源被中斷的責任。

因此，我要提及一些依據這些背景的議題。首先是政治主權、自我決定權和尊重人權。軍國主義、製造業和銷售業確立了全世界的衝突，暴力和戰爭持續發展。在南非，我們無槍社會的活動得到支持；和平建立的過程應該被包含在我們民間社團的組織裡。社會不平衡的狀態需要被關注：因性別議題而起的正義活動、原住民和沒有土地的人民、身心障礙者、年長者和難民都需要努力才能夠擁有一定的生活水準。經濟不平衡的狀態需要被關注：因爲當前的商業系統是離自由和公正很遙遠的。發展中國家的貿易系統有權利反抗外力，保護他們的產業和自然資源，包括幣値波動的問題。更加重要的是，債務清除的問題需要被維護。

受益於從發展中國家得到人文和自然資源的政府和跨國企業，迫切的需要回報他們在經濟、社會和生態方面的虧欠。控制與操縱自然法則和人力資源的慾望，根源於與自我意識連結的貪婪和力量。它破壞平衡、威脅我們的生存，當我們能夠戰勝自我，自制、謙遜、尊嚴的掌控自私自利的行爲，我們才可能擁有永續生存的基礎。

實際上，我們所有當代問題都是道德問題：從財富和

貧窮的重新分配、核子武器、經濟差距、全球性自然資源的霸權和取用，這些都是道德問題，必須要從道德裡找尋解決途徑。因此，為了和平的正義之路和確保人類生存，應當鍛鍊世人良知對世界政治領導的衝擊。當愈來愈多人有道德良知，尊嚴、慈悲和謙卑才能產生力量、才能佔有一席之地。在我的國家南非，我們能享有和平、正義和一定的生活水準，是因為我們讓像是納爾遜·曼德拉（Nelson Mandela）、圖圖主教（Bishop Tutu）等許多這樣的人們統理我們的事務，使得我們能夠獲得和平。

大衛·恰沛爾

我真的很高興，覺得能在這裡參與這次的會議是非常幸運的，特別是能坐在穆罕默德·卡吉身旁。由於我的好運，我想要回應我的朋友穆罕默德·卡吉的談話，因為我們有著令人驚奇的相似性。他一開始強調上帝和創造的統一性，而我最初也在思考先知穆罕默德和佛陀看起來是如此對立的情況：佛陀離開家庭、皇宮、政治責任，開始遊行生活、尋找真理和痛苦的解決之道；先知穆罕默德則是個孤兒，最後轉而承擔起經濟責任、政治責任以及宗教領導權。然而，雖然他們兩者乍看之下是往相反的路上前進，但卻都導致強烈的社會改革。

（一）不是因為結髮髻

《南傳法句經》裡，我們看到佛陀有這樣的偈頌：「不是因為結髮髻。」或者某一特定的髮型，「不因髻髮與種族，亦非生為婆羅門。誰知真實及達摩，彼為幸福婆

羅門。」「愚者結髮髻，衣鹿皮何益？內心具（欲）林，形儀徒嚴飾！」佛陀在他廣爲人知的《南傳法句經》偈頌裡，指出當時社會改革的狀況。佛陀的看法是什麼呢？他說：重要的是那個人的品格，而非種姓；重要的是不執著，能夠開放、平靜、慈悲，而不是擁有特定出身或社會階級。

建構在唯一眞主的基礎上，先知穆罕默德也宣說相似的教義，而我們都是其創造物。非常有趣的是，佛陀和先知穆罕默德雖然有著非常不同的基本教義，卻有著同樣是批評社會階層和以錯誤前提判斷人的道德規戒。

（二）僧伽和烏瑪

穆罕默德‧卡吉提及的第二個特點，是關於管理工作和神的託付。我們之所以能居住於世，是因爲上帝恩賜人類作爲祂在地球上的代表；佛教徒則是強調所有生活的互相關聯，我們之中沒有人有特權，我們必須承認我們和親屬及其他人的互相關連性，感到對他人有影響和照顧的責任。我認爲，這個概念在佛教僧伽，或說佛教教團中被表現出來，也同樣在伊斯蘭教教團烏瑪中被表現出來。

當然，佛教徒和穆斯林都遭受被世界分割和區別的問題，在社會上、經濟上、政治上、文化上以及流量分析上皆是如此；佛教徒和穆斯林也同樣繼承了設法恢復根據各自教義生活的責任。具有部分責任的我，則毫無保留的建議：了解我們彼此之間如何互相關連、如何交融交涉是非常重要的，當有任何決定或機構設法隱藏他們分化的程序時，我們應該抵抗，敦促所謂在夏威夷「陽光下的謊

言」，或者說我們能夠看到決策如何進行與發生的過程。

　　這是真正帶領我走向第三個範疇——我們今天必須談論的主題，或者說是「社會組織」的範疇，或「治理」的範疇。我們的社會組織向來有很多文化遺產，今日，我們則在人類歷史創新經驗中有了最好的機會，也因此看到了改變和調整我們社會組織，來反省我們基本教義的責任。穆罕默德·卡吉提及，由於我們錯誤認可國家或人權主權，而造成社會不平衡的狀態，或者說在人們被暴力侵犯或取得經濟利益，特別是軍需產業之處，便是地方性的固有文化遭到破壞之處。

　　我希望努拉·艾瑪尤拉女士能探討性別的問題，因為我們在佛教和伊斯蘭教兩個傳統裡所繼承的文化價值和習慣，經常使我們的基本教義看起來像是不公平和非包含一切的永恆修行。讓我特別指出一項公認的社會組織規範，這是從早期佛教教團所得到的。不同於伊斯蘭教教團有哈里發作為聖先知穆罕默德的繼承人，佛教教團並沒有指定佛陀的繼承人，因此，繼承的決定必須是僧伽一致的共識，如果有任何一個人不同意，這個決定便無法執行。然而，如您所知，達到共識是件非常困難的事，但它包含了最少部分的聲音，是少數人的聲音、最小的聲音，但卻是必需被重視和珍惜的聲音。在我們舉行會議時，我們應該先傾聽少數人的聲音和最微弱的聲音，我們不能做會影響任何人的決定，除非他們有參與決策的過程。

　　儘管在我們宗教的內部或外部，規範都是這樣的，但這規範卻經常未被遵守。在社會組織、經濟、治理方面，這是來自於古老佛教時期非常重要和根本的規範。當然，

在當代佛教，為了使生活進展的更順利或更有效，仍有很多社會上或政策上的階層制度被延續。達成共識是一個非常麻煩的過程，但卻是個理想，而這個理想在最早期佛教裡是曾經被實踐的。

整部《古蘭經》都在強調對孤兒和寡婦的照顧，早期伊斯蘭教的規範很關注寡婦、孤兒、弱勢和易受責難的社會成員。穆罕默德也在他的談話裡提及了「天課」這條規範，這條規範是被認定為伊斯蘭教「五功」之一，是為了確保弱勢者能夠受到照顧。令人感到非常歡喜的是：雖然我們的規範來自不同的知識架構，但卻是非常相似的，這便是我們之所以能夠彼此分享的共同基礎。以上是我對穆罕默德・卡吉的回應。

努拉・艾瑪尤拉

（一）穆斯林女性的四項生活守則

我試著就近回應瑪利亞提出的問題。宗教傳統的核心理念到底如何形塑善治的實踐？以我對伊斯蘭多年的了解來看，實踐與善治並非概念，而是指針，是《古蘭經》對我們所作的明確訓示。第一個原則是要作有智慧的地球監護人，要關懷所有受造物；其次，為我們離開時的這片大地，要比我們初見它時還要好；第三，殺害一個人形同殺害全人類；第四，《古蘭經》指示我們要說真話，即使不利於自己、自己的親人或當權者。這些是指引我的生活訓示或守則。

當我們談到治理時，常想到法律條文和公民社會的行

政機器。在此我要說的是，穆斯林並不支持全球治理或單一世界秩序這樣的觀念，因為伊斯蘭律法的執行顧及到情境，而情境是由某些獨特的事物所塑造的。面對少數與多數族群的問題時，穆斯林為多數的地區與少數的地區，法律的施行就大為不同。穆斯林婦女為少數族群，地理環境也是一個因素，因為地理形塑了文化及執法的方式。

（二）穆斯林婦女協會的工作

作為一個伊斯蘭信徒及一個穆斯林，我的善治是隨著學術事業和作為穆斯林的責任而發展的。無論我身在何處，都要作個好公民、好鄰居，積極參與社會事務。在此我想談談婦女協會的工作，以及它如何體現穆斯林對善治的理解。協會提供紐約市數量不定的新移民，直接的社會服務。不管我是個把食物送到待援家庭的社工，或是與食物供應商簽約的協會資深人員，都秉持以上原則做事，指引我的是：讓世界變得更好的信念。最有效的方法，就是去關心與服務人的基本需求。有時，特別是在紐約市中，我所服務的不只是穆斯林，還常遇到佛教徒呢！

就我的例子來說，當穆斯林進入契約關係，從婚約到與食物供應商和贊助者的合約關係中，對方多半不是穆斯林，我必須把穆斯林守則帶入合約中，我得誠實，也得遵循倫理、堅守承諾。無論簽約對象是穆斯林或非穆斯林，合約都是束縛性質的，有人以為與穆斯林和非穆斯林簽約，在承諾的程度上有所差別，這不是伊斯蘭的想法，我所了解的伊斯蘭並非如此。

瑪利亞·哈比托教授以2000年阿富汗最大佛像被破壞

的可怕事件破題，這件事促使我們今天同聚一堂，因為長久來同在一起的人們，並未真正認識彼此。如果人們彼此許諾，如果人們認識彼此，我認為這樣的破壞就不會發生。它是一種違逆，不只是對佛教，更是對全人類的違逆，因為這巨大佛像是人信仰不可思議的見證，作為穆斯林的我們，無權摧毀它，對那些居住在我們轄區的非穆斯林信仰，我們需要尊重。提起這件事，我要對在座的佛教徒表達惋惜之意，令人難過的是，我們無法做些什麼。我就說到這兒。

蘇拉克‧席瓦拉卡薩

阿卜杜勒赫曼‧瓦希德（Abdurrahman Wahid）不在場，我無法替他代言。不過，我可以以佛教徒的身分，和各位分享我對他，這個穆斯林的欣賞。先對不認識瓦希德的人介紹一下他：他最近才卸下印尼總統的職務，他也是伊斯蘭運動的領袖，這也許是印尼最大的非政府組織。各位知道，印尼是世界上穆斯林人口最多的國家，我認識瓦希德近三十年了，他在我眼裡是個身體力行的伊斯蘭領袖。他告訴我，在改信伊斯蘭教前，印尼曾是佛教、印度婆羅門教的國家。

他個人覺得作為一個印尼人，應該要認識過去的文化，包括佛教和婆羅門教，尤其是佛教，他認為這些文化使他對非暴力精神有深刻的體認，當然，他對甘地是十分敬仰的。他曾說，有兩個人對他影響極大：一個是甘地；另一個人是孫逸仙。他當印尼總統時，不但努力作個好穆斯林，同時也用佛教徒甘地的非暴力方式來治理國家。

（一）權力是神擁有的，我只是個人罷了

大家必須了解，印尼有很多的華裔少數族群，其中許多人是佛教徒。不幸的是，這些佛教徒或華人曾被穆斯林基本教義派攻擊；其中包括許多政客，有些則是軍人。無論是基督教徒、佛教徒，特別是華裔佛教徒，瓦希德總是保護著這些少數族群。他還是總統時，受到穆斯林基本教義派和某些軍系將領的猛烈抨擊，我在印尼的佛教友人要求我帶他們去見他，我照做了。他們說：「總統先生，您爲何不採取伊斯蘭的強硬態度呢？展現您的權力啊。」他答：「權力是神擁有的，我只是個人罷了，我應該用非暴力的方法。」作爲一個總統，他盡其可能的以公正的、慈悲的非暴力方式來處理國事。如同各位所知，他失敗了；他被罷免了。但他並非敗在靈性上的缺失。我覺得這來自於西方最大霸權和國際貨幣基金組織（IMF）所施加的國際壓力，當然還有國內的軍系集團。雖然卸下了權力，他仍然認爲佛教徒與穆斯林，以及其他信仰甚至無信仰的人，都應該攜手合作，這也是我的信念。

（二）靈性化非政府組織運動

明年是萬隆會議五十週年紀念，這是印尼第一任總統蘇卡諾（Sukarno）發起的盛事。（大家必須了解，五十年前世界有兩大強權，一爲美國帝國主義，一爲蘇維埃帝國主義。）蘇卡諾召開萬隆會議，印度的尼赫魯（Nehru）、中國周恩來與埃及的納賽爾（Nasser）都應邀參加。這些人在兩大超級強權外發起了不結盟運動，雖

然無法稱它為佛教伊斯蘭教的運動，但可以稱它為靈性的治理。現在，我們希望把萬隆精神帶到明年的會議，雖然不盡然完全比照五十年前的方式，五十年前它是反對兩大帝國主義勢力的運動，如今只剩下一個帝國強權。

我覺得近五十年來，非政府組織運動有了蓬勃發展，如今非政府組織運動也在找尋其他的實踐方式，而且也需要加入靈性的面向。我認為佛教徒或穆斯林能夠幫助基督徒、印度教徒、猶太人，甚至無信仰的人實踐萬隆精神。心道法師在紐約、馬來西亞、印尼、巴黎與其他地方從事的回佛對談是很有意義的。我希望具體的成果能展現出來，不僅是交談而已，是要有思考與行動。

阿密・伊斯蘭

（一）真理普遍的排他性

非常感謝各位。首先我想說，心道法師上次蒞臨紐約哥倫比亞大學的會議，我們深感榮幸。很遺憾的，我也必須說，從上次會議以後，回佛對談並沒有多大進展。我認為我們參與這個過程極為重要。我要請各位暫時不要聚焦於伊斯蘭教或佛教的神學或哲學問題，因為這些議題已被非常詳細的、系統化的、簡潔的整理出來了；因為我們沒有很多時間，也因為大家都知道這是一個深刻而廣泛的議題。但我在思考的是，對真理的無知，這是所有衝突的主要原因。我是根據心道法師書中「第六次對談」的「佛法、阿拉與善治：回佛對談」來思考這個問題，而想到了其中的弔詭。

當我們指出，實際上一切衝突的主因是——對真理的無知時，弔詭就產生了。當人真正得到了真理，我們實際在談的真理到底是什麼？伊斯蘭教聲稱它是唯一的真教、基督徒說耶穌基督是真理與救世之光；佛教徒、印度教徒、神道教徒、原住民宗教都說他們才擁有真理，這種真理普遍的排他性才是諸多衝突的核心。在我們往回佛對談方向邁進時，我只想提出幾點。兩者有共通點是理所當然的，縱觀宗教的種種，可以發現非常明顯的相容性、互補性；各傳統的教義、行事、教誨有如此多的共通點，藉由指出這些共通點來創造對話論壇或話題空間，我認為是重要的。

但這只是個開始，它只是開始搔到宗教在現實生活中實踐面的表皮罷了，人們能夠高談闊論佛教、基督教、各宗教的教誨、哲學觀及教義，但實際上，我們要面對的是這些宗教與靈性傳統如何在基層上被實踐——這不是書上的資訊，也不是知識分子的對話與論述。問題在於伊斯蘭教和佛教是如何被理解與想像的？人們如何在現實生活中身體力行？對於穆斯林與佛教徒能否攜手共創和平，這是個考驗。現在我就簡要的從自己的經驗來說明這點，這是我個人在美國的體驗。整體而言，在西方世界中，美國人不見得是最能溝通、了解與欣賞差異的，而我認為其他國家也好不到哪裡去，穆斯林國家的人民，對外於自己文化的其他信仰也未曾體恤的包容，所以我認為，真正的問題在於我們如何看待差異。

身為一個穆斯林的我在此與佛教徒進行對話，實際上，我是在證實完全與我的神學觀相對立的事物嗎？我藉

由拒絕與你同席對話來貶低你的正確性嗎？這些是我們必須面對的嚴肅問題，在我們能毫無保留地對彼此誠實以前，回佛對談的議題是無法開展的。過去二十五年來，我未曾涉入這個對談過程，我在這兒也不是為了跟各位說些好聽的話，因為在現實世界中這類操作是不同的，通常是醜陋的，就像此刻我們說話時，泰國南部正在發生的衝突一樣。上個月我在曼谷參加在朱拉隆功大學舉辦的佛教會議，談的就是彼此如何建立更好的溝通方式。

（二）亞伯拉罕聖餐桌上的親人與陌生人

在美國，我們常誤以為所謂的亞伯拉罕宗教享有特殊待遇，身為穆斯林的我們，並未被招待到亞伯拉罕的聖餐桌，我的意思是，穆斯林作為偉大一神教的一分子，在美國依然是異鄉人，如此我們便有很多事要去做。「人們」──不只是美國人，而是所有西方人和東方人。因為，經常懷有潛藏的民族優越感，所以認為我的比你的好、你比我好、我和他、伊斯蘭教和非伊斯蘭、西方和非西方，對待差異所產生的一切問題，一直是彼此間的障礙。

最後幾分鐘，我想提出一個解決方式，像我之前說的，我們在潛藏與實際的衝突領域中如何對待彼此──這點必須無所保留的誠實以對。我得說近幾年來，自己最為充實與收穫最多的體驗來自於與佛教團體共事：如幾年前日本的佛教團體「立正佼成會」（Rissho Kosei-kai）、靈友會（Reiyukai），以及泰國曼谷的Pan教授。兩週前慶祝浴佛節時我正在聯合國，來自世界各地的佛教徒齊聚一堂，討論建立關係的議題，我也有此榮幸能與臺北的聖嚴

法師會談，他是我生平見過修爲最深的學者、思想家與靈修者；這反而讓我想要成爲一個更好的穆斯林。這件事讓我注意到：佛教徒在二十一世紀的和平營造中扮演要角，我認爲他們能發揮關鍵的影響力，而且必須站在解決衝突與營造和平的最前線。

（三）教育與社會行動

最後，答案當然是教育。認識我就是愛我、可能喜歡我，或至少容忍我，但你必須對我作爲一個人、我所相信的事物是有所了解。一旦當你對我的信仰有所認識，你就對我的信仰有不同的欣賞理解，這關係到我們講的全球危機。誤導伊斯蘭形象的穆斯林，以及怨恨伊斯蘭的西方傳媒與人士，營造出錯綜複雜的衝突理念。所以說，穿越這重重障礙是穆斯林更爲艱鉅的挑戰，這是我們當前極大的任務。

除了教育以外，我要說的最後一點是——我們需要從事具體的計畫，而非在高塔中談論神學議題（別誤會，我也愛談這些），但重點是要從對談桌轉移到社會行動。所以，如果我們談營造和平，就必須從實際衝突所在的場所來談，試著發展和平的典範與模式，我們要做什麼、我們該做些什麼來改善回佛之間的關係。在我看來，教育與社會行動就代表了未來。謝謝。

瑪利亞‧哈比托

謝謝各位，對談的內容非常豐富，我在此對每個講者的觀點作個簡短摘要。心道法師強調佛教中萬物相互關聯

的理念，把它當作慈悲與智慧的基礎；這個世界本為一家；穆罕默德·卡吉談到神的獨一性、「認主獨一」，以及我們作為地球監護人的責任；隨後大衛·恰沛爾指出，這兩個道德體系即使在起源與立場上有極大差別，仍密切相關；然後努拉·艾瑪尤拉以她身為穆斯林所遵循的五個守則，指出不僅對待穆斯林同胞如此，對待其他宗教朋友也是如此，並提出她如何將這些守則用於日常工作中；蘇拉克談他朋友前印尼總統瓦希德先生的一番話令人動容，他以實例說明瓦希德試圖在伊斯蘭印尼實踐非暴力的善治，當然，這也是佛教的原則；最後，阿密·伊斯蘭問了一個我們需要不斷反問自己的重要問題：「不只是書本，在實際生活中，我們是如何對待差異？我們要作什麼才能學習和平共處？」他舉出向佛教徒學習的例子。和平的學習不僅要進一步納入彼此的觀感中，更需要包含在彼此的互動中，特別是在美國。到了這裡，我想請觀眾與講者提出問題或評論，謝謝。

大衛·恰沛爾

在現在還沒有觀眾提出問題或建言前，我想談談我的朋友穆罕默德·卡吉所說的免除窮國外債問題。我認為我們西方人的責任是，在人們並未參與的狀況下，我們不應進行會影響到他們的社會活動，世界各領域中的殖民化與企業剝削，已在未獲人們的認可與參與的情況下，傷害了他們、改變了他們，我認為回佛對談的講者，都覺得此舉有失公義。就經濟來說，我們應聲援免除貧窮國家外債的運動，我只是想加上這點作為對穆罕默德·卡吉的回應。

蘇拉克‧席瓦拉卡薩

在這兒的朋友提到，如果佛教徒以謙虛慈悲的胸懷從事修行，他們就能扮演領導者的角色。我認為佛教徒是可以的，如果掌握政權的人是佛教徒，便能理解佛陀所說以暴不能制暴，唯有寬恕、慈悲、理解、聆聽才能消除暴力。我只是想和大家分享我的憂慮，如果我們誠懇的進行回佛對談，世界上許多宗教、種族的問題也許就能解決。不過，我也擔心現在的世界強權國家永遠解決不了這些問題，相反的，情況反而會更糟。

▼ 現場迴響

觀眾

我想問穆斯林講者一個問題。我知道，所有宗教團體都重新思考過經典的傳統詮釋。我也知道，伊斯蘭教先知穆罕默德曾說要尊重所有經書子民，而傳統上經書子民指的是猶太人與基督徒。這類詮釋是否已開始涵蓋其他宗教，如佛教、印度教等？

穆罕默德‧卡吉

我認為伊斯蘭教對信仰的差異是有所體認的，《古蘭經》中有幾個地方說到，人類有各種不同觀點與信仰是理所當然的，其中一句是：「如果真主意欲，他必使你們變成一個民族，故你們當爭先為善。」伊斯蘭教也不會強迫人改信其他宗教，除了我們所認為的經書子民外，先知穆

罕默德也遇過各種信仰的人。我認為應解釋一下經書子民的觀念，《古蘭經》提到耶穌、摩西、亞伯拉罕、以撒和其他人是神的先知，還有好幾千個名字沒被提到，但如果他們是真正的先知，經書就是真實的，不管什麼宗教都是被承認與接受的，不幸的是這點常被忽略了，我認為需要作個澄清。

努拉・艾瑪尤拉

我只是重申剛才在善治中講過的事，就是當穆斯林相對於其他宗教掌握了行政權力時，承認其他宗教的標準就不限於經書子民了。這時需要尊重不同的傳統，為其他宗教保留空間並保護其 信仰者。

阿密・伊斯蘭

我再多加一點，我覺得用另一個角度來看這件事是重要的，許多人覺得有疑問而且特別問我的問題，就是穆斯林對待《古蘭經》所說的經書子民以外族群的問題。

我覺得有趣又矛盾的是，實際上，有些場合是穆斯林在彼此相爭，而穆斯林彼此相爭，不見得是他們每天回家所讀的，或星期五禮拜所宣講的那本書上所教的東西。它就像穆斯林與其他宗教團體之間的衝突一樣，如巴勒斯坦和以色列的問題，其中政治、痛苦、壓迫等因素所佔成分還比較多。我們不應只用神學訓義來看這件事，而無視人類行為與政治、經濟、社會公義及其他層面的關聯，如果我們這麼做，觀點就極易產生偏差。

所以我認為，若我們能從另一個方向來看，就能看到

事情的一體兩面，我不是說我們不應從神學訓義的角度去看，因為這是你的守則、你的行為守則，所以你們何不去做呢？這可以是極為重要的批判，我們曾用它來批判以伊斯蘭之名進行恐怖主義、殺害無辜人民，又用教義合理化自己作為的膽小懦夫。然而，我們不能無視人們經歷的痛苦，他們的行為往往是受到痛苦與剝奪而導致的結果，找認為看這件事需要兼顧它的一體兩面。

觀眾

我想說的是，我自己是個基督徒。當其他基督徒用不同的方式詮釋福音，用它作為武器、用它來審判、用它作歧視的工具、用它拒人於門外，我常感到既難堪又痛苦。這是作為基督徒的我，對自己傳統感到傷心的地方。我想這類現象也發生在佛教徒、穆斯林和其他宗教信仰者的身上，在這點上，也許我們能共同做些什麼，我想聽聽各位的看法。

阿密・伊斯蘭

我認為你提出的問題非常深刻，在先前的討論中，我提到我和內人常談起這個問題，每次有人遭受攻擊，或是無辜的人受害，我們都感到痛苦。因為我們愛先知穆罕默德、愛他所帶來的信息，也愛他所展現的生命典範。我在阿拉恩典導引下成為穆斯林，就是因為穆罕默德對人類的愛與慈悲，他說：「若你的鄰人在夜裡無法入眠或飢不成眠，你還安然入睡，你就不是穆斯林。」他並沒有說是鄰人要是穆斯林，他說的是你的鄰人。當我們談到對敵人要

懷著慈悲時，穆罕默德就體現了這件事的本質，這是我成為穆斯林的一個主因。所以，任何以我愛的那個宗教、改變我人生的那個宗教為名，而做出直接或間接傷及無辜的行為，就讓我痛心。所以，我們需要秉持「神聖的人道主義」團結起來，這是一個穆斯林知識分子所用的詞。

　　在成為穆斯林之前我曾是個基督徒，我是個南方浸信會的好基督徒，我的祖母和母親都上教堂禮拜，我回去看她們的時候，也會去拜訪教會中替我受洗的人，這是新紀念浸信會，聽著他們的福音頌讚，我感到十分歡喜，我擁抱我的家人，他們都是基督徒。起初他們覺得伊斯蘭很「怪」，如今他們已學會接受全部的我，我要說的是，我們必須搭起彼此理解的橋梁，還要主動出擊，我們不能讓所有宗教的偏激極端分子得逞—我很想看到他們一起出來把話講個清楚！就找個地方吧，因為你們彼此的共通點比我們還多！讓他們一起來談吧！我們必須更有前瞻性，以確保他們的看法不至變成代表各傳統的唯一聲音，所以我們勢必要更積極，而不是成為沉默的大多數，這點非常的、非常的重要，我們需要這麼做。

（全文摘錄整理於2004年7月11日巴塞隆納「回佛對談」會議記錄）

宗教與社會
Religion and Society

議題：

- 宗教的包容性
- 神聖的危機

所有宗教中的神秘特質都是為了讓個人可以去認識到他人，並關愛整個社會以至世界。

The function of the mystical dimension in all religions is to bring oneself closer to the recongnition of the others, to care and love for the society and even the whole world.

～賽門‧愛馬仕
Simon Gurrand Hermes

阿隆・葛斯坦

（Alon Goshen-Gottstein）

以利亞宗教交流協會主席。一九七八年畢業於耶路撒冷希伯來大學，主修猶太哲學，並同時修習新約《聖經》與古代宗教等課程，於一九八六年獲希伯來大學博士學位。阿隆在以色列多所學院中講學，並曾發表多篇猶太教神學、猶太精神以及猶太/基督關係的文章。

釋心道

（Dharma Master Hsin Tao）

「靈鷲山無生道場」、「世界宗教博物館」、國際非政府組織「愛與和平地球家」（GFLP）創辦人。1999年受邀於南非開普頓「第三屆宗教會議」發表演說，2000年於聯合國「千禧年世界宗教領導和平高峰會議」發表祈願文。世界宗教博物館開館後，持續參與國際宗教交流活動，舉辦一系列回佛對話，致力守護人類心靈，積極推動「世界和平」願景。

瑪利亞・哈比托

（Maria Reis Habito）

為世界宗教博物館的國際計劃主持人，於1979～1981年就讀於臺灣師範大學中國語言與文學，隨後前往慕尼黑大學研讀中文、日文及哲學，並於1985年取得文學碩士。她獲頒日本文化局獎學金並於1986～1988年為京都大學文學院研究成員，1990年完成慕尼黑大學博士學位。1990～2002年，於美國德州達拉斯南方衛斯里大學教授中文、日本歷史與文化以及世界宗教。她曾發表許多中國宗教的文章及兩本書籍。

夏瑞夫・賀西

（Sharif Horthy）

愛馬仕和平基金會董事長。

主辦人

賽門・撒維爾・葛蘭德愛馬仕

（Simon Xavier Guerrand-Hermès）

葛蘭德愛馬仕和平基金會創辦人兼主席。

書雪托・吉兒

（Scherto Gill）

愛馬仕和平基金會執行秘書。

▼ 其他與會人士

摩洛哥伊斯蘭事務部長艾哈邁德・圖菲克（Ahmed Toufiq）、法國愛馬仕之家的經理兼副總裁、愛馬仕和平基金會委員圖蒂・賀西（Tuti Horthy）、愛馬仕和平基金會執行秘、蘇菲研究專家賈法爾・坎韶西（Jaâfar Kansoussi）、馬拉克什法國學院院長韶恩・韋德（Soun Wade）、非斯（Fez）心靈基金會理事法奧齊・史卡利（Faouzi Skali）、伊斯蘭事務主席艾哈邁德・阿巴帝（Ahmed Abbadi）、里昂大學教授東方思想專家布魯諾・品查（Bruno Pinchard）、伊斯蘭教教法專家莫希丁・亞西亞（Mohidin Yahia）、伊斯蘭作家奧賽・米修（Orcel Michel）、哲學家作家穆罕默德・塔雷伯（Mohammed Taleb）、摩洛哥皇家國策顧問安德瑞・阿州雷（André Azoulay）、Bruno Pinchard 里昂大學教授東方思想專家、Mohidin Yahia伊斯蘭教教法專家、Orcel Michel伊斯蘭作家、Mohammed Taleb哲學家、作家、Andr Azoulay 摩洛哥皇家法院律師。

　　本場回佛對談於北非摩洛哥舉行。會議是由法國知名品牌愛馬仕（Hermes）的副總裁賽門‧撒維爾‧葛蘭德愛馬仕先生所成立的「葛蘭德愛馬仕和平基金會」促成舉辦。極為特別的是，此場會議的舉辦場所便是在愛馬仕先生位於摩洛哥馬拉喀什市（Marrakech）的傳統伊斯蘭式宅邸舉辦。

　　與會人士除了有「葛蘭德愛馬仕和平基金會」的成員外，以色列以利亞宗教交流協會主席阿隆‧葛斯坦也應邀出席此場會議。本會議的對話，大抵圍繞在「宗教對於人性」、「宗教可能帶來的危機」以及「宗教啟發靈性的作為」等等。第七場回佛對談的場面雖然相對較小，但討論的議題卻是極具意義非凡的。

議題一：

宗教的包容性

▼ 回佛對談

釋心道

　　全球化社會的來臨，讓我們比鄰而居，交流與通訊的機會遠比以往便利太多。但是全球化的目的不是讓單一價值壟斷全世界。世俗文化、自由意識、個體主義的發展，也不應削弱宗教傳統應當在社會發揮的功能。

（一）佛教的「包容」是想讓每個生命都「有空間」

信仰的力量、靈性的力量，應該是引導人類文明提升的源頭，我們必須清楚的把這個觀念傳遞給整個世界。否則，宗教傳統內含的美好靈性價值，終將因為物質文明的過度發展而變成一文不值。到時，人類將因為自我的無知，毀滅了世界，甚至毀滅了自己。這是我們無論如何，都不希望看到的現實。

這時候我們來談「包容」就非常有價值，其實「包容」的意義非常簡單，就是「共存」。在我們佛法的意義下，「包容」是「互含」的意思，也就是「互濟共生」的整存。但是，事實上，佛法裡頭並沒有這個「包容」這個字，也不僅只是去承認並尊重他人的信仰及實踐而已，佛法要談的「包容」蘊含著更積極的意義，就是「有空間」的意思，也就是釋放「無限的空間」，讓各個生命體、各種價值、各種傳統，都能相互扶持，進而和諧共濟。

（二）宗教的對立是讓生命的空間壓縮

很可惜的是，宗教原是人類精神的依歸，象徵著人類對於和平的渴望，但是，令人痛心的，長久以來，不同的區域間，往往存在著各式各樣的宗教對立。無論是東歐地區天主教和東方正教的衝突；或是中亞地區基督教和伊斯蘭教的衝突；乃至於中東地區，猶太教和伊斯蘭教的衝突；印度和巴基斯坦地區，印度教和伊斯蘭教的長期衝突。這都顯示著，全球化的發展，正處於「分裂」與「整合」兩種力量的制衡當中。它將帶動「融合」的前景，也將引發「分化」的危機，就看我們如何善用這股趨勢。

所以我們要倡導「包容」，倡導「共同創造互生空間」。我們可以先從個人出發，秉持尊重的態度；進而在群體層次上達成包容及和諧；在社會層次上創造互動的空間、共存的空間；最後，更在世界上達到和平的促進。這是一種從「小我」逐漸擴大到「大我」的過程，透過這樣的層次提升，可以逐步實現「包容」的無限空間。

（三）真正的包容不是一味的忍讓

　　但是，如果只是作到「忍讓」，那就失去了「包容」的真正價值，「忍讓」是有限度的，有時間性的差別，是「沒有消化的包容」。所以「忍讓」不能叫做「包容」，因為「忍讓」是隨時會發生衝突的，是短時間的，而且是不能和諧的。真正的「包容」是「互濟共生」，彼此的存在是有意義的，所以我們要去找到彼此存在的意義，就不會停留在「忍讓」或是「息事寧人」的層次。這時，便自然地出現互生共存的「空間」，不再發生衝突及爭端。

（四）真正的包容不會跟競爭相牴觸

　　不過，我也要特別再澄清，當我們在談「包容」時，並非否定「競爭」的價值，相反地，正確且適度的「競爭」，會是一個很好的良性循環，它並不會帶來衝突，反而會形成品質上的競爭，產生更有效的促進、更優質的包容。以宗教來說，如果各宗教透過良性的競爭，都把各自的宗教教育作得很完善，那麼信徒就會有很優質的品質。反之，若沒有適當的宗教教育，信徒就很容易變成基本教義派的宗教狂熱，這時就很容易引起衝突和對立。所以，

當我們在倡導「包容」時，也就是同時在釐清思想上的問題，人們常常有不正確的想法，而我們宗教的使命就是要讓大家能夠正確地瞭解。

（五）真正的包容也是正義

就如同很多人會認為「包容」可能會和「正義」相牴觸，但是這樣的想法是不必要的，對於惡行，一定要有很好的法律來懲罰，也需要宗教教化、社會制度以及家庭教育來輔導，所以說「正義」和「包容」是不相違背的。只是當我們談「正義」時，是強調要把不好的滅掉，但是如果從宗教的觀點來看，其實「不正義」的東西就是個「傷害」，而「傷害」是宗教不應該做的，所以如果我們從宗教的角度和人道的角度來看「包容」，我們要作的是先轉換想法、再轉換行為，最後，才是讓大家變得可以接受正義，並且支持正義。而這也是「包容」的價值。

（六）佛教「慈悲」的精神，是包容真正的內在價值

進一步來說，如果再回過頭來看佛教對「包容」的看法，其實都不離釋迦牟尼佛宣說的「佛法」，而「佛法」就是「覺」的「法」，「覺」就是「不迷失」、「不迷惑」，「法」就是「路」。所以，對佛教徒來說，最重要的就是怎麼走這條「不迷惑的路」，達到「覺」的境界。因此我們才要一直談「修行」，「修」就是「修改」、「轉換」以及「達到」的意思。從佛法修行的觀點來看「包容」，就是要知道「人跟一切的關係是怎麼發生的」？事實上，佛教也不是直接使用「包容」這個詞彙，

而是用「慈悲」的概念，去說明人爲什麼要「慈悲」，這中間所起關鍵的作用便是「生命共同體」的問題。當然，還有生命循環的問題，也就是說，當我們重生時，很多問題還是存在，所以在生命的每個當下，對人事物都要「慈悲」，「慈」就是「悲憫」，「悲」就是「拔苦」，「悲憫」與「拔苦」一切，就叫做「慈悲」，而這就是我們今天要談「包容」的內在價值。

佛教講的是一個整體，也就是說，我們很強調「宇宙」就是一個「生命共同體」，人類社會的所有層次也都展現在這個「生命共同體」裡頭。我們必須要用愛心，愛我們的生態環境、愛我們的地球、愛我們整體的人類、也愛我們所共同打造的社會。當我們談「包容」和「慈悲」時，就是要讓社會成爲公義的；讓政治是眞正講求服務的；讓經濟建立在公平的基礎上；讓家庭成爲愛心、和諧的環境；讓教育講求倫理，並且傳達宇宙生命的眞理。這是我們在此刻談「包容」的眞正價值，我由衷的希望，我們整個生命環扣的互動，始終是良性循環，是眞理的呈現。謝謝大家！

雪托・吉兒

我的一個看法是，過去十年來，有幾本書提到三個群體之間的變化趨勢，滿有意思的。很顯然的，至今在西歐和北美國家中，人們還信仰傳統宗教，這些人可以被稱爲「傳統主義者」。他們依舊相信長輩、家庭、牧師等告訴他們的事。100-150年前，那個群體開始轉到我們所說的現代主義者、信仰科學的人。他們相信只有物質的而沒有

其他的世界，靈性只是心理作用，沒有死後的生命，眞實的世界是你所見而能用科學來證實的。而在現代文化中，這個現代群體又轉到被稱爲文化創造者的第三個群體。它指的是眞正在創造文化的一群人。這群人通常感到自己是孤單的，不過實際上他們人數衆多，而且有許多共通點。他們相信環保，通常有靈性信仰，但很少是傳統宗教。他們喜歡把自己的孩子送到另類學校，吃自然食品，相信有機蔬菜等等。他們傾向於支持我們在講的這些事情：宗教應該彼此了解、我們要和平、戰爭是全然的愚蠢。他們正在形成一個很大的團體，但是並沒有政治實力，而我們的政府依然是現代主義者，或是現在在某些情況中，回歸到了傳統主義者。

　　要怎麼整合這第三個群體呢？因爲一種新型的宗教正在以某個方式重生。換個角度來看，我認爲這是個契機。也許我們的一個策略是開始訴諸這個團體。讓我很感興趣的是，第三世界的其他文化中也有類似的趨勢。它的元素是在的，但我認爲其中的動力是不一樣的。我們還沒有眞正去思考這件事，這是很有意思的。

夏瑞夫・賀西

　　兩三年前我有一次痛苦的經驗。當時我應邀參加在南非德班所舉行的「聯合國反種族主義會議」（註一）。這對我來說是個奇怪的標題，因爲聚在一起反對某件事對我來說是難以理解的。會期很長，約有兩個星期，部分是和一些NGO組織的人開會，他們大多是那些受歧視人民的代表。然後是和各國政府人士開會，他們試圖叫NGO組

織的人員出來講自己有多不喜歡祖國的種族主義。總之，我離開之後的印象，是那些受歧視的、痛苦的人民都沒來。因為，我覺得他們都抱著代表自己族群或國家的足球隊的心態來開會，極像是部落會議，每個人都想為己方佔到優勢，這和我們今天的會議是個對比。

我們的會議會以某種方式在世界中產生效應。我們必須能夠營造球隊的氣氛去改變世界。我認為，一個考驗是我們能否做到今天所說的共識？我們願意嗎？因為，我曾去過南非德班的那場會議，覺得自己無法貢獻什麼，只能傾聽每個人表達出的憤怒。而我也不知道要如何自處，要

怎樣告訴人家說：「聽我講，事情不是像你們想的那樣。」從那時起，我就思考許多事，有個架構對我助益良多。我想和大家分享。不知道它是否有幫助，不過對我是有幫助的，而且它也存在於許多傳統中。

這是一個人類有不同的存在等級的架構。我們從物質的、植物的、動物的，進化到人類的層級。所有這些元素其實都存在我們之中。我們可把它們當成存在的或生命的等級，也可看成是不同的空間。物質空間存在於我之中，它很狹隘。在物質空間中，我只知道我們皆是物質宇宙的部分。我的唯一目標，就是儘可能的在物質上保全自己，以確保無人能傷害我；當我在自己的植物空間時，則意識到的只是自己的需要，或者也有對某些事物的愛憎。這是一種加減的關係。對人類而言，這也是很狹隘的空間；在動物空間中，我可能已經意識到他人的存在。但在那個空間中，我只知道競爭，因此這個空間是部落主義或種族意識的空間。在動物空間中，我永遠覺得自己是一個部族的部分，而非我族類，其心必異；到了人的空間，我們才開始視所有人類為一體。在這個層級中，我知道他和我是相同的，我才能去體會他的感受。當我把槍對準敵人時，頓時感到：「啊，他就是我，我不能開槍。」就我看來，只有我們處在人的空間中，這才是可能的。我們因此能夠包容，或者談論超越包容的事。在一個我們感知到彼此一體的空間，也就是在人的空間裡，才能做到這些事。

現在問題來了，我指的是我不相信人們都在這個等級中，而是居住在自我之中的狹隘空間並且感到滿足。這是現代文化的問題。我總覺得奇怪，有文化教養的民族，就

拿德國人來說吧，有如此發達的文化，竟然把他們的聰明才智用在檢驗其他民族上，因為有人說那是拯救世界的方法。很顯然的，智力並未決定占據我們的空間。你可以在物質空間而又有聰明的腦袋。所以我回到心道法師講的話：「彼此包容與互愛，需要的是靈性的進步。」我們必須找到自我之中的那個大的空間，但這並不是每個人都能馬上去做的事。個人認為，人們都體驗過那個更廣的空間，但問題是我們不可能時時刻刻都在裡面。那我們又如何能影響多半不在這個空間裡的社會？這些是我目前想探討的問題。

■ 註一：

　　聯合國於2001年在南非東部海濱城市德班舉行「世界反種族主義大會」。來自世界各國約一萬四千名代表，其中包括聯合國秘書長安南、十多位國家的元首和百餘名外長出席開幕式。這場由聯合國所舉行的規模甚大、影響也極為深遠。

　　會議強調人類必須從曾經歷過的殖民主義、奴隸制度和種族隔離等慘痛歷史中汲取教訓，唯有各國政府、非政府組織以及其它相關組織的共同努力，人類才有望在新世紀消滅種族主義、種族歧視、仇視和其它不能令人容忍的行為。

　　然而，會議中因阿拉伯國家指責以色列在修建定居點等問題上奉行種族主義，試圖將巴勒斯坦人與以色列人進行「種族隔離」，使得美國和以色列代表因不滿會議「充滿仇恨與無理指責」為由，而退出大會，讓這場會議在國際間能存有不少爭議。但會議最終還是形成了折衷的《德班宣言和行動綱領》，刪除了一些對以色列的譴責，但仍提及混亂的「以巴問題」。

瑪利亞・哈比托

我說過我的宗教背景是基督教，作為一個基督徒，我們很自然地都會為他人祈禱。誰都可以，不必一定要基督徒。所以，當我和我的小孩作晚禱的時候，每天我都會問他們：「你們今天要為誰祈禱呢？」比方說，有天災人禍發生的時候，我們就會為那些流離失所的可憐人民禱告。

我發現在佛教中，為人祈禱有一種非常徹底的方式。當然，當一個人準備好要進行這種祈禱的時候，常會跳過你剛才講的階段。佛教有一種祈禱，也可說是禪修，叫作「自他交換」。這背後的理念，是要開放我們的心到能夠容受他人所有苦的程度，與那苦完全合一，然後對他人釋放我們所有愛與慈悲。在練習自他交換時，佛教也做了區別。一開始是你所愛的人，比方說你的母親，或是你感激的人，因為你所愛的人處於痛苦中，自然就會帶出你心中愛和慈悲的潛能。一旦你做到了，就開始為比較疏遠的人祈禱，對於這個人，你不會自然產生愛的感覺。「自他交換」的最後一個階段，是你把自己的敵人當作對象。在過程中，你試著接納理解這個人，把你的愛和慈悲給予他，從而轉化了自己的挫折、恨意或所有不好的感受。這是非常有力的修行，在藏傳佛教中廣為修持，但其他佛教傳統也可能知道這種法門，即使名稱可能不同。

這種禪修給予他人無限的愛、慈悲，和喜悅。如果有人得到了成功，你絕不會感到嫉妒，而是把你的喜悅給那個人。最後的階段非常重要，不讓自己沉浸在感情中，而是能夠讓它過去，這樣才能維持一個人需要的穩定感，才不會變成浪漫的感受等等，所以它總是需要被淨化的。

議題二：

神聖的危機

阿隆‧葛斯坦

我們說神聖危機，指的並不是神性的危機。我們所設想的並非是神陷入了危機，而是神與人的交流可能陷入了嚴重的危機。這個觀念是如何產生的？這個討論是如何來的呢？2003年，以利亞宗教交流協會（Elijah Interfaith Institute）在西班牙塞維爾（Seville）舉行了一場世界宗教領袖會議。會議的目的是指導以利亞宗教交流學會（Elijah Interfaith Academy）的研究方向。這個學會是由一群來自各大宗教的學者所組成的跨宗教團體。猶太教、基督教、伊斯蘭教、印度教和佛教的學者，在探討排外症的主題上共同合作。他們把研究成果呈交給世界宗教領袖，而這些見解性論文提供了宗教領袖新的對話方式。他們說：「我們是您的學者，是您的智庫，我們為您思考，這有幫到您嗎？」宗教領袖們的反應非常好，他們說：「我們想要您繼續為我們做事。」我們問：「您要我們繼續做什麼？」當時提到的議題之一，就是「神聖的危機」。於是，另一個智庫又組成了，包括了猶太教、基督教、佛教、穆斯林和印度教的代表。他們試著去闡釋「神聖的危機」並提供討論的架構。

後來的一年半中，陸續開了幾次會，直到最近代表各

宗教觀點的文集才出來。這個月底，這些論文會在心道法師在臺灣舉辦的會議裡發表，到時宗教領袖理事會將共同討論這些文章和其中的理念。因為心道法師已經在準備臺灣的會議主題——「神聖的危機」，也因為我們想把這次的會議和我們在進行的工作整合起來，所以今天對話的部分焦點，就放在神聖危機這個主題以及某個特定的層面。我們想聚焦的層面正是個人與群體的關係。現在就請心道法師發表「神聖的危機」主題演講。

釋心道

（一）神聖的危機：個人主義的問題

過去人類文明的發展，有朝「物質文明」單方面過度發展的傾向，資本主義、消費主義的價值，變成現今的時代標竿。這種片面性的發展，很容易將人類束縛在物質主義的牢籠裡。尤其媒體的強勢傳播，更讓通俗感官文化伴隨著商業發展而蓬勃，現代人的日常生活，可以說已經變成以追求感官刺激與享樂為生活取向。

我自小經歷戰爭所帶來的顛沛流離，對生命垂危的無助，感受很深；所以在閉關修行的過程中，就一直在深入探討生命的真相。當我禪定得更深，就越發現人不是只有一個物理性的身體而已，生命也不是只是一場生、老、病、死的歷程。但是現代人往往糾纏在物質現象的變化裡，把自己的身體，或者自己所擁有的東西，看做生命的全部，甚至，更因為對物質生活的沉迷，產生很多貪婪、瞋恨、癡迷、驕傲或者猜忌等人性罪惡。我常常很感嘆，

現代人因爲太過重視物質價值，已經無法理解，其實人類內在的靈性，才是主導生命的最大力量。

1.神聖和個人的脫節是神聖危機的根源

　　這其實就是個人主義所帶來的神聖危機問題。「神聖」之所以產生危機，因爲我們不知道「神聖」是什麼。至於個人主義的問題，就是因爲「神聖」與「個人」產生了衝突。在佛教的觀念中，「神聖」是來幫助個人的，幫助建立個人人格的神聖，達到與整個社會互動關係的神聖性，而不是去服從於一個外於自己的「神聖」而已。

　　所以說，佛法是要讓個人充分神聖的，因此，我們認爲「人人皆可成佛」，「神聖」不是只有單一的一個，因爲如果抱持著單一的神聖觀，就會對個人產生很大的束縛。現在的個人主義問題，就是因爲人們受到束縛後所產生的社會衝撞，而這個衝撞必然造成神聖的危機乃至解體，換句話說，當個人本身並不具備「神聖」，但是維持個人神聖性的單一神聖觀又因時代變革而瓦解時，人就很容易受到欲望的誘使，不僅變得自私自利，更可能成爲欲望的奴才，不能再感受自己內在所具足的清明靈性。

　　因爲衝撞單一神聖觀，所以產生的「個人主義」，其實可以回溯到西方文明發展過程中的文藝復興、宗教改革以及啓蒙運動，在發展之初，它的本意未必是有問題的，甚至我們可以把「個人主義」的啓蒙看作是個人體會並追求內在靈性的開始。因此，它的真正問題不在於個體性和外在神聖產生脫離的問題，相反的，問題在於個人主義和後來的物質文明產生了緊密的扣連，讓個人只在感官及身體層次上追求自我認同及幸福，甚至否棄或忽略個人內在

任何神聖的可能性，因而造成神聖的危機。

2. 從「戒、定、慧」去修持個人的神聖性

這樣的情形是我們不希望看到的，尤其佛教的觀念是要幫助所有人成為「神聖」。什麼是「神聖」呢？就是每個人的人格修養都達到一定的標準。至於要如何達到這樣的個人修養，我把它分成「戒、定、慧」三種學習方式來作說明：

首先，我們必須在外在行為上先遵守一些原則規範，對自己的生活有所約束，以宗教的觀念來說，就是要維持倫理規範與道德標準，也就是謹守戒律，而戒律就是一種生活原則。我們佛教徒非常重視戒律，並且認為嚴謹的持戒，是增長一切善業功德的根本。佛教的戒律可以幫助我們自我管理以及自我提升，作用在於從貪、瞋、癡的凡夫行為，淨化轉變為喜捨、慈悲、智慧的聖者行為。從最根本的五戒──不殺生、不偷盜、不邪淫、不妄語、不飲酒開始，它們所規範的大部分是一些會讓人招惹煩惱的行為，或不自覺的不良習慣。我們很強調，透過持戒的力量，將能從修正外在的行為，慢慢進步到調整內在的心念，就可以逐漸遠離過多的貪欲和自我執著，進而開始學習精神上的自由與快樂。

其次，還必須要以禪定或者任何的修行方式（例如祈禱、或冥想）來調養自己的「心」，其實人最大的問題就是「自我中心」，「自我中心」是衝突的根源，如何讓「我」這個概念能夠調整到「公僕」的想法，讓自己成為能夠服務任何人乃至於眾人的存在，以謙卑、不自我的服務觀念來工作、維持人際關係、經營社群，那個人主義的

問題就會獲得很大的改善。

最後，「智慧」更是關鍵，我們必須學習分辨是非，保持清楚、不迷失的生命態度，否則很容易讓自己迷失在一切財權名利，甚至也讓社會無法保持公正及公平。因此，面對個人主義的問題時，我們應該讓「靈性的光明」和「人性的美善」，成為人與人相處的互動條件；人與人之間的關係，也應建立在人性的倫理基礎以及靈性的價值之上。如此一來，無論是家庭生活、鄰里互動或是經商貿易，乃至進行公共事務的討論，將不會隨時因為人性的爭鬥本質而充滿爆炸性、衝突性。相反的，倫理秩序及道德原則會成為互動的基礎，和諧且柔和的力量也將慢慢帶動人與人之間善念及善行的循環。

3. 建立整體性的覺知，是人回歸神聖的開始

所以說，宗教就是要去引導現代的價值，它可以提升人性的光輝，增進精神層面的感動及感性。現代人如果失去了人性的感性，很容易以獸性作為彼此互動的前提，同時也會固執於自我的生活習性，失去整體性的關係和整體性的互動，這就是當代社會個人主義過度發展所產生的問題，我希望可以開始扭轉這個危機。

建立對於「整體性」的覺知，是我們現在必須努力的方向。我們要從多元性及差異性中，找回人與人之間珍貴的一致性，進而用感性的能量，去為共同利益及整體利益作努力。

（二）神聖的危機：宗教權威、宗教傳統的完善及變遷問題

關心世界情勢的各位一定都很憂心忡忡，「全球問

題」的出現，在一定意義上，是由於科學技術廣泛應用於自然而又失去控制所引發的，反映了人類文明發展與自然生態的矛盾。物質科技高度發展所帶來的生態危機、過度開發，引起綠地不足、水資源缺乏。在南美、非洲等第三世界國家，造成嚴重的貧窮、飢荒問題。除了環境污染，能源、資源枯竭之外，也造成地層下陷、物種滅絕、基因病變等現象，長久下來，自然資源過度消耗和生態環境過度破壞讓全球暖化日益嚴重，而聖嬰現象持續燃燒，去年底南亞海嘯及上個月美國紐奧良發生的災難，就是這些現象的後遺症，在可預期的未來，這個狀況將不斷地出現，對我們同屬地球這個大家庭的一員來說，將無一可置身於事外。

1. 政治、經濟及社會力量造成了神聖的危機

正因身處在這樣的環境，我們都很希望能團結彼此，為這個世界做些努力。但是我們也同時面對著神聖危機的問題，對佛教來說，影響佛教發展的最大時代問題就是「破壞神聖」的問題。然而，「神聖」是怎麼被破壞的？我認為最主要的原因還是政治的力量，政治人物為了要鞏固它的統治權威，多半對宗教多加批評貶抑，進而也希望控制宗教的發展；其次，經濟資本主義的本質，也對宗教的發展產生若干負面的影響，也就是說，當社會普遍接受利潤極大化的價值時，宗教所強調的奉獻價值也就受到若干貶低；再加上媒體多以商業考量為取向，強化通俗感官文化的蓬勃發展，促使現代人的日常生活，變成以追求感官刺激與享樂為生活取向，更讓宗教的神聖價值乏人問津。因此，在這個世俗化的時代，社會各個領域彼此分

立，宗教的價值只是眾多價值的其中一部分，此時，宗教
的存續成為一個很艱難的課題，需要我們付出更大的努力
才能扭轉這些危機。

2.不同宗教的衝突也是神聖危機的導因

　　但是我們還必須正視，除了外在的力量正在侵蝕我們
宗教的發展之外，各個宗教的異教徒彼此間的相互批評，
也是促使神聖產生危機的原因。2001年，美國「911事
件」的發生及隨後所延續的戰爭和對立，已經大規模地喚
起全球對於衝突議題的注目。其實衝突來自於封閉。在不
同時代中，深化自己的信仰傳統，並致力於回應當代課
題，是每一個宗教責無旁貸的使命。但是，如果只顧強化
自我信仰的復興，不願意接納其他宗教存在的事實，那
麼，保守的思維，將產生自我優越感，形成鄙棄其他宗教
價值的心態。而這種優越感正是引起封閉的原因。

　　宗教傳統的振興，可以作為內斂信仰生活的方式，深
化信徒的信念。但是，卻不能把這種自我鞏固的想法，延
伸成「只有我可以存在，其他宗教不能存在」的態度。否
則，這種狂熱的信仰將引起對外教的欺壓、甚至屠殺，促
使宗教之間產生惡性循環的互動，落入永無止盡的衝突與
對立。對此，我想提出沉重的呼籲：我們不能因為教義的
差異而彼此分化，也不該背負歷史與社會的結構包袱而停
滯不前。相反的，我們應該認清，宗教之間所共同推崇的
大愛，才是連結彼此的終極價值。唯有以這份大愛出發，
採取超越自我利益的行動，才能真正化解這個世界的苦難
與不正義。

3. 不同宗教應透過對話，扮演正面的力量

　　在這個價值多元的全球化時代中，宗教更應該站出來引導社會的價值。雖然，宗教現在只是社會的某一個領域而已，但是我們都清楚，宗教的神聖內涵，可以對整體社會有很大的幫助，無論是犯罪問題或是現代人的心理問題，乃至於家庭問題、教育問題等等，當社會越多元，越失序，宗教能夠發揮的效益其實就越大，我們應該帶領社會多元學習各宗教的共同本質，透過禪修、祈禱、靜坐、冥想等方式，開發包容寬恕的心，學習轉化衝突，進而引導各領域朝向地球整體利益的觀念發展。

　　所以我就是以佛教的傳統為準則，跟著這個時代走，讓佛教的內在價值，順著時代的脈動呈現出來。堅固宗教傳統的內涵是很重要的，任何一個宗教團體若不從自己的教理及修行著手，將會產生宗教弊病，自己本身也有可能因為組織化、企業化進而造成世俗化，失去了自身固有的神聖性，而這也是「神聖危機」的重要課題之一。我身為一個佛教的和尚，我的理念核心就是佛陀的法教，而且這些法教是不能輕易變更的，但也同時希望從自己的宗教出發，擴展到各種多元的宗教及文化交流，這是這時代應有的趨勢也是我長期努力的方向。

4.「世界宗教博物館」是相異宗教間對話的平臺

　　我在1991年就提出了「世界宗教博物館」的構想，並且花了將近十年的時間，到世界各地拜訪了很多不同的宗教團體，我希望能夠多方面蒐集各宗教朋友的建議，讓這個博物館裡頭展現出各宗教愛與和平的力量。這個過程不是那麼容易，剛開始時，我也面對了一些挑戰，但是在逐

步的互動及交流中，我感受到各宗教之間開始醞釀出一股和平的效應，進而更逐步獲得了各宗教的肯定。很喜悅的，世界宗教博物館已經在2001年落成，呈現出十大宗教追求和平的共同希冀。

我用「博物館」作媒介去作推廣，就是希望讓這個博物館呈現出各宗教的神聖性，傳遞出整體的和諧及和平，所以我們也運用了大量的多媒體技術，呈現出視覺的覺受，希望創造一份真實的互動及感受，讓這個博物館是可以去感覺、去碰觸的，也讓和平的種子可以透過這個博物館被開啟及培養。

5.透過教育體制培養和平種子是未來的方向

過去宗教交流的經驗，乃至於這幾年我在國際間持續推動的回佛對談，都讓我深信，宗教界合作的力量將會是一股帶動世界和平的主要力量，而這是一種內在和平的推廣，我希望未來能延續博物館的和平交流，落實和平種子的培訓，也就是持續推動「和平大學」的教育計畫，從教育機制積極落實內心的和平到社會的和平，甚至更是國家、世界的和平。

宗教的責任是救世的，當我們已經共同面對生態危機、神聖危機時，如何讓宗教的價值真正引導世界走向和平及共生，就是我們責無旁貸的使命。希望各宗教傳統都能在這個時代中有很好的良性循環，也讓我們一起為「愛地球、救地球」的共同利益作努力！謝謝大家！

觀眾

這個危機讓我想到的一個面向是貧窮。另一個面向，則是教育的缺乏而無法掃除無知。我覺得我們是關起門來，聚在這個圓桌旁討論重要的問題。這個訊息要如何傳達給民眾呢？媒體儘可能的宣傳大事，但許多事都是負面的。我們要如何宣傳像這場會議這樣的正面活動呢？另一個智庫嗎？我們開會，然後散會，繼續進行各種知識上的對談和寫論文嗎？或者我們會設法把訊息傳遞出去？我真得很想看到在場有更多媒體前來關心報導。我不知道這是否對於這個問題有所幫助。

釋心道

我的想法是，街道是空的，因為人們不再早起了，因為大家在看電視，他們有夜生活、娛樂、工作，事業。不管做什麼事，人們不再早起了，所以僧侶餓著肚子回家。那在佛教中，什麼是神聖呢？佛教對神聖的定義是幫助每個人神聖，這樣整個社會的互動也就會變得神聖。還有您剛才提到的，今天的媒體發達，到處充斥的資訊已經毀壞了倫理體系，事實上不只有媒體，每個東西都有會有類似這樣的現象。

觀眾

一個六歲小孩做的第一件事，就是上Google輸入「恐龍」搜尋。回家問問您的孩子，科技對他們來說有什麼意義？所以說，科技賦予人很強大的力量，但也把各式各樣的大量資訊帶到我們的生活中。安東尼·紀登斯

（Anthony Giddens）（註二）曾說：「後現代的自我是一種反思的過程，它是不斷地講述某個特定的故事。」現在有如此多的故事、傳統、宗派、宗教和靈性派別，我的問題是：我們的孩子、我們的下一代，到底要跟隨哪個傳統來發展人類靈性呢？

釋心道

談到價值和靈性，讓我想到不只是坐而言，起而行也是很重要的。我們要在自己的日常生活中，去體現剛才討論的價值和做法。孩子們最好的老師便是那些有在靈修的人，即使你不必在孩子身上用到「靈修」這兩個字。孩子天生就能親近那個世界。所以從某個意義上來說，教學就是作模範，作為所有價值的模範，培養每個孩子心中的內在老師，讓這個內在老師護持心中的良知。這樣孩子們就能發展真正屬於自己的價值觀，做個堂堂正正的人。

（全文摘錄整理於2005年11月6日馬拉喀什「回佛對談」會議記錄）

■ 註二：

安東尼‧紀登斯（Anthony Giddens，1938～）英國社會學家，現任倫敦政經學院院長。他的結構理論與對當代社會的本體論最為聞名。被認為是當代社會學領域中有卓越貢獻的學者之一。迄2001年4月為止，已有三十多本著作，並超過29種語言出版發行，為學術貢獻良多。被譽為從約翰‧梅納德‧凱恩斯（John Maynard Keynes）以來最有名的社會科學學者。

北京

宗教生死觀
Religions on Life and Death

議題：

- 人生觀
- 對於僧團／伊斯蘭社群的觀點
- 對於死亡和未來世的觀點

自強不息生和氣，厚德載物送和風。

Continuous self-cultivation generates harmonious Chi; great virtue carries fortune and brings pleasant air.

～葉小文
Ye, Xiao Wen

第一場

瑪利亞·哈比托

（Maria Reis Habito）

哈珊·侯賽尼

（Seyyed Hassan Hosseini）

張維真

為世界宗教博物館的國際計劃主持人，於1979～1981年就讀於臺灣師範大學中國語言與文學，隨後前往慕尼黑大學研讀中文、日文及哲學，並於1985年取得文學碩士。她獲頒日本文化局獎學金並於1986～1988年為京都大學文學院研究成員，1990年完成慕尼黑大學博士學位。1990～2002年，於美國德州達拉斯南方衛斯里大學教授中文、日本歷史與文化以及世界宗教。她曾發表許多中國宗教的文章及兩本書籍。

現任伊朗德黑蘭夏瑞夫科技大學哲學系副教授。伊斯蘭哲學思想、宗教哲學、《古蘭經》研究為其專長。著有多本著作。

雲南通海納家營伊斯蘭文化學院院長。1986年赴巴基斯坦國際伊斯蘭大學學習；1992年回國執教至今，先後執教於廣河阿拉伯語學校、臨夏中阿學校。翻譯作品有《伊斯蘭總體特色》、《聖學復甦精義》、《穆斯林行為中的優先選擇》等。

釋明海

釋大田

麥克‧馮‧布魯克

（Michael von Brück）

柏林禪寺住持、河北省佛教協會副會長。1992年於河北省趙縣柏林禪寺淨慧上人座下披剃出家。多年來，積極參與柏林禪寺的興復及《生活禪》夏令營的組織、弘法工作。

現為東京大學大學院人文社會系研究科博士，靈鷲山教育機構教授法師。

德國慕尼黑大學宗教研究教授，研究領域為神學、印度哲學，比較語言學及宗教研究，精通印度吠壇多與大乘佛教。廣於世界講學，曾擔任美國數所大學的客座教授。二十年來為達賴喇嘛的對話對象。著有《實相一體：印度教──基督教對話中的神，神性體驗與冥思》、《薄伽梵歌研究》等書。

第二場

張文良

馬獻喜

羅伯特·杭特

（Robert A. Hunt）

現任中國人民大學哲學院副教授。中國人民大學哲學系碩士畢業，日本東京大學人文社會學系研究科碩、博士畢業，曾任中國佛教協會中國佛教文化研究所助理研究員、日本東京大學文學部研究員。研究領域為中國佛教華嚴學、日本佛教等。

1986年畢業於蘭州伊斯蘭教經學院，現任職於崆峒區伊斯蘭教協會。一有閒暇就深入當地回族群眾，或埋頭典籍文獻資料。常自籌資金奔走於平涼本地及慶陽、固原等周邊地區，竭力探尋平涼回族歷史文化的流源和發展歷程。

美國南衛理公會大學柏金斯神學院全球神學教育主任，為東南亞宗教及跨宗教關係的專家。1994取得吉隆坡馬來西亞大學博士。諳馬來語及德語，1985—2004年分別居住於馬來西亞、新加坡、澳洲。曾參加許多世界性的宗教對話，發表相關書籍文章。目前研究的是多元社會中的宗教認同。

敏賢良

馬孝棋

劉成有

　　回族，初畢業於西北民族學院畜牧系本科，後在中央民族大學師從馬啟成教授攻讀民族學方向碩士研究生，畢業後入國家宗教局工作，業餘致力於回族伊斯蘭教的研究，成果頗豐，現任中國回族學會理事。

　　現任中國伊斯蘭教協會副秘書長，利比亞加路尤尼斯大學社會系、政治大學民族學系碩士班畢業。曾任中國伊斯蘭教協會專員、臺北清真寺教長、蒙藏委員會諮詢委員等。

　　中央民族大學哲學與宗教學系副教授，主要教學領域為佛教、中國哲學史史料學、佛學研究，並兼任中國宗教學會理事、中國哲學史學會理事、中國佛教文化研究所研究員。

蔡源林

楊聖敏

王頌

　　現任國立政治大學宗教研究所專任助理教授。臺灣大學政治系學士、碩士，美國天普大學宗教學博士畢業。主要研究領域為宗教對話、宗教與國際政治、伊斯蘭通論。

　　回族，現任中央民族大學民族學與社會學學院教授兼院長。曾任中國民族學會副會長、中國世界民族學會副會長等。主要從事民族學與民族史的教學與研究，研究領域為中國西北與中亞民族的文化與歷史。

　　北京大學哲學系副教授。先後獲得北京大學哲學系學士、碩士學位，其後前往日本攻讀佛教專業，並於2002年獲得日本佛教大學大學院文學博士學位。

第三場

趙玲玲

劉一虹

陳錫琦

現任臺灣天人研究學院院長、立德管理學院哲學教授、北京大學哲學系中國哲學專業研究生班客座教授。臺灣輔仁大學哲學博士。曾創立臺灣東吳大學哲學系並任系主任九年。

北京人，中國社會科學院哲學所研究員、中國社會科學院研究生院碩士生導師。學術研究專長為阿拉伯伊斯蘭哲學、比較哲學（伊斯蘭哲學與中國哲學的比較研究）、伊斯蘭藝術。

現任華梵大學人文教育研究中心兼任副教授，國立臺灣師範大學健康促進與衛生教育學系博士。主要教授課程：宗教生死學專題研究、人格統整與靈性發展、生與死、禪與身心。

馬平

楊桂萍

沙宗平

回族，現任回族伊斯蘭教研究所所長。主要從事回族與伊斯蘭教方面的研究，先後主持國家社會科學基金專案《中國穆斯林民居文化》、《中國回族文化史研究》兩項。已出版相關專著九本。

回族，現為中央民族大學哲學與宗教學系副教授，主要從事伊斯蘭教的教學與研究工作。曾擔任《民族‧哲學與宗教》副主編。主持編寫的教材《當代世界宗教和中國宗教》榮獲北京市精品教材專案（2002年）。

回族，現任北京大學哲學系副教授，主要研究領域為「伊斯蘭教、阿拉伯哲學」。著作有《中國天方學——劉智哲學研究》、《伊斯蘭哲學》、《東方哲學概論》（樓宇烈主編）等。

多傑

（Ven.Lama Dudjom Dorjee）

僧軍

（Ven.Sanghasena Mahathera）

葉小文

出生於西藏東區游牧家庭，以難民身分在印度完成大學，主修佛教教義。1981年，第十六世噶瑪巴授權其為美國噶舉傳承代表之一；之後，受到美國紐約噶瑪三乘法輪寺的邀請，自此便在美教授佛法。分別在西藏、印度、美國建造佛塔，並創辦游牧學校，著有自傳 "Falling Off the Roof of the World"。

印度Mahabodhi國際禪修中心創立者，現任Mahabodhi國際禪修中心主席、印度拉達克分會會長、洛杉磯國際佛光協會成員董事會、臺灣世界佛教僧伽會成員、曼谷世界青年佛教徒聯誼會副會長等。

現任中國中央社會主義學院黨組書記和第一副院長，曾擔任中國國家宗教事務局局長（1995～2009）、中華宗教文化交流協會會長、中國宗教學會顧問，中國西藏文化發展和保護協會副會長等。主要著作有《宗教問題怎麼看怎麼辦》、《宗教七日談》等。

吳志攀

卓新平

吳冰冰

　　自1988年北京大學法律系博士畢業後留校任教至今，歷任講師、副教授、教授，教研室副主任、副系主任、系主任。

　　自1981年於中國社會科學院研究生院畢業，獲哲學碩士學位；1987年獲德國慕尼黑哲學博士學位。現任中國社會科學院世界宗教研究所。研究領域：宗教理論、基督教神學。代表著有《宗教起源縱橫談》、《宗教與文化》、《世界宗教與宗教學》等。

　　自1995年北京大學東方語言文學系阿拉伯語專業（現外國語學院阿拉伯語系）畢業，同年，攻讀北大阿拉伯語言文化專業研究生。1998年碩士畢業，同年留校任教。曾赴科威特、敘利亞進修。目前主要從事阿拉伯語、伊斯蘭文化和當代伊斯蘭問題的教學和科學研究工作。

釋了意

　　現任世界宗教博物館發展基金會執行長，同時也是靈鷲山佛教教團西序首座法師，為教團思想、理念、教育等相關單位部門之執行長。目前為北京大學哲學所（宗教學系）佛教專業博士生。

從2006年10月16日開始在北京大學所舉辦的回佛對談，是由兩岸合作的跨宗教大型會議，其主題為「宗教生死觀」。在其後的三天會議議程裡，主要為了檢視這異宗教間對於「生與死」的教義和修行。其三天的議題概述與範圍為：

第一場：人生觀

伊斯蘭教屬於一神論教派，如同猶太教及基督教一樣，它的源頭可以追溯回到亞伯拉罕為其先祖。這三種信仰共同分享上帝為唯一卓越之宇宙創造者、永恆及統治者。伊斯蘭意指「歸順臣服於上帝」；佛教以僧團的形式揭起，不同上述宗教，它排除有一個所謂的「上帝」為宇宙的創始者及統治者。佛陀的意思是指「覺悟者」。因此，不同的原始概念造究相異的人生觀，這是本場討論的中心。

第二場：對於僧團／伊斯蘭教社群的觀點

佛陀的信徒接受理想的修行概念，即要從世俗世界中解脫開來。佛教從北印度開始更廣泛地弘揚到亞洲其他地方，不只是僧侶，也包含了俗家子弟，對於當地的社區及文化影響甚深；伊斯蘭教曾經是宗教與政治運動的結合，不惜以武力對抗敵人。它的任務是宏揚並宣導由先知穆罕默德所啟示的一神思想，使人們臣服其下。不同於佛教的是，伊斯蘭教沒辦法接受當地的神祇，因為信仰其他任何一種神祇都會被視為偶像崇拜，抵觸其一神教義。因此，也演變成今日兩種宗教對社會、社群有差異的態度。

第三場：對於死亡和未來世的觀點

伊斯蘭教，一如猶太教及基督教，強調此生是唯一一次獨有及無法重來的生命的性質，這也是他們有一永恆歸屬的基本概念由來；佛教則承襲印度教重生與輪迴及從輪迴中透過證悟而得到解脫。每一個生命均依其因果業力而重覆生死輪迴。所以，在第三場探討二宗教的「生死觀」，是比較宗教學中重要的議題。

本屆回佛對談由於參與的各界宗教人士、學者眾多，動員資源相對豐富，使得議題內容有諸多精彩的見解，即使是「宗教生死觀」這樣艱澀的研討議題，也擦出不少嶄新且多元化、開放的精闢火花。

▼ 會議開幕致詞

釋心道

生、死是人一生中必然會經歷的兩件事，不同的宗教對生、死也都有著不同的教導，而今日，我們期盼藉由座談的方式來進入彼此的世界，一同探索、分享彼此之間的美妙。

過去，我們舉辦了許多次回佛對談，雖然每一次的主題不同，但每一次對談的舉行，都代表著我們對彼此有了更深一層的認識和理解，也代表著愛與和平地球家更加的堅固。

每一個宗教，不論是佛教還是伊斯蘭教，它都提供人活著的教導，教導人該如何面對自己生存的世界、社會的

責任和未來的世界。每一個宗教的教義，提供給每個信徒可遵守的真理，也成爲信徒生活中可以依循的指針。

偉大的佛陀曾經說過：「花爲何美，因它只是一心一意的開。」花，也是一種生命。「宗教，即是將生命的意識網路，轉化成愛的生命網路之重要媒介。」這是世界宗教博物館的建館起源，也是推動生命教育的覺性召喚。宗教教育的主要領域包括：一、終極關懷與實踐；二、倫理思考與反省；三、人格統整與靈性發展。而世界宗教博物館以尊重、包容、博愛的理念與悲憫、懺悔的試煉來實踐生命的價值，以自明顯現的宗教至眞至善至美爲啓發，讓生命成爲和諧、喜悅、愛與無私。

這個時代是全球化的時代，透過快速的資訊、發達的科技，形成了相互影響、相互作用、甚至是相互依存或毀滅的關係。萬事萬物不可能獨立存在。生活中已然形成你中有我、我中有你的世界。在這當中，人類的價值觀與生命觀常常是被媒體資訊所混淆而莫衷一是。資本主義的價值如全能的上帝般，牽動著全球的經濟、政治、社會各個方面，帶動人們欲望的本能，對世界的認識纏繞著理性的算計，這種扭曲的意識型態、無根地漂浮在新新人類的世代，同時也衝擊著東方傳統的精神文明，使得各地亂象叢生，人心不安、無所適從。人活著，要如何面對生命？這是一個重要的課題，也是一個切身的課題。

今日，我們希望藉由對宗教生死關的了解，找到生命在世的展現方式，而它就是一種愛、尊重與包容的生活態度。我們也相信，中國人固有的融合性文化特質，將是解決當今充滿鬥爭與對立世界的希望，這也是我們這次會議

的精神與期許，從對話中，我們希望引領人類從衝突走向和諧、從鬥爭走向融合。

這樣的態度不會跟著座談會的結束而結束，希望與會的每一個來賓，我們都能一起帶著這樣的信念，分享給我們身旁週遭的每一個朋友，讓每一個人的生命都能藉由宗教而得到滋潤，讓智慧的花綻放在每一個人心中。

（由靈鷲山釋大田法師代為宣讀）

議題一：

人生觀

▼ 回佛對談

一、人生的意義與目的：自我和身分認同

哈珊・侯賽尼

人作為超越的存在者，伊斯蘭教作為認主獨一的一種宗教，伊斯蘭教核心是堅持真主的現實，真主是無所不在而且是至仁至慈的，祂同時是超越的、是無所不在的，比我們能夠想像到的任何東西都要偉大，用阿拉伯語來說真主的意思就是阿拉，祂是伊斯蘭教做為核心的現實。這樣一種獨一性的認證，在伊斯蘭教裡面叫做「塔瓦西德」，就是認主獨一。阿拉是超越所有二元性關係性之上的，祂超越所有性別，也超越一些存在者把另一些存在者區分開

來的所有屬性之上。祂是所有存在的源泉，也是所有宇宙存在的源泉，同時也是所有中心所要回歸到的根本。

《古蘭經》作為伊斯蘭教啟示的核心經典，它更反覆強調人自由的現實性，同時也強調人在阿拉面前所負有的責任，甚至是對其他被造物的責任。當《古蘭經》涉及到男人這個詞的時候，它所指的就是人類，並沒有特別指男性，所以教會是針對所有的人，而不僅僅是男人，它不是針對男人、針對女人的。為什麼要提起這一點，是因為要與現代西方，尤其是美國所掀起的現代主義運動，相對比來看，在美國等西方世界來看，他們把男人和女人作一種量化的平等，但是在伊斯蘭教中他是將男人和女人作為一種互補的存在。

對伊斯蘭教來講，人類是根據他們和真主之間的關係來作定義，而他們的責任與權力，也都是源於這樣的一個關係，現在我們對於真主不僅僅有責任，還有對於祂創造物的責任。傳統的宗教當中，事實上它描繪了一種人類的責任，描繪了一種等級的結構，最頂端是我們對於真主的責任和義務，透過宗教以及對律法的服從來達到。然後是對自己的責任，由於人是神聖的，他並不是由我們自己所創造的，所以我們都有責任維護、保持我們的身體和身體健康，在精神上和身體上都不要受到傷害。因此，自殺在伊斯蘭教裡面被看做是一項重罪，當然我們對自己的責任，也包括我們自己靈魂和心靈的責任，我們對自己最大的責任就是試圖去拯救我們的靈魂，讓我們自己變得善。

此外，對社會的責任是從對家庭的責任開始，這一套責任的範圍比較廣泛，包括誠實努力地去工作，來供養我

們的家庭和家人，去施捨或者作一些慈善的事業，這些都包括在這個範圍之內。社會責任在傳統經典當中被刻畫為伊斯蘭教法，在倫理學中都有提及，這裡我就不一一陳述了。進一步來看，我們周圍的世界不只是人類範圍，對於動物、植物甚至是一些沒有生命的東西，像水、空氣、土壤我們都有責任。所以在這樣一個人類責任的理解之下，我們才能夠來處理和考慮人權的問題。

權力不僅僅屬於人類，也是屬於所有被造物的，在過度強調人類權力凌駕於其他權力的情況下，我們破壞自然生態環境，現在我們已經提到更多動物和植物的權力，這與伊斯蘭教的觀點相一致。根據伊斯蘭教，人類的權力與承認作真主的僕人及代言人這義務相聯繫，這權力範圍也比較廣，它從宗教權力延伸到個人的法權、社會權以及政治權。然而，人類首要權力是關於自我永恆的靈魂，不管是男人或女人，都有權力去追求靈魂的救贖，伊斯蘭教在這一點上面和其他宗教一樣，就是必須供奉我們的靈魂給阿拉，把它視為是我們首要的義務與對真主的義務。

進一步來說，不論是修行還是不修行，都不要破壞社會的規約和法律，這也是伊斯蘭教對於人權的規約，事實上，你有權力可以選擇你去修行或不去修行。在這裡由於時間的關係，關於權力的部分我就不在這裡贅述了，我的發言的最後一部分是關於伊斯蘭教的「末世論」，我只作簡單的總結。我想說的就是，伊斯蘭教「末世論」的核心觀念，就是真主時代的一個轉變，在佛教教義當中也可以找到相似的內容，我相信人類的本質是作為一個超越的存在，這是一個重要意義，也可以在佛教的經典當中找到。

張維真

　　根據佛教學者的觀點，佛教教義的中心關懷和根本宗旨是教人成佛，也就是成為「覺悟者」，亦是對人生和宇宙有一個深切的覺悟。然而，伊斯蘭的人性觀和哲學，與這一思想雖有一些差異，但是在超越物欲、追求人格昇華這一總體目標上，卻也有許多共同之處。在此我想從伊斯蘭的觀點，去探討人性的本質。首先第一點：人性在伊斯蘭中的觀點是，來自大地的一撮泥土，和來自真主的一束靈光，共同組成人的本質，《古蘭經》說：「當時你的主曾對眾天使說：『我要用泥創造一個人，當我把他造出來，並從我的精神吹入他的體內的時候，你們當為他而倒身叩頭。』」

　　雖然，由於研究和表達的需要，伊斯蘭學者們把人性分為肉體和靈魂，或肉體、理性和靈魂，但他們同時指出，這些人性組成部分並非是各自為政、彼此分離的，而是一個互相維繫、水乳交融的整體。這些人性成分表像的分離狀態，使一些人產生錯覺，於是有一些人只認可人的肉體成分，僅僅從物理和化學層面去解構人；另有一些哲學則是無限抬高理性，把人的社會約簡為工具理性和科學主義；又有一些哲學只承認人的靈魂或靈性，走向苦行乃至泛神論。這種誤解產生於表層、表像的分離，實質上，它們是不可分割的整體——這才是人的本質，表面看來，當人沉溺於自己的物質、理性、靈魂或其他需求，這種暫時的需求，不會割斷人性各個成分之間的聯繫，伊斯蘭教與人的天性同步，把人的肉體、理性和靈魂作為一個不可分割的整體。

　　雖然有時候某一部分的機制會突現，有一部分機制會隱退，從而使一個時辰歸功修，一個時辰歸享樂，但伊斯蘭從不忽視人性各個成分互相關聯、渾然一體的事實，因此，不容許其中的一個方面與其他方面脫離關係，或突出一個方面而打壓其他方面。功修時辰不僅僅是靈魂的愉悅，也是肉體的運動、理性的運動和靈魂的奔放，穆斯林的禮拜中，這一事實尤為明顯，禮拜同時包括了肉體、理性和靈魂的運動。

　　第二點，就人類本性而言，是需要崇拜的。你不可能把一個人從「崇拜」變為「不崇拜」，但你可以把人從一種崇拜轉移到另一種崇拜，一個人不去崇拜真主（就是上帝），他肯定在崇拜其他的人或事物，目前流行的所謂「追星族」，說穿了就是人類崇拜心理的另類反應。這種規律是人的天性與天性的造化者──真主之間的契約，深植於天性機制之中，自天性初造之時，就蘊含於人的每一個細胞之中。這種契約甚至早於使者的派遣，以及使者所傳達的使命，由於這種信仰造物主的天性，每個細胞都在見證造化了統一規律的造物主。有了天性的契約和見證後，凡是理性健全者，都沒有理由去否認有序世界有一個造物主的事實，伊斯蘭教認為的信仰和認識論，與人性結構之間有著深刻的聯繫和天然的互動。

　　首先是，對真主的信奉和敬拜，滿足了人需要崇拜的天性，其次是，相信未見世界滿足了人渴望瞭解未知的天性。同時，後世的存在是作為人這種獨特被造物應有的自然結局，人的人性和人格理應不斷延伸，不斷昇華，直至上升到樂園的水平，再者，伊斯蘭確認人各種能量的純潔

性，賦予它們自由活動的特定空間。最後，即便是伊斯蘭規定的一些制約措施，其實也是出自人的天性本身，如禁止揮霍人性的能量，旨在保護這些能量不致枯竭、作廢，這與人的天性是協調一致的，並且是在相應天性的需求。

第三點，依伊斯蘭教看來，今世和後世是密不可分的一條道路，不是分道揚鑣的兩條道路，今世是人生的第一階段，後世是第二階段，兩世共同組成人的生命歷程。倘若一個人企圖不經過今世而直達後世、不按照真主喜悅的方式建設大地、治理大地而袖手等待後世的樂園，這種做法與伊斯蘭的本質是格格不入。人類履行替真主代治大地的使命，真主把這使命交給了人的時候，已經賜予人類與這使命相稱的內在潛力，使人有能力掌握宇宙中的種種規律，藉以完成這一使命。真主使人的構造與大宇宙的構造之間實現一種和諧，達成一種默契，使人有能力生存、工作，並創造發明，同時，把創造發明本身看作是崇拜真主、感讚真主的一種方式與媒介。

第四點，伊斯蘭認為，人是萬物中獨樹一幟、備受優待的被造者；是造物主擢升、器重了人，使之區別並超越於萬物，造物主對人的優遇體現在以下幾點：

1.真主讓人類代治世界，經典中許多地方都有提到這一點。

2.真主以最美的形態創造了人，真主說：「我確已把人創造成具有最美的形態。」。

3.真主把靈魂成分特賜於人，人因為真主所賜的靈魂而成為萬物之靈。

4.讓宇宙為人服務，這在《古蘭經》中有許多記載。

5.推翻人與主之間的教權仲介，伊斯蘭認為，一個人無論何時何地都可直接與真主溝通，無需控制人心、把人與真主隔開的仲介。

6.每個人都要自負其責，先知說：「每個人生來就有向善的本能。」即人生來不帶有任何原罪，在真主的天秤中，讓後代承擔祖先的罪責，於情於理都說不過去。因此，伊斯蘭明確確立了人對自身負責的原則。

以上從幾個伊斯蘭的人性觀點可以看出，在人性超越人格的昇華方面，伊斯蘭教和佛教有許多共同之處，因此，這兩種宗教才更需透過彼此對話、交流的模式，消除誤解、進而為世間的紛爭作消融的作用。

釋明海

我想我就「無我」以及「禪」的頓悟的部分，簡單說說我的一些想法供大家參考。大家都知道佛教的教義中，「無我」是非常核心的，也可以說是最核心的，有關佛陀無我的教義，我們通常把它分成人「無我」和「法無我」。「人無我」一詞，在唐朝的玄奘大師往往翻譯成婆陀迦羅無我，人有我、有你就會造成誤解。

事實上佛陀的教義是說生命沒有某種本質，生命的面向主要是人，同時也包括其他動物的生命，人類或其他的動物，或者在我們眼中所看到的窮人、富人、男人、女人，所有這些特性都不足以構足生命的本質。所以狗沒有狗的本質，人也沒有作為人的本質，富人沒有做為富人的本質，窮人沒有作為窮困人的本質，這樣的教義，就是佛教所說的眾生平等。從這個意義上我們知道，生命是一個

無窮的可能性，生命一方面像河流不斷地相續，同時也是一個念念不停、不斷展開的可能。

這個可能性是念念不停、不斷展開的，它關乎我們生命的每一個當下，既關乎於未來也關於現在，關乎於我在說話你們聽的這一刻，生命是充滿奇蹟的現在進行式，佛教所說的修行，也從此建立。不斷展開的現在進行式，在此可以建立我們修行的自覺、道德的自覺、各種情境下行為的自覺。這樣不斷展開的可能性，正是在不斷的自覺中被發現、不斷地變成現實，佛教所說的修行，正是生命不斷自我發現的過程，這個自我發現，既可在領悟和靜坐中進行，也可以在外行的生活、工作中開展。

生命正在進行，我們表現出的是覺、迷惘或者是迷失，當下也定義了我們自己，這定義可能會影響生命未來的走向，但同時也可以不斷地被更新和刷新。所以佛教裡說「放下屠刀，立地成佛」，這樣一個形象的表述，正是說明生命主體的自由，可以在念念更新的當下，它可以超越善與惡的對立，實現生命的刷新，由此來看，眾生與佛的界線，與佛的差距，在生命念念進行的當下，縮短到零距離。

《六祖壇經》裡面有講到，「前念起」是眾生，「後念覺」是佛，生命的念念之間，它的特性、它的愚和悟，當下定義我們生命的狀態，因此，我們與佛的距離，當然可以是零距離，但也可以是無限遙遠距離，如果不覺的話，零距離同時意味者無限遙遠的距離。在這個零距離的當下，時間和空間是多餘的，因此我們稱它是頓悟。禪的頓悟思想，在今天具有特殊的意義，特別是在不同宗教間

的對話，禪的這種見解，給我們對宗教現象新的審視，在生命念念進行的當下，所有眾生都是平等的，也可以說，信仰不同宗教的人、不同種族的人、不同階層的人，都有正在進行的當下。古代禪師有時候用形象的語言講，說每一位眾生都有一個坐具地，坐具地是僧人拜佛用的，在印度打坐墊在下面的稱為坐具地。

所以說，每個人都有自己的那一塊地，用一個形象表達，不管是窮人、富人、王宮貴族或是平民老百姓，都有正在進行的當下，生命在這裡是平等的。而在這樣一個地方，所有屬於社會的差別，所有屬於文化的差異，甚至所有屬於宗教的差異都無。作一個社會實體，作一個傳播釋迦牟尼佛精神、傳播釋迦牟尼佛真理的工具，也要一個高度的自覺，因為我們既有可能迷失在外在的五欲之中，也可能迷失在傳佛教法的工具之中。謝謝大家。

釋大田

在這裡我想報告一下在《觀生死即涅槃》這本書的內容，我節錄了十個段落，因為時間的關係沒有辦法從頭讀到尾，所以只唸其中幾個小段。那麼我們來看一下《觀生死即涅槃》的第十七到十八頁，我唸一下，「我從斷食裡發現煩惱是因緣而起。」心道師父他在年輕的時候就斷食很長一段時間，他在今年也閉關斷食，師父修行閉關大概到明年二月。

這是他過去閉關斷食的經驗，也就是說，他從斷食中發現，煩惱是因緣的變化，而因緣的變化，從無始以來就被我們的業力所主宰，業力就像IC一樣不斷地行為。你如

何去控制你的行為呢？它的程式如此流暢，該死的時候死、該結婚的時候結婚、該遇到什麼人就會遇到，它一直運轉著形成一個局。我們常說無我，因緣裡真的是無我，你沒辦法阻擋，不能說我不要什麼，不願意都不行。你沒有辦法作主，這就是無我被業力所做主，業力就是因緣、是生死的結、是轉化的過程，我們轉化成另外一個生命、另外一個善惡。

這並不是說這個人是善或惡，而是說，這整個變化都是因緣的變化，因緣的變化是屬於時間性的，是空間裡陰陽的道，是這個陰陽在變，最後會產生能量、轉化能量，所以說問題是在時間轉化的點上，有好幾次時間空間的轉變，不管你怎麼轉變，像現在永遠不會離開。要知道怎麼去耕耘善緣，讓我們的生命形成一個良性循環，這個行現是永恆的，我們生命是片段，把生命整個串起來才算是完整的生命。

接下來唸第二段，我們的記憶體就是生命演化的根據，沒有他，生命是不存在的，如果存在的話那又是什麼呢？那是佛的境界，佛的境界就是含藏記憶體的，這記憶體就是如來藏裡面的東西，而什麼是「如來藏」呢？就是整個宇宙的總和加上本體。我們現在所表現的表象，至於本體本來的面目已經不見了，我們經歷一個種子成長、生、壞、滅，到沒有，空掉，就是生老病死，這就是種子的變化。生住異滅，這是我們心靈的變化，一切幻象就是成住壞空，就是有相的變化，只要是種子就有一個實踐性，而時間空間的變化就是時間的變化。

前兩天我讀此書的《中論》，在〈第三卷・觀縛解品

第十六最後的偈頌〉裡有一個經文：「不離於生死，而別有涅槃，實相義如是，云何有分別。」也就是說，不離開生死而另外有一個涅槃，實相義如是，諸法實相就是這個樣子，云何有分別，哪裡需要去分別他呢？有人爲它作了一個註解說，諸法實相意義宗，不離生死別有涅盤，如經說，「涅盤及生死、生死即涅盤。」諸法實相中，沒有生死沒有涅盤，涅盤就是生死，生死就是涅盤。這可能就是大乘的經典，有機會你們可以去探討這個經，我想這是一個非常深的道理，也不是我一下就能夠體悟得到的，僅提供給大家做參考。

▼ 現場迴響

主持人：麥克‧馮‧布魯克

　　其實剛才的演講以不同的方式講同樣一件事情，一個是從伊斯蘭教的觀點、一個是從佛教的觀點，伊斯蘭教的觀點是講，眞主阿拉、宇宙創造物、全世界的人，和這一類結構性的關係，那麼他是屬於人類學方面事實的一個呈現，這是伊斯蘭教的角度。那麼在佛教的角度上，剛剛兩位師父所講的，是觀察我們心靈的活動，講的是因跟果關係，講的是心靈世界怎麼樣的一個接續、怎麼樣的覺醒，這樣從心靈層次的切入，所以說是不同角度但是講的是同一件事情。

　　不管我們用什麼樣的方式，結果都是殊途同歸的，也就是說，我們都必須要由人類的觀念來關心芸芸眾生，當然包含了各種的生物和植物，以平等概念來看所有的事

情，這是我們作為人的責任，也是用心關懷所有的眾生。

那麼兩個不同的宗教、不同的角度、不同的方式，其結論卻是一樣的，只是方式不同，為什麼會是這樣子呢？那麼請大家也許可以來討論一下。

觀眾

大家好我是來自臺灣臺北教育大學的陳錫琦，我想請問哈珊‧侯賽尼教授，您提到自殺是有罪的，臺灣自殺的人就很多，在這個世界比較文明的國家自殺率也愈來愈多，如何從伊斯蘭教來看為什麼會自殺？自殺為何又被看成有罪？我想請問伊斯蘭教如何看自殺？另一方面，對於想自殺的人，我們要如何幫他們呢？謝謝。

哈珊‧侯賽尼

我們身為人有各種責任，比如說你對真主阿拉有責任、對萬物有責任、你對大自然都有責任，特別最主要的一個責任是對自己要負責，不管是身、心、靈個人都要負責，所以如果要自殺的話，就是對自己不負責，這是一個很大的罪惡。

觀眾

據我的瞭解，自殺在伊斯蘭教是個很大的罪惡，主要原因是，如果你作錯事情，你若好好活著就有時間、機會補償，你應該把你的身心靈作調整，然後把整個壓力慢慢排除掉作一個補償補救。因為我們生命是很可貴的、是非常獨特的，如果你是自殺了，自然就沒有機會補償，所以

總體來講他是滿嚴重的一個罪。

觀眾

我想請問法師，剛法師講到「無我」與「禪」，我想請問，「無我」與「禪」的傳播對現代社會的作用爲何？

釋明海

禪作爲佛教的傳播手段，在這裡面有一個觀照，所有釋迦牟尼佛的言教、還有我們的經典、還有其他宗教，說禪是過河的船、是一個工具。在這個多元化的社會，能幫助我們認識到這個比喻，就像手指和月亮一樣，我們的很多工具符號手段，就是指著月亮的手指，這樣我們就不會因爲執著於宗教的各種現象而導致各種問題。

瑪利亞・哈比托

剛剛報告提到爲什麼在伊斯蘭教看來人沒有原罪呢？有些罪在某些宗教是可以被原諒的，比說在基督教等宗教是可以被原諒的。

哈珊・侯賽尼

其實在各個宗教有不同的作法，就如同布魯克教授所說的，佛教和伊斯蘭教基本上基礎是一樣的，是以人爲中心，因爲人是神聖的，是超越一些衆生、宇宙的。所以，在這個宗教來講的話，雖然講法會有點不一樣，但在他看來差異性不是那麼大，簡單講，都是以人爲中心的。

二、思想與身體的關係

瑪利亞‧哈比托

　　在各種不同的宗教傳統當中，有一個基本問題就是說，究竟身體是一種幫助或是一種障礙？因此身體究竟該被壓制，還是說要小心照料與培養？那麼在不同的宗教當中，身體是懼怕或蒙羞的一個對象？另一方面也可能被認為是救贖的中心。在佛教的傳統當中，有非常多不同的方式去看待肉身以及身心間的關係。大體上來看，小乘佛教相對於大乘佛教來說，對肉體較持有負面的看法，在這篇文章中，我主要想注重於小乘與大乘思想之中關於肉體與身與心之間的話題他的觀點為如何？

　　釋迦摩尼佛因為看到人肉身在不同情況下而有不同的覺悟，根據傳說，悉達多王子離開皇宮舒適的生活，他看到一個老人、一具屍體、一位出家人，通過這種種的景象，王子覺察到人生、老、病、死種種的現實，最終發現出家的道路，如此悉達多離開了他的妻子、孩子，成為了一個雲遊僧人尋求覺悟之路。

　　通過六年的苦行，肉身變得非常憔悴，骨頭也都爆裂出來。佛的雕像在小乘國家不計其數，但在大乘佛教的國家就沒有那麼普遍，部分原因是小乘國家注重更加理想化的東西，但在中國這種國家，笑面佛、大肚佛就更加受歡迎。由於筋疲力盡且長期沒進食，他也變得非常虛弱，因此悉達多認為，長期禁慾只會使狀況變得更加糟糕，並不能讓他更加貼近覺悟的目的，因此他尋求一種中道，他吃

了米粥恢復一點精力，就在菩提樹下禪修，在晨曦升起時他開悟了，開悟之後被稱爲「佛」，也就是覺悟者。

在對於覺悟的傳統解釋當中，描述了佛在覺悟中所達到的四個階段分別是念、入定、捨與覺悟的捨，超脫的狀況被稱之爲涅槃。在他最初宣講佛法時，他宣講了四諦，爲苦、集、滅、道，衆生體驗到種種的苦、特別是他們的肉身會生老病死，這就反映了給悉達多最初震撼的體驗，這些苦都是由無常所引發的，所有因素聚集在一起就叫做色、受、想、行、識，如果把這些東西當作是常的，就會導致種種的不快樂及煩惱，而超脫及和平的方法就是對現實有個正念，這些正念是建築在對現實的體驗之上。

在佛開始講法並吸引許多門徒之後，他開始制訂僧侶的戒律，也爲比丘尼制訂一些戒律，一開始佛教對於肉身的概念比較含糊不清，如果沒有肉身就沒有慾望，而無欲就不會有肉身，因此根據佛教的教義，正是因爲慾望而產生了輪迴，而控制慾望的方法就是控制肉身。另一方面，沒有肉身，覺悟也是不太可能的，所以在六道當中只有人才可以覺悟，才可以切斷輪迴之線，因此人身是值得珍惜的東西。

但是，在小乘佛教中並不認爲肉身是一種值得珍惜的東西，恰恰相反的，因爲宗教最終的目的是涅槃，徹底戒掉貪、瞋、癡的狀態，因此最安全的一條途徑就是去壓制你的肉體，將所有的慾望從中解放出來，有兩種禪修的方式是有助於這一點的，首先是身念處，這樣做是爲了建立起對身體的一種厭惡，第二種方式就是觀屍體，而且是在停屍間那種地方，第一種方法是門徒需要去觀察身體的

三十二步，主要是觀察身體醜陋的狀態。對於身不淨的禪修是讓僧侶們能夠解脫出對於異性的吸引，大多數厭惡女性的闡述在佛教中是基於印度神話，在這當中女性代表生理的慾望是相當危險的。

　　在佛教中能夠實現禪修的正確道路，主要有三種，那就是念、定以及智慧，大乘佛教有很多的創新，其中一點就是他們認為頓悟是可能的，而且對於出家人也是可行的，這教義在中國禪宗被發展較為完整，它結合中國道家以及儒家的傳統。在這裡女性身體是不被重視的，因為女性身體被認為是無法覺悟的，大乘佛教強調空及流變的概念，佛的三身，對佛真身的領悟，是在對於空這種狀態的實踐。佛身被理解為一種宇宙之身，它是永恆的、超越的、無所不在的，它是在各種禪修中被領悟到的，同時也是在日常生活中開悟時所領悟到的。

　　如果我們一開始就是覺悟的，為什麼我們還要去修行培養呢？日常生活中的行為如洗臉等等，其實都是通往覺悟的一種表現。佛身即佛心，心即是身，身即是山河大地、日月星辰。

張文良

　　前幾天，聽到日本NHK廣播新聞，它講日本一家醫院在進行臟器移植手術，結果因為醫生和護士的失誤，造成患者的臟器犧牲，在日本成為很大的社會新聞，這反映出日本社會根深蒂固的觀念，認為身心是一體的，那怕是死亡的身體，譬如遺體，也是有靈的、有感情的、有知覺的，和一般的物體是不一樣的，由於這個根深蒂固的觀

念，使得日本關於腦死亡臟器移植一直有非常強的抵抗，日本醫學界一直不敢涉入這個問題。

八十年代之後，臟器移植普遍被世界各國所接受，日本社會慢慢出現了鬆動，在這個背景之下，日本的學術界，特別是日本佛教界重新思考這個問題，也就是說從佛教界的觀點出發，怎麼看待腦死亡臟器移植的問題？科學的進步，向傳統佛教的生命觀提出挑戰。如此一來，佛教界如何回應這個挑戰？日本佛教界的基本立場又是如何呢？其說明如下：

（一）關於佛教生死的立場

在討論中有學者提出來，佛教對生命的理解可以歸類為兩類，一類是關於輪迴的生命觀，包括中陰說、種子說等等。從物質面把握生命；一類是身心一如生命觀，主張識與生命的和合而有生命的存在，從精神上理解生命。

（二）分段生死與不思議變異生死

分段生死是凡夫經驗的世界生死，分段生死有壽、夭之分，隨每個人的業力在六道輪迴中運轉，而不思議變異生死，依靠的是佛的悲願力與加持力來改變我們的生命，獲得一種無限生死，這種生命的改變，我們可以理解為對生命認識與價值觀的轉換。也就是說從這種相對的生命觀，轉換成絕對的、超越的生命觀，這種就是佛教所說的兩種生死觀。從這兩種生命觀出發，我們來看待臟器移植的問題，我們可以發現，從死亡的恐懼中解脫出來的途徑，不是通過移植的手段來達到，而是要通過對生死的超

越才可以真正達到面對死亡的恐懼，擺脫死亡的恐懼。

（三）佛教的身體觀

佛教基本上對於人的身體認為是不淨的，例如天臺宗裡面認為人的身體有五種不淨，包括死亡的不淨，因為死亡過程中，是最徹底表現出身體的不淨，在這強調一點就是，佛教身體觀包括教義的層面、臨終的層面，也就是說，普通民眾他們怎麼理解身體，我說的民眾主要是指佛教的信徒，從日本的情況來看，日本的國民很多時候將身體甚至是遺體看做是神聖的東西，是一種有生命、有靈的東西。

我們看到日本民眾在遺體火化後甚至要把骨灰帶回家裡去，還把骨灰放在佛龕上，然後在四十九天之內，骨灰還是和家人一起生活，家裡每一個人每天回到家裡要和骨灰打招呼，出門時也要和骨灰告別，在四十九天之內還是被視為有生命的，受到大家的尊重，所以說教義上看來身體的確是一種不淨的東西，但普通的看法會根據文化背景的不同而有很大的不一樣，我想這點大家應該注意一下。

馬獻喜

伊斯蘭教號召每個人，藉著對真主的信仰，認識死亡是生命的動力。為死亡而做準備的最佳途徑就是行善止惡，死亡雖是痛苦，但卻是人的歷程的一個轉振點，把死亡的意義真正貫穿在我們有限生命之中，使我們致力於人與人、與社會、與環境之間的和諧，把敬主愛人、為他人服務和堅持正義貫穿一生，實現死亡的終極價值。

伊斯蘭教認為死亡是鐵的定律，伊斯蘭教的死亡觀與真主造化人的教義有直接關係。伊斯蘭教教義認為人是有靈魂的，靈魂永遠不滅，伊斯蘭教把人分成先世、現世、後世。先世就是人出生之前、現世就是現在、後世就是死後的世界，先世沒有開始也沒有終點，就是人的留存；到了今世，人主要就是靈魂、這一刻，今世真主說：「我確已把人造成具有最美的形態。」「我以你們為大地上的代治者，以便我看你們怎樣工作。」，人以頂天立地的形態生存在大地上，並因真主賦予的高超智慧，成為大地的精華，萬物之靈，這是真主對人的慈悲。

伊斯蘭教認為人要謀求兩世的幸福，人在今世不是永恆的，人人都要死亡、都要復生、都要歸到真主的御前，真主一定按照人們在今世的行為對人們進行清算，有正信且行善者，憑真主的慈憫進入天堂，無正信者、作惡者，憑真主的公道墜入火獄。穆聖教導人們在享受今世幸福的同時，要時刻牢記和理解《古蘭經》和聖訓的深刻含義。

什麼都要毀滅，只有靈魂是不滅的，死亡對每個人和生物來說是不可避免的、是鐵的定律。今世的一切物質都要毀滅，死亡是人生命的一種轉化過程，真主使人從先世進入今世，從今世進入後世，在後世復活亡人，按照人們在今世所作的善惡進行清算與賞罰，這是人的全部經歷，是人的生命定律。

但大部分人貪戀今世的物質生活，由於受名利的誘惑，受到人類的公敵 —— 易卜劣斯（註一）的引誘，對列聖所傳達的資訊置之不理，甚至加以否定。在古代，許多人為了避免死亡，尋找長生不老的靈丹妙藥和冶煉長生

丹，但是沒有任何人找到、煉成，都品嚐到了死亡的滋味。當代，由於生活節奏的加快，工作壓力的加大，人們紛紛被捲入到身不由己的漩渦，只為今世的浮華忙忙碌碌，忽略了自己的死亡，總覺得死亡十分遙遠。

其實，死期不由自己決定，死亡路上無老少。我們應當明白，當人類一代代地離開了今世，往後世轉化之際，新的一代又踏上了今世生命之旅，最後又死亡，這就是人類的行列，死亡的隧道。沒有正信的人認為「人死如燈滅」，認為人死就一了百了，這是誤導人類社會的邪惡思想，使生命失去真正的意義，把有靈魂的、活生生的人同死物相比，以此引誘人們放棄信仰和原則，蔑視道德和善良，使一些人成為亡命之徒，在臨死之前拼命撈一把，覺得自己不虧本，吃喝玩樂，盡情享受，死後逃之夭夭。

我們應該清醒的知道：燈滅後人會把燈重新點燃，況且人的死亡不是人自己所為，是真主派索取生命的天使把人的靈魂索去，真主使人死亡，人的靈魂離開了人的肉體，進入後世。在復生日，萬能的真主把人的靈魂同人的肉體一同復生。正如真主所說：「人到了死亡的時候，真主將他們的靈魂取去。」善行惡果必受賞罰，從今世到後世，每個人都要經歷索取靈魂、墳坑審問、展現功過簿、天秤稱善惡、過天橋等幾個程式。

這是伊斯蘭教教義的觀點，索取人靈魂的天使，鐵面無私地執行真主的命令，不分人的社會地位、種族、窮富善惡，伊斯蘭教義認為：復生日時真主把人的靈魂歸還人的肉體，使靈魂與肉體一起復生，即使人的屍體沒有任何遺留，或分散到海洋、陸地等任何地方，憑真主的萬能

也能將其聚集到一起而復生。

聖訓裡多次敘述復生日的情形：真主把記錄人的功過簿展現出來，遞給信士們及善人的右手裡，遞給惡人左手，或由他們的背後遞給他們，用天秤計量人的善惡。人們要渡過架在火獄烈焰上的天橋，堅持正信且行善的人容易度過而進天堂，惡人將墜入火獄。

天堂就像佛教的極樂世界一樣，是行善的人進入，真主說的：「在那日，有許多人，是享福的，是為其勞績而愉快的，他們將在崇高的樂園中，聽不到惡言，裡面有流泉，裡面有高榻，有陳設著的杯盞，有陳列著的靠枕，有鋪開的絨毯。」這就是《古蘭經》中描述天堂的片段。而火獄是真主為惡人設置的，主要以火刑為主，入火獄的人不活不死，身穿火衣，手戴鐐銬，吃瘡口流出的膿，喝熔銅一樣的滾水，入火獄的人萬分痛苦悲不可言。

伊斯蘭教信仰死後復生，這不僅僅是一種哲學認識和精神寄託，它是人生的指南。它雖然包含著在復生日對人公正的清算，它提醒人們在今世要時刻注意自己的言行，要作善事不要作惡事，作善事就能進天堂，作惡事就會進入火獄。這就是伊斯蘭教的死亡觀，與佛教的惡有惡報善有善報相同。

■ 註一：

　　易卜劣斯（Iblis），為伊斯蘭教中的魔鬼名原意為「邪惡者」。據傳，易卜劣斯是阿拉用火造出的精靈，當阿拉創造人類祖先後，要求所有天使下跪，唯獨易卜劣斯拒絕，致使被貶為魔鬼。易卜劣斯亦被稱為「撒旦」，專門引誘人類犯罪。

觀眾

我的問題是有關於張文良教授剛剛所提到日本的種種狀況，簡單來說，就是在日本佛教徒也有分不同階層的人，例如有些住在村落、有些較貧窮、有些住在城市比較富裕的、有些是比較現代化的族群，這一些不同族群之間，比如天臺宗等派別，這些不同族群之間的觀點，是不是也會有分歧與不一樣？

張文良

謝謝您的提問。中國的虔誠思想，它對生命觀的看法，和日本的普通信眾，也就是受日本文化影響比較深的普通信眾，他們之間關於生死問題是不同的。具體在現實上來看，日本社會裡面偏僻農村地區的信徒和大城市的信徒有什麼不同，我想這樣的不同相對來講是比較小。當然，農村地區的信徒受日本文化的影響更深遠一點，他們對於生死觀的看法，和中國佛教、或者是說東亞其他地區國家的佛教徒，看法上的差別就更大一點，我個人是這樣認為。

觀眾

我是來自藏區的喇嘛，剛才我聽馬獻喜先生講到善和惡的問題，非常感謝今天有幸能夠見到大家，關於善和惡的問題，我想簡單問他一個問題。如果說生命是我們被安排要去認識的，生命是一樣珍貴的，那麼你們穆斯林對動物的看法，比如說阿訇可以去宰一些生命，除了人類以外的生命，這樣是有罪過還是沒罪過？該如何解釋？謝謝。

馬獻喜

謝謝提問，對伊斯蘭教來講，這世界上的一切東西，都有其背後的一些原理存在，真主按造這樣的原理創造，創造一切給人用。當然阿訇也不是任意殺動物的，一般來說都是在宗教節日，或是大型的祭祀，在逼不得已的情況下，這就是佛教與伊斯蘭教不同的地方，例如說牛、羊、鹿，羊的毛也是給人用的，但是還是不能亂殺，亂殺是有罪的。舉個例子來說，一位醫生問我們的聖人說，我把青蛙殺了，輕易的把青蛙殺了來用，我們的聖人說不行，不能輕易的將它宰殺，因為真主知道，會受到真主的質問，這就是有罪的。

觀眾

我想問張文良教授，剛剛對日本佛教界的一個介紹，是有關於臟器的移植，據我所知伊斯蘭教認為這世界的一切是為人類服務的，那麼這一點就如同剛剛馬獻喜提到就是說，世上的一切都是為人的地方。也就是說，人的生命是神聖的，應該挽救他，當然在實在是沒有辦法的情況下，還是要回歸真主回歸上帝；那麼在有可能挽救的情況下，就要把挽救生命當作是一個壓倒性的重中之重。這是伊斯蘭教和佛教界有分歧的地方，不知道張文良教授如何看待這樣的問題？

張文良

我想從不同的宗教立場，對於生命和放棄生命的體驗與看法是完全不同，我想這個是正常的、也是完全可以理

解的，從我本身來講，我個人是贊成腦死亡與臟器移植。日本佛教界對這個問題的分歧主要是說，受日本文化範圍的影響，也就是萬物有靈論，它對佛教的影響非常大，所以有些佛教徒認為臟器移植是有益生命的有益人類的，要繼續推進；但有些受到日本傳統文化的影響，這些佛教徒認為這個問題是要慎重的，會帶來許多的困惑與衝擊。所以我認為這個問題，它不光是一個宗教的問題，它還與傳統文化、整個國家的背景、文化有非常大的關連，不知我這樣的回答是否有解答到您的問題。

觀眾

這不是問題，是我對馬獻喜講的補充一點我的看法，以《古蘭經》來講，宇宙一切創造的東西都是為人類而服務，那麼人是一個非常崇高的生命、非常尊貴的生命，但是我們也不能因為這個樣子而太過於濫殺動物。舉例來講，像一匹馬，先知穆罕默德在《古蘭經》上有說過，這裡面包含著兩個層次，一個是真主阿拉所講的層次，一個是《古蘭經》上面所講東西這個最高層次。先知穆罕默德講的是聖訊，是第二個層次，穆罕默德說騎馬就好了，你不要殺馬，簡單來講就是這樣，不要太過頭了就對了，適可而止。

議題二：

對於僧團／伊斯蘭社群的觀點

一、宗教社群和世俗社會

羅伯特・杭特

在伊斯蘭教中，人類被視爲眞主的奴僕、被創造的，也是萬物之靈，爲了通過這個決策，上帝通過預言來揭示教法，也就是「伊斯蘭律法」。教法是教導各式各樣的關係，包括人與人的關係、人與家人、個人與其他人、個人與創造物以及個人與眞主的關係。每當人問到「我是誰」的時候，他其實就是在透過發現個人的認同，透過崇拜眞主、信仰眞主，發現他與眞主之間的關係，個人身分的認同，是根源於他與眞主之間的關係，就像人與人之間透過道德的合作來發現與其他人的關係一樣。另外一點就是說，我認爲不僅僅是穆斯林，而且是所有人類，都必須是生活在一個宗教信仰或者是實踐的框架之中。伊斯蘭教中提到，上帝不僅僅是爲了創造普遍的人類，祂其實是創造出很特殊的人類，比如說男人、女人，而且創造出不同的家庭或國家，上帝的目的是創造一個多元化的人類和宗教，以及多元的國家實體。

大乘佛教認爲人類不僅僅是一個創造物，而是一系列精神活動的持續，也就是說它把人類定位爲一種非時代的

創造物，而是一種幻想。所以在這種程度上理解的話，個人的存在值得期待，生命的結束則是痛苦，人類的存在，依然是具有他本身的意義，眞理與人類的存在是交互滲透。首先，人類在這個領域中是可以認識到的，是可以使他們從那個幻想中擺脫出來的，其次在道德訴求中，人類生命是一個非常眞實的領域，能夠擺脫一些物欲追求逐漸進化人的靈魂，同時能夠領會生死輪迴。

所有的宗教都有一個共同的特點，就是有能力使人類擺脫幻想走向教化。而且，人類在不同的道德上或者宗教上的選擇，常會產生一種永恆的結果，那麼我從幾個方面來談。

佛教和伊斯蘭教在社會中有一個共同的價值，他們保留正義的東西，並且反對邪惡的東西，伊斯蘭教和佛教的知識中，他們都把宗教眞理認爲是先驗的，要通過特殊的揭示。但是這兩個宗教都沒有說眞理是獨一無二的，同時這兩個宗教都認識到，通過人與人之間的關係來尋求其他宗教的眞理，從而尋找到最終眞理的重要性，所以這兩個宗教都是支持對外、尋求對外，這兩種宗教都認爲，如果人類最終只執著於我執、自我，這是沒有任何意義的。

另外，伊斯蘭教的蘇菲派以及佛教中的沉思，他們都有一個共同的特點就是尋找一種聯合，就是終極眞理的聯合。從另外一個語言來說，伊斯蘭教和佛教都認爲，教化是非常必要的，即使是對於沒有這樣宗教的人來說，依然是非常重要的，這兩種宗教都遵循禮拜，共同遵循禮拜的精義，而且他們都尊重其他宗教的崇拜者。

伊斯蘭教和佛教都認爲，人類是有一份獨特的道德責

任的，相對於其它的創造物來說，他是有獨特的道德責任，他們同時也認為人類的精神不僅僅存在於與上帝或真主的精神之中，也產生於其他創造物的所作之中。這兩種宗教也都認為，這個世界並不是永恆的，就像人類一樣，總有一天也是會過世的，也由於這個原因形成了我們的地球，使我們人類更加相互珍惜，值得我們關注。

所以從以上這四個方面所提到的對話，包括宗教多元化以及社會宗教的各個成員，這樣的討論將會產生非常實用性的結果，過去認為有一種比較權威的倫理道德，或者有一種比較超然的真理，這種思想將會導致社會的分裂和壓迫。所以，我們必須有一個凝聚力的價值和相通的認知，也就是說我們在尋找個人認同和社會價值的時候，應該去尋找這個社會共享的成分，這種價值存在於各個宗教中。當認識到我們之間應該對話時，對彼此之間更好的生活以及繁榮整個社會，都會帶來很有意義的價值。

敏賢良

我認為任何宗教都強調生活、生命、生產的教義或教規，在這樣的前提下，才能步入美好的後世，就是死亡的問題。在平常的工作中我瞭解到，臺灣的靈鷲山，本著護法、開護心靈的精神從事社會慈善服務、關懷孤寡老人、關懷弱勢群體、還設置獎學金獎勵品學兼優的學生，還有臺灣的慈濟，就是證嚴法師辦的那個慈濟，作了許多救苦扶貧的社會服務。從這當中我們能看出中國伊斯蘭教和佛教，在追求生命、生活、服務社會的共通點，增加對話的可能性。

為伊斯蘭教來說，有幾個特點是重要的，首先我們可以知道，伊斯蘭教特別強調知識的重要性，《古蘭經》就是教人所不知道的東西。阿拉對穆罕默德降示的第一個啟示便是知識。

《古蘭經》中說：「有知識的與無知識的相等嗎？唯有理智的人能覺悟。」穆罕默德在困惑的時候祈求阿拉說：「我的主啊！求你增加我的知識。」穆罕默德也曾這樣教導穆斯林。他說：「求學，是穆斯林男女的天職」、「求知，從搖籃到墳墓」、「求知，是崇拜真主的最佳形式」、「學者的墨水比烈士的鮮血更為珍貴」等等。因此，我認為伊斯蘭教是強調知識的，不然穆罕默德不會強調它，伊斯蘭教高度地強調知識，所以馬啟西才會拿出資金建立了啟西女子學校，在當時的中國社會打破了女子無才便是德的傳統觀念。

伊斯蘭教的第二個特點是強調團結和諧，《古蘭經》裡說：「你們全體要抓住阿拉的繩索，不是分離。」中國伊斯蘭教西道堂，主要就是把不同性別、不同姓氏、不同民族，所有的人團結在一起，他們吃大鍋飯、穿共同的衣服、從事各種分工、承擔不同的責任、不計較個人名利和得失、主張人人平等共識下共同生活，這就體現了伊斯蘭教的團結精神。

假如缺乏這個團結、和平、忍耐、互讓精神的話，這種團結是不會形成的，從西道堂的成功經驗告訴人們，就是一個國家也好，一個民族也好，一個家庭也好，只有團結才是保證生存、發展乃至進步；反之，幾個民族、國家、宗教之間的不團結，則會走向一盤散沙走向衰亡。

　　伊斯蘭教第三個特點，它是強調勞動的宗教，穆罕默德說過：「為後世耕耘就像明天就要死亡一樣。」充分體現了伊斯蘭教是重視勞動的宗教。例如：西道堂的發展過程中，從事了帽子、農業、林業、商業的發展。在短短幾十年的發展中，農副產品、畜產品加工業、縫紉等手工業都具有一定的規模。每年生產的糧食和畜產品，除了滿足西道堂自己需求之外，還資助其他群眾，不分民族。

　　在此要向大會回佛對話這個主題回應強調，伊斯蘭教是一個重視和平的宗教，西道堂與其他民族和平相處就是一個最好的例子，伊斯蘭的本義就是「和平」、「平安」的意思。伊斯蘭教強調穆斯林之間的和平、民族之間的和平，伊斯蘭教西道堂與其他在甘肅臨潭相鄰的藏族、漢族等其他兄弟民族和平地交往，也會和佛教活動的民族互相來往。我感覺，宗教之間沒有衝突的根本因素，衝突是政治、經濟、個人利益的關係所引起，只要本著宗教的教義、教規去做，宗教間的和平是可以實踐的。謝謝大家！

馬孝棋

　　首先我想說的是，我們務必要避免對方的禁忌，共同邁向向陽大道，朝合作的目標前進。那麼今天我想說明的是：漢文化下臺灣穆斯林臨終與葬禮的觀察。

　　伊斯蘭的生命旅程，首先就是一生兩次的觀念，一生兩次裡面總共有這樣一個過程，從真主給靈魂到胎兒之後，在子宮裡面誕生到今天，生活一定是短暫的，所以我們哪一天會到這來、到墳墓裡面，也會有一個暫時的時間。而世界末日的時候，真主要復活我們大家、所有的人

類，我們會進入到一個後世的審判，審判只有天堂和火獄這兩種生活方式，這樣通往永恆再沒有輪迴。

我們穆斯林對生命的尊重可以從這幾方面來看，第一，慎終，我們穆斯林在臨終之前非得要念《古蘭經》，為亡人作祈禱、作口喚、也就是作懺悔。祈禱就是討白，我們要為亡人，祈請他念清真言，所謂清真言就是萬物唯有真主，而且我們要提醒臨終者別忘了要寫遺囑，遺囑的內容就包括了叮嚀小孩子要如何走教門。還有就是臨終者在生活當中有沒有欠債，並必須要把債還掉，還有他自己的財產要公平地分配給他的親人，公平的分配。

我們對生命的尊重到他歸真、去世的時候，首先，我們必須要整理亡人的儀容，非常尊嚴地把他整理，在臺灣及大陸這邊，少數的會把亡人送到清真寺，我們叫起大、小淨，給他淨身。我們捨棄世俗的衣服，只穿上白色的卡凡布，我們會為他舉行殯禮，然後發動到墳墓、伊斯蘭教公墓，安葬之後我們會為亡人作一個祈禱。第三步，我們穆斯林對亡人非常尊敬的，叫追遠，我們也叫慎終追遠，追遠的部分怎麼作呢？一個就是他自己的後代一定要承襲教誨，承襲他伊斯蘭的教誨，另外一方面，就是他的後代要避免有其他的宗教行為、其他的風俗加在裡面。再來，亡人所給他的口喚，所謂的口喚就是亡人所交代的事情一定要完成。再來就是他的後代要多多布施行善做好事，把這個好事所得到的恩典迴向給這個亡人身上，他的後代要多多的念經、做禮拜，這也是亡人追遠可以作的事情，包括他自己要作反省要認覺。

穆斯林的喪葬特色非常容易讓人家誤會，所以我們必

須要跟大家作解釋。我們首先第一個是土葬，我們不採行火葬，三天以內一定要下葬入土為安，所以又叫「速葬」，趕快要入土。再來就是要「節葬」，要節約，我們穆斯林沒有花費很大的金錢，不需要一大堆的程序，所以就是簡單和隆重。再來，他的特色就是平等，男女穆斯林歸真以後，他的衣服都一樣是白色的布裹起來，他的特色是衛生，因為我們要幫他洗淨，三天之內讓他入土，不暴露在外面。最後一個特色就是我們穆斯林有「助喪」的概念，所謂「助喪」就是亡人的鄰居幫忙亡人家裡，共同來為亡人處理這個喪事。

伊斯蘭的殯喪是現代的需要，怎麼講，我們禁止火葬，穆斯林禁止以異教之名來鋪張喪事；中國講求盡孝，很多中國人為了盡孝道，把喪事弄得非常的隆重、花費很大。再來我們穆斯林重視遺囑，所以有的時候人去世以後鬧家庭糾紛，就是在遺囑這邊形成，然後，禁拜祖先求卜，穆斯林沒有迷信，我們只有對真主，所以沒有什麼風水的問題，穆斯林重視喪葬的衛生還有環保，現在的環保意識抬頭，環保衛生也是非常講究的。另外，穆斯林認為在亡人歸真時要克制自己的情緒。最後，一墓多葬是我們穆斯林的傳統，我們不與活人爭地，也是我們穆斯林非常好的傳統。

臺灣是一個漢人社會，因此，我們受漢化影響的還有祭拜一些供品，水果、花都出現，還有用香。這個香定義很難，在西北也用香，但在臺灣用香就是一種祈禱，對亡人的一種祭拜。還有就是撒錢紙，這也是非常禁忌的，但是，有些會出現在伊斯蘭教公墓裡，當然這是少有的，直

到今年我才發現到。還有就是像家裡面有凶吉，想要改變風水、改變土神，所以要修墳，這些動機，對我們來講是禁忌。我想今天這個題目太短了，我只能用這樣的一個概念，達成我們相互認識，我想感謝大家的聆聽。

劉成有

我今天想談的是有關呂澂先生「善法欲」思想理論。呂澂是一位佛學大師，與臺灣的印順法師一起被稱爲二十世紀後半葉中國佛學界的雙璧。呂先生在對佛學的探討，特別是關於善法欲，人生正想的一個思想，具有正本清源的時代價值。

由於佛教對人生的基本價值判斷是人生多苦，所以很容易被理解爲一個厭世的宗教，而佛教界裡面的代表人物及代表公案，也加重佛教否定生死意義的價值取向。呂澂先生對此不以爲然，他指出佛教的人生趨向問題是全面的，是可以接觸到人生本質的。生活在社會，最好的是爲自己、爲他人而生，這就必須明白人生的意義，並且能夠自己掌握住未來的命運。

呂澂先生的出發點和目的，就是明指佛教積極的人生意義，並確立傳統佛教實現現代轉換的理論基點，呂澂之所立，主要是通過對世間、出離、轉依等佛教基本概念重新詮釋而做的。他明確指出「出世」的問題，菩薩行的典型是要投身於世間，而在世間本質上求變革，並非脫離世間生活；不同於傳統佛教對話語的理解，它的理解在善法肯定的基礎上展開，正是善法的追求，讓他投身世間，改造世間生活，只有這種積極的人生才是人生正向。

　　他在〈觀行與轉依〉指出，人生正向是從染趨淨的，其間逐漸轉變，最終達到一個染盡淨滿，身心面貌突然改觀這樣的狀態，他說的比較是佛教徒說的轉依，而轉依的動因，正是基於「業感緣起」而產生的「善法欲」。他認為人們由個別的和共同的行為積習構成環境，作為生活的基礎，從而限制了生活的一切，因此要消除對生活的限制，就應該從現在做起、從自身做起，以對善法欲的追求完成轉依的事業，這種人生可說具有很明顯的入世精神。

　　再者，善法欲和出世間的關係，呈現出所謂的善法欲和人生正向，他在〈佛法與世間〉指出，佛法確實地根據仍然在於有情本身，也就是不悖乎有情心性這個方面，而「一切有情皆依食住」作為佛教經典中的一個要義，因為食字本身就含有有所資取、希求的意思，只有這樣生活才能夠更為開朗，其向善的意義非常明顯。

　　在佛教，食這個字分為段、觸、思、識四大類，因產生由食而住，進一步才有常、樂、我、淨的要求，更進一步會有自在解脫的要求，「此即有情生存之向善意欲也」的解釋。更重要的，呂澂認為：「此意欲以遍行之『思』為主，而與別境之『欲』相結合，不屬於根本煩惱之『貪欲』，然在不得其道時，即成為四倒。佛法利益有情，即根據其向善意欲而引導之，示以無倒之常、樂、我、淨四德，並不是取消四倒而已。然於此四德如真認識，真混合於實際，亦即自然超過相對看法，不執以為常、樂、我、淨，而行其所無事。故佛法引導眾生使陷於幻滅也，乃先導之以不倒，而究竟於超乎四德，以混合於實際」。

　　呂先生就是講善法欲的追求，和一般講的貪欲是兩個

概念，追求常樂我淨是屬於善法欲人生正向的行為，不屬於佛教所否定的貪欲。《法華經‧譬喻品》中的火宅之喻，就說明眾生原本就存有向善之內在要求，所以佛法並不是要破壞世間，是要誠心安立世間，創造一個理想的生活環境，體現人生的積極內容。

但是，這種佛教人生理論的積極內容，與傳統佛教所強調還滅人生之間的矛盾，該如何化解？呂澂認為佛教所謂的世間，就是「應可破壞」的意思。巴利文上是指「可以毀壞」或「可以對治」的一個有漏現象，本身就具有應可破壞的意義。

所以呂澂對世間作一個解釋，認為佛教說的世間，由於本身所固有的不合理性，因此佛教進一步提出了出離，但出離並不是簡單地否定，而是具有變革的意義。佛家所出離的並不是整個的現實世界，而只是屬於世間即所應破壞、變革的一切染汙、不善成分。對於佛法出世的出，有一個很好的解釋，即出淤泥而不染的意思。

如《寶積經》中所說的，佛法如淤泥中蓮花，出而不染，如果在清水或虛空中必然是長不出蓮花，故相涉而不相應，方真是不染。如何與世相涉呢？他認為一定要行世才能與世相涉，就像蓮花一樣，一定要植根淤泥中，有所吸收滋養才可以開出蓮花，由此可明顯看見積極的人生意義，出世並非與現實人生無關，而是對現實人生的超越。

這種超越，佛教裡面經常以「彼岸」來說明，但呂澂先生又指出，這彼岸二字不可以作常識的理解，是水流兩邊相對的意思，而這是表示一個未來發展的方向，這隨波逐流永無歸宿即此岸，能夠乘風破有所趨向才是到彼岸。

因此，出世所表示的僅僅是一種人生努力的方向而已，並不是與世隔絕，而且，出世離不開「正覺」，也就是正確的覺悟。

所以人生要走向這個趨向，有待於一種自覺，即「發心」，明白了這趨向的合理，有了覺悟以後，一切行為才可以歸向、成就這一目的，始終在覺悟的狀態當中，最終到達最完善的地步 —— 正覺。因此，佛家所講的人生趨向，實際上是以正覺為究竟的，而成就正覺的手段就是出離。因此，呂澂所謂的正覺與出離這一佛學基本問題，實際上是圍繞著佛教的積極人生論而展開。

第三個部分是呂澂的善法欲與菩薩精神以及它們的關係，就正覺與出離來講，呂澂對大小乘佛教的相關看法是有所抉擇的。他首先認為聲聞乘的解釋不太正確，應該加以分析。因為聲聞乘基於業、惑與苦之間關係的分析，很容易走向禁欲一途，企圖由隱遁的方式擺脫糾纏，這種種消極辦法又必然遠離社會而變成自私、自利。結果雖不能說完全落空，但並非終究的解決辦法，因為他們的出離世間竟是捨棄世間，本來要對人生有所改善，反而取消了人生，所以呂先生認為這是不徹底、不究竟的。

呂先生分析當時的印度在佛教以外還有很多的學派也帶著這樣傾向，一般人對於聲聞乘的說法就比較容易接受，因而使它流行了一段時間，即使到後來佛學傳入中國，依然難以改變，所以要明白佛學對人生趨向的真正看法和主張，就必須先揀除掉聲聞乘的說法。相對於聲聞乘，菩薩乘的精神有以下幾個特點：

第一，他們看人生問題，當就全面去解決，不像聲聞

乘那樣從自己或一小部分人出發。因此，他們能夠由「自業」追究到「共業」，並認為共業的相互增上可以因勝掩劣、也可以增減變化，從而對人類未來境遇能夠有更切實的把握；第二，他們也注意到執服煩惱，但以為煩惱是從對他的關係而產生，人生不能避開所對應的一切而存在，因此成就佛的境界，離不開現實的人生；第三，菩薩乘對於苦也一樣的厭棄，但是菩薩乘瞭解到自己感覺是苦而別人感覺不到，自己能解除痛苦而別人不能於是產生一種不忍的心情，以至有不容自己的這種感受，這就是呂先生說的「悲心」。

第四，菩薩乘對於現實世界並不逃避，反而要從各方面去理解現實世界的實際內容，以求踐行的實在。因此，他們能「依義不依語」而活用語言文字所構成的概念，契合實際而發生真正的智慧；第五，菩薩乘的悲、智，都不是抽象的、廣泛的毫無區別，而是要打破印度社會中普遍存在的種姓制度，尋求一種基本的社會平等。

因此，呂先生認為對於正覺與出離的問題，菩薩乘能夠追究到深處。像常、樂、我、淨這些人生的基本要求，聲聞乘不能得其著落，便一概予以否定，而走上消極以至於斷滅的道路。菩薩乘則是尋求人生真正的常樂我淨，並由染趨淨的向上一步一步地發展，為人生開闢出一條新的途徑。因此，原始佛教到晚期大乘佛教，解決人生趨向的人生論內容以及在不同的時期側重點雖然有所不同，但重要而有進步意義的成分一向都是被保留著。

從根本上說，它們人生實踐的立足點都是去苦求樂，只不過在追求善法欲的人生正向方面，更加強調智慧的運

用，以及對於個人認識的調整並由此引發個人行為以及生存環境的改變，從而實現染盡淨滿的轉依歸宿。呂先生的深刻分析，毫無疑問是看到了佛家人生論中的積極方面，佛教適應現代社會、實現現代轉換的基本因素。

▼ 現場迴響

觀眾

我想問一下敏賢良教授與劉成有教授，就是有一個年輕的佛教徒沒有結婚、沒有性生活，所以看到漂亮的女孩子都會有性幻想，常常都會覺得很難受，覺得造惡業，可能將來要去惡道。那麼，能從佛教的角度上，來給他作一個開解，因為他很明顯就是一個壓抑，而且是和這個教義有關係的。

劉成有

呂先生所講的善法欲，我們從個人的角度來看，多作善事，多做好事，就是諸惡莫作、眾善奉行，這種觀念從長遠來看，就變成我生命活動當中的潛意識，時時刻刻我都做好事，做好事就是在人際關係中幫助別人，讓別人感覺到自己存在的價值，也讓別人感覺到一種快樂幸福。佛教理論的樂，是一種大樂的精神，我知道自己要多做好事、幫助別人，別人也會這麼做，最終這個世界是不是可以圓滿？可以創造一種人間淨土，從個人去解釋這個事情我解釋不了，這個看大家、法師能不能解釋。

敏賢良

　　我想劉成有教授提到的問題，關於「性」的態度，一般宗教的看法好像不是一種污穢、骯髒或不應該，一般對性的看法比較是一種積極的態度，比方說他本身不屬於什麼東西，佛教在這一方面我們可以看到是比較壓抑的，一般的觀念好像是說壓抑會更成為問題，怎麼樣操作它怎麼樣處理它，這是一個重要的課題，這樣才符合人性。譬如說佛教有用出家的方式，對性的一種壓抑，這是不是沒有反映出人的本性，這個我不清楚，所以想請問杭特教授怎麼看待？

羅伯特・杭特

　　其實這兩個宗教對性的看法，並不是一個簡單的說法或簡單的二分法，因為在佛教來講，要看你和什麼人、什麼時間、什麼地方，譬如說這個人已經開始作了嚴格的修行，追尋覺悟、開悟之路，這時候當然就不宜去碰到性的問題，在這個之前倒是還可以的。那麼，在伊斯蘭教這邊的話，如果說兩性能夠承諾，作一個非常正式結合的話，那就應該是沒有問題的，當然不能逾越你所承諾的一些事情。但是在蘇菲主義來講，在某一段時間來講，它確實是比較禁欲的，我不太瞭解真正的原因，不過當然也有些兩極論法，有的人是極端地贊成、有的人是極端地反對。

觀眾

　　我想請問馬教長一個問題，您剛才講伊斯蘭教提倡簡葬，事實上有一些地區的拱墳很大，像在中國西北地區也

有，這樣是不是和伊斯蘭教主張簡葬的這個要求相違背？

馬孝棋

伊斯蘭講求簡葬是看原則，至於有些地方有拱墳這個現象，像阿拉伯地方、利比亞、中國西北，從行為和教義方面來講，基本上是反對的。因為聖墳、拱墳就是聖墓，聖墓崇拜在教義裡面就是一種偶像崇拜，因為我們只有對真主阿拉祭拜，至於對我們的先賢先輩，他們對於宗教的貢獻，我們只有向阿拉祈禱，而非幫他花費大量的金錢蓋墳墓或者說向他祈福、庇蔭子孫這一類的，這些都是我們穆斯林自己要去思考的、自己要去反省的，我的答案就是這麼簡單，謝謝大家。

▼ 回佛對談

二、對其他宗教／非信徒的觀點

蔡源林

我想先談《古蘭經》對非伊斯蘭教的論述架構，在探討佛教與伊斯蘭教的初次歷史遭逢之前，首先必須就穆斯林對其他宗教的看法之認識論前提加以釐清。而對穆斯林的宗教世界觀影響最深的當然是《古蘭經》，因為其他所有的伊斯蘭教經典，等於說是對《古蘭經》的一個詮釋，那我首先以《古蘭經》對伊斯蘭教的看法作一個整理，就是它把非伊斯蘭宗教區分為兩個範疇。

第一個就是「經典信徒」（Ahl al-Kitab），他的意思就是信仰經典的人，這裡包括猶太教徒、基督徒，還有包括拜火教徒（祆教）跟「拜星教徒」；另外，還有一個是多神教徒（Mushrikûn），它的原意是將其他神祇與真主阿拉並祀的信徒，那這兩個信仰的區別判準在於是不是信奉唯一真神，以及他們是否有接受真神唯一的啓示。在中世紀時的阿拉伯世界裡，凡是被歸類為正信的宗教，包括猶太教和基督徒都予以容忍，並視其為一個「順民」的地位（Dhimmi），也就是宗教信仰、是受到保護的。

然而，《古蘭經》裡並未提到佛教及其他中國、印度的古老宗教，到底這類宗教算是一個正信、還是偏邪的多神信仰？有關佛教對伊斯蘭教的看法如何，我引用一個近代佛教學者對於印度歷史的觀點，因為我在傳統佛教的經典和歷史著作裡，並沒有辦法找到跟伊斯蘭教的討論。

這個討論大概從十世紀開始到十九世紀的期間，特別是在中國佛教界的學術界接觸到西方訊息後，佛教世界對於伊斯蘭教的瞭解，大部分是從西方世界間接傳過來的，這裡面有兩個主要的重點：

第一個重點是有許多佛教學者受到印度佛教史的影響，他們都認為伊斯蘭教和佛教在印度初次接觸時，佛教便在印度沒落了，主要是因為伊斯蘭教入侵印度的影響，這造成了中國的佛教徒，包括臺灣的佛教徒對伊斯蘭教產生負面的印象，雖然對伊斯蘭教教義的瞭解還不是很充分，但已經形成了一個特定的歷史觀點。

關於伊斯蘭教入侵印度，我這邊作一個歷史的分析，其實不外乎就是第十一世紀初期的伽色尼王國

（Ghaznavids）（註二），入侵印度所造成戰亂期間的破壞；第二個是在十二到十三世紀這兩次的大規模的軍事行動，是從阿富汗來的游牧民族古爾王朝（Ghorids）（註三），對印度軍事上的侵略，然而實際上這兩次侵略的舉動，應從政治歷史脈絡來理解，不能夠被理解為一個伊斯蘭教的聖戰，因為這個歷史過程複雜，沒辦法在這邊簡單的說明，但是大部分印度伊斯蘭教的歷史學者都忽略了更早的一次，實際上這一次，證明了佛教在伊斯蘭教的政策是被視為經典信徒的。

倭馬亞（Umayyad）王朝（註四），於西元712年時，曾經一度佔領印度河下游的信德地區（Sind），就是在今天巴基斯坦沿海的信德省，當時的穆罕默德‧伊本‧卡希姆（Muhammad ibn Qsim）佔領了信德地區之後，開了一個宗教寬容的政策的先例，他認為印度教徒及佛教徒均為經典信仰，所以應該受到保護，這是大部分的印度統治者接受的政策，反而剛剛提的軍事征服是比較例外的。

下面我提到這些，像德里的蘇丹朝在1210年到1400年期間，有很多德理蘇丹穆斯林的統治者補助經費，去修繕印度教和佛教徒的寺廟的例子，這跟一般的認為，就是說穆斯林把這個當成偶像崇拜是完全相反的的情形，那這裡面為什麼是這樣子，我們可以從中世紀的穆斯林對於佛教最有名的三個學者的說明，來看這樣的一個事例。

首先第一個學者是第十世紀的奈迪木（Nadim），他寫了一本 "*Fihrist*" 就是《百科要覽》，提供了中古時代最簡明的百科全書，在有關佛教部分就可以看出中世紀穆斯林是怎麼看佛教的，在引文他提到說，印度人（在此是

指佛教徒），對佛陀是神還是人有不同看法，有一派說佛陀就像造物主一樣偉大；另一派說他和他的門徒一樣都是凡人；又有一派說門徒是天使；另一派則說門徒是凡人；又有一派說佛陀是眾精靈之一；另一派說他是菩薩，所以佛陀這個字在字典是可以找到的，也就是Ｂｄｓａｆ、Bodhisattva。

在十世紀穆斯林對佛教其實就有某個程度的認識，他認為菩薩是智者，是由真主阿拉所派遣到人間，顯揚真主之名，所以每一派都有一套崇拜與禮讚佛陀的儀式。這敘述有兩點值得注意：第一個，奈迪木這位穆斯林學者似乎並未對佛教造像的做法有任何批評，反而以充滿好奇的筆觸加以描述；第二個就是說很多非佛教徒對佛教都有一個印象，就是說，你不同的教派講的觀點都不一樣，我沒辦法理解，不像伊斯蘭教有很統一的講法，容易造成穆斯林學者混亂。

接著第二個學者比盧尼（Bīrūnī），在中世紀是非常有名的，而且是一位學術非常嚴謹跟客觀的穆斯林學者，他有提到就是，他認為雖然印度的多數人是多神教徒，但印度教的婆羅門是信一神，那個梵我合一的思想，蘇菲主義的真主，和修行者的修行觀是一致的，所以他也認為印度教徒和佛教徒是信一神信仰的。第三位學者，這位夏拉史塔尼（Shahrastānī）是一個伊朗的學者，夏拉史塔尼的《教派全書》這本著作包含了中世紀，對佛教的詳細敘述，但他這裡面把所有宗教分為接受天啟的宗教及未接受天啟的宗教，他將佛教歸為未接受天啟的宗教。就是所謂的「遵循自性的信徒」，這個意思是說，佛教本身是一個

不接受天啓，但它是以個人自性的理解、開展得出的智慧，也應該加以尊重。

總結來說，雙方在歷史上第一次的交逢互相的瞭解，其實並不是那麼負面的，從這三位穆斯林學者的著作可以知道，中世紀的穆斯林其實能接受一個對於知識客觀的瞭解。所以，我所舉的三位中古穆斯林學者，代表著伊斯蘭文明的普世精神，以及知識探究熱忱所開展的一個學術成就，他們充分體現了穆聖的名言：「知識雖遠在中國，亦當去追求。」

所以，即使是像佛教這樣一個異教的知識，如果他們有可以學習的地方，還是值得去追求，那我想即使是在中古時代，整個中西方的相互瞭解，受到很多地理、文化、歷史的限制，有相當多的誤解。可是穆斯林能突破這個限制，得到文明交流初步的一個成果，那麼今天一個全球化的世界局勢，創造了宗教對話的有力條件，也增加了雙方因信仰與意識形態差異而衝突的機會，這個機會是兩面的，既然伊斯蘭教與佛教雙方的宗教界，都有心推動宗教對話，促進相互理解，我想學術界也應為宗教心靈的交流，提供豐富的理性知識之資糧。

■ 註二：

　　伽色尼王朝（963～1186年），由波斯裔薩曼王朝原奴隸軍將阿爾普特勤創建，因都城在伽色尼（現阿富汗加茲尼）而得名。在馬哈穆德蘇丹時期最為興盛，不但推翻薩曼王朝，其領土範圍最大時包括北部印度、中亞和波斯，伊斯蘭教即是通過伽色尼王國的征戰而始傳入北印度的，是西土耳其斯坦形成的重要階段。西元1221年被窩闊臺率領的蒙古帝國大軍攻佔並徹底毀壞，其後雖然得以重建，但從此再也未能恢復到原有的繁盛。最終，被後起的穆斯林王國——古爾王朝所滅。

■ 註三：

　　古爾王朝（1148～1215年）是在阿富汗和印度北部建立的穆斯林王國，祖先是波斯人，亦譯「郭耳國」，又稱「古爾蘇丹國」，在十二世紀前期開始發展。西元1150年，古爾人領袖向伽色尼王朝進軍，導致伽色尼淪陷，在伽色尼國王逃亡印度後，遂佔領全阿富汗，其後並向印度進軍，並在西元1175年佔領印度的木爾坦等地。由於，古爾王朝當初成立時，是以大量購買突厥奴隸而組成軍隊，使得他們的社會成了突厥與波斯的混合物，也因此，古爾人當佔領印度時，被稱為「奴隸王朝」。後被花剌子模所滅。

■ 註四：

　　倭馬亞王朝（661～750年），原為古時阿拉伯地區一個顯赫的家族，後取得哈里發（穆罕默德的繼承者稱為「哈里發」）的地位，建立了伊斯蘭世界第一個世襲王朝，以現在的敘利亞大馬士革為首都。此後，倭馬亞家族繼續舉起伊斯蘭教的旗幟，進入北非的摩洛哥、西班牙等地。另一方面，西元715年時，他們也佔領了印度西北部，並於751年在中亞的怛羅斯（Talass）戰勝了當時的中國唐朝。至第八世紀中葉，倭馬亞王朝的勢力涵蓋了歐、亞、非三洲。

　　然而，倭馬亞王朝只是一個阿拉伯國家，還不能成為一個帝國，原因在於此時的伊斯蘭社會仍然是由許多部落組成，阿拉伯部落之間不斷地鬥爭，是烏瑪雅家族勢力的最大弱點，也是使其覆滅的致命傷。西元744年，內戰爆發，十年內亂的結果，最後被阿拔斯（Abbas）取得政權，改變了體制，建立起真正的伊斯蘭帝國。

楊聖敏

在過去的二、三十年，新疆維吾爾族有一個很明顯的情況，就是對伊斯蘭教的復興。新疆從最初的九十多座清真寺，到九十年代的時候，激增至兩萬六千多座。這兩萬六千多座是什麼概念呢？如果按信徒和清真寺的比例來說，是全世界密度最高的，而新疆的維吾爾族地區，則是全新疆清真寺密度最高的地區。

新疆的很多地方，好比說吐魯番、哈密、合田這些地方，他有一個教派叫做「依善派」，過去的五十年代，它是被政府取締的一個神秘主義教派，連它也都復興了，而且活動非常的活躍。在維吾爾族改信伊斯蘭教以前，新疆地區是信仰佛教的，從西元前三世紀開始就是如此，我們通過很多出土的文獻，在吐魯番和其他的一些出土的文獻，發現當時佛教裡面的密宗，在維吾爾族地區非常盛行。維吾爾族在佛教信仰密宗，在伊斯蘭教信仰依善派，對比這兩個教派可以發現，這兩個教派都是信仰神秘主義的教派。他們有很多地方都是一派相承的，這是一個特點，好比說，密宗對於佛教的經典是對自己說，而不是對一般的人說的，是佛對自己的眷屬，說這些秘密的真言；依善派則是認為，《古蘭經》中的條文，不是給一般人看的，因凡人無法理解，所以通過一些儀式為凡人傳授依善派的教義。

我們知道伊斯蘭教主張在現實生活積極地生產，這是他跟佛教不太一樣的地方，佛教更多的主張空、出世，然而依善派裡的教義卻不太一樣，他主張出世、苦行，所以這裡就可以看得出來，密宗與依善派有許多相通的地方。

爲什麼維吾爾族在信仰佛教的時候，選擇了密宗這樣一個神秘主義的教派，在改信伊斯蘭教之後，又比較多信仰依善派呢？

我覺得和他們的生存環境有很大的關係，這裡指的是他們生存的自然環境和社會環境。維吾爾族主要生活在新疆塔沙瑪旦這個沙漠周圍的綠洲上，這個綠洲上的自然環境非常惡劣，各種災害非常多；另一方面就是他的社會環境，因爲都是很小的綠洲，就像大海中間的小島一樣，所以當地的土著民族，很少能夠形成一個統一或比較強大的政權，往往是外來民族來征伐他們。好比從蒙古草原、中亞來的民族或從中原來的王朝，所以這個地方長期處在戰亂之下，當地民族很難主宰自己的命運。我想這種惡劣的自然環境與社會環境，造成他們更相信比較神秘教派的原因。那我就講到這些，謝謝！

王頌

考察佛教社團與世俗社會的關係，可以針對兩個方面來講，一個方面是信仰的佛教社團，相對來講是狹義性的，更多的是和宗教有關係的，我從後者廣義的來談。那麼我想宗教大家都很熟悉，它基本的要素，具備教主、教義、神職人員，神職人員也能稱爲僧侶的團體，我們討論這個話題不要針對神職人員，神職人員在宗教中發揮的作用是非常重要的。

首先，他在歷史上發揮決定性的作用，歷史上所有的宗教都是在他們的教主逝世之後，經由神職人員發展而得到社會的普遍認同。換言之，世界上所有偉大的宗教，都

是由天啓、先知等偉大創建者和他的追隨者們共同創立、完善，不是由教主單獨來完成的，所以神職人員在這方面發揮了關鍵且無可替代的作用。

另一方面，在宗教傳播過程中，神職人員還發揮把宗教要素整合在一起的作用，他們把教義向信仰者廣泛地傳播，增進信仰者和普通人眾對教土、教義的認識與理解，這些完全來自於神職人員。換個角度來看，神職人員在某種意義上就是教主、教義的象徵，再者，神職人員作為徹底的宗教修行者，他們的生命活動，就是信仰的外在體現，他們的生活和宗教信仰是合而為一不可分割。

他們實踐、再現教主的神聖行為，神職人員實踐教義偉大精神的這種行動，對外在社會具有無與倫比的感召力。所以，在大多數情況下，是教主在現實世界的代言人，他們也是在各自的宗教世界裡，擁有超越世俗的神聖權威，這也就是在各個宗教裡，有神聖和世俗的二元關係。對佛教來說，教主、教義和僧侶團體分別為佛、法、僧，他們在佛教語彙裡被尊奉為三寶，神職人員的僧，本身就是尊崇、信奉的對象。

從歷史來考察，僧的這種神聖性，首先源於古代印度的沙門主義，也就是說，尊崇僧侶並不是佛教的特有現象，它在印度社會擁有廣泛的社會基礎。我們從佛教早期的資料都可以看到，當時社會對於沙門都有普遍的尊崇感，那麼在世尊於現實社會說法的時代，僧團本身也能說是作為追隨世尊修行的團體，他們並沒有凌駕於世俗社會之上的意願和行動，他們都保持謙卑的態度。

在歷史記載中，世尊圓寂之後，僧團的狀況很快就發

生了變化，僧侶作為釋迦牟尼的代言人，他們自然也獲得了民眾的普遍信任和肯定，這種信任和肯定隨著轉變，使對修行者的敬意轉變成了對其教義、宗教行動的認可和支持。大家都知道，歷史上僧團分裂的原因，就是由於佛教的支持者給予僧團物質上的支持，這些也都說明了他們對僧團的敬意，轉變為對信仰的支持，甚至擴展到整個社會，所以僧侶的權威性，也從僧團內部逐步擴展到外部，他們作為宗教運動和信仰領導者的地位已經確立了。

很多專家都認為，大乘佛教產生的動機之一，就是源自對特權僧侶的抗爭，例如平川彰博士的學說就認為，大乘佛教是由信仰佛塔崇拜的在家團體建立的，這個在家團體就是我們討論的重點——居士，具有直接的關係。首先讓我們回顧一下居士在遠古時代的說法，它具有特定的含義，佛在世時曾經把弟子分為四眾：比丘、比丘尼、優婆塞和優婆夷。其中優婆塞和優婆夷是指在家的追隨者，而居士的原義是長者，它往往特指那些具有財富、名望、地位的特殊優婆塞或優婆夷。

在教義上他們和優婆塞或優婆夷是一樣的，他們只不過是特殊的居士，過去對長者或居士的含意著重在外部物質上，和普通信眾沒有任何區別，在教義上也不具特殊差異。而居士含意發生真正質的轉變還是在大乘佛教的時代，幾種經典都能體現這樣的轉變，居士開始跟僧侶和普通的佛教信眾區分開來，他們有些和居士不一樣的前提被差異化出來，比如說《維摩經》中的維摩詰長者以及《華嚴經》中的善知識。

這裡要注意的是，他們在教理上某些地方具有了超越

僧侶和普通信眾的優先性，菩薩的形象在很大程度上就是居士群體的濃縮，而原本具有權威地位的僧侶則被貶抑為聲聞、緣覺的小乘。大乘佛教在教理上為居士獲得獨特的宗教地位，我們可以從佛性的角度、菩薩行、戒律上看出這樣的變化。大乘以佛性論為基礎，首先肯定了在家與出家修行的平等無二，在各種經典如《般若經》講幻有性空，在《華嚴經》講十方成佛、事事無礙，《法華經》講會三歸一，各種陳述從佛性論為菩薩乘提供了依據。

那麼，從菩薩行的角度來看，大家知道大乘佛教的根本在於發菩提心修菩薩行，它是沒有限定的，無論是出家眾還是在家眾都具備平等的修行資格，這是修行的依據。居士原本是僧侶和在家信眾間過渡的團體，他既不是純粹的僧侶，因為他具有世俗在家的生活；他也不是普通的信仰大眾，因為他對於佛教的信仰更多是建立在對佛教教理的正確認識之上，而不是一般的祈福求願這種單純的信仰基礎，所以他可以說是更虔誠更積極的團體。在佛教過渡的紐帶作用中、在大乘佛教擴展後的合一作用裡，居士亦聖亦俗，成為大乘佛教舞臺中心的角色，在歷史上至少有三次成為角色的焦點，扮演佛教社團與社會的橋樑，那麼我基本上就談到這邊。

主持人：趙玲玲

　　非常謝謝王教授提出居士角色的變換，由於居士角色從非僧非俗到亦聖亦俗，最大特性在於他對教義認知上的特殊角色，所以，他是否出家就變成其次，而他在佛教教義本身認知的深刻度反而成了主角。相對來說，我們都可以在這些對談當中很清楚地找到一個共同點，那就是從居士的角度來探討宗教的內涵本質，將會變成宗教在理性和信仰之間的溝通的管道。我想現在我們的時間並不多若各位有疑問的，有引申發揮的，有請益的，請趕緊提出來。

麥克・馮・布魯克

　　我想請教蔡源林教授一個問題，中世紀的穆斯林與佛教徒是否眞的放開自己的宗教觀，親身去互相理解對方的宗教文化？特別是您在說明中所提到的三位中世紀的穆斯林學者，因爲我感覺他們並無去深入理解。謝謝！

蔡源林

　　感謝布魯克教授的意見，穆斯林與佛教雙方的理解，大部分都還是在自己的宗教立場來理解對方。可是到今天我們好像也沒有比那個時候進步多少，從昨天到今天的討論裡面，發覺大家還是不太能夠相互理解，特別是最基本宗教術語的翻譯，還是都用自己宗教傳統的方式來理解。

　　那麼，在我所舉的這三位穆斯林學者，他們有沒有理解到，宗教不只是一種心靈的活動、不只是一種靈修的活動，它同時也是跟社會、跟政治的體系有很密切關連。您說我所舉的這三位穆斯林學者，沒有理解到的樣子，他們

在詮釋佛教的時候，有沒有理解到佛教也是一種社會和政治的系統？我想我只能簡單回答這個問題，因為這個問題很複雜，我們必須推到十到十二世紀那時候的歷史狀況，因為當時候這三個學者穆斯林中，顯然就只有比盧尼是真正到過印度去。

他跟著一位將軍，就是在印度佛教史中，被提到破壞佛寺的那位將軍一起去，他是一個國師，但是比盧尼並不贊成這種作法，他很同情印度人。他的學術方法，很像今天人類學家的方法，也就是實地去觀察，他學梵文、他懂梵文，所以穆斯林懂梵文的，他恐怕是歷史上第一個，所以他是直接看梵文經典去理解的。因此，他的著作裡面，對印度教和佛教有很深刻的描寫，除了地理上、對於實際的種姓制度、各方面的印度社會都有很深地瞭解。那麼奈迪木跟夏拉史塔尼，他們像是從二手轉述的方式，但是他們的歷史背景，目前我看到的歷史文獻還很少，比盧尼比較清楚且有實際上的瞭解。我的回答就到這裡，謝謝。

對於死亡和未來世的觀點

一、有關死亡和未來世的教義

劉一虹

　　馬德新是中國晚清時期的穆斯林思想家，十八世紀到十九世紀時候的人，他自幼和父親學習波斯文和阿拉伯文，在阿拉伯國家留學了七年半。所以他前半生的經驗是一個學習和宗教的旅行，他一生有很多著述，關於伊斯蘭教與教法思想的書就有二十二種，他的代表作主要有兩部，就是對《古蘭經》解釋的《大化總歸》及《四典要會》。《四典要會》有四章，就是幽明釋義、禮功精義等，對於後世浮生的思想有一種闡發，馬德新力圖使讀者不只要知浮生之幻，還要明後世之真，所以在他的代表作《大化總歸》及《四典要會》，他著重闡釋後世復生之理，即後世之真、遵中國之禮，引孔孟之章，譯出天道人道之至理，指破生來死去之關頭。

　　因為時間的關係，我在這邊做了一個簡單的解釋，馬德新在《四典要會》禮功精義第二篇談到人道和君，也談到人道和天道，原文為：「然論人道，則君親本為至尊；論天道，則君親之上更有至尊，而為萬天之主。」，天道最終是要報答造化天地萬君之君的無量之德。所不同的

是，他指出伊斯蘭教的五功和佛教的身心性命財相對應，「身有禮功，心有念功，性有齋功，命有朝功，財有課功，五功乃五者，近主之道而歸主之門也。」各以其能而盡其禮，以達乎天也。

在《四典要會・卷三》的幽明釋義當中，他談到歸根復命是認主認己的學說。他澄清道：「所謂幽明有別，是以世界分為表裡，今生為表，後世為裡。浮生若夢，故稱幽；後世真常，故稱明。」兩者是具有區別的。馬德新最後總結，談到不同宗教相互比較的時候，認為不同宗教間都有共性，「教人修善止惡、寡欲清心、復命歸根」，而其差異性或個性、特性則表現在其恪守的教規和宗教功修上。所以，馬德新認為，我們必須看到宗教間所相同的義理，又必須明確它們之間的差別：「是以不得不言其所合，亦不可不明其所分。」謝謝！

麥克・馮・布魯克

佛教大約是在二世紀的時候傳到中國，這時候它遇到中國宗教和哲學關於生與死的觀點，這些觀點來源於道教或儒學，因此它們之間就會產生一些矛盾。儒家對於死後是否有生命的事情，處於一種不可知的態度，他們往往迴避這問題，往往把死、宗教儀式和紀念祖先相連起來。也就是說，他們都關注紀念祖先，在其中更重要的是強調孝道，如果我們通過孝道與祖先連結起來，這樣會促進社會穩定，甚至是整個宇宙間一個重要的因素；而道教的觀點則是透過儀式來達到身體上的永恆，並且要掌握生命力量的關連。

當佛教傳入時和原有宗教的世界觀有所不同，佛教採用一種截然不同的世界觀，它死後不是依據物質及社會的聯繫，而是依據業。業也就是一系列人的意識型態，佛教傳入以後和中國宗教、道教以及和其他的來源融合，一直到了大約七世紀的時候，才產生靈魂再生的觀念。這些觀點和道教的延長生命以及其他某些儀式的觀點相衝突，它們比較強調生活的單一性。

　　佛教淨土宗裡面提到一個觀點，就是信徒有可能在天國或地獄得到重生，到底他是進天國或地獄，取決於他的信仰或行為，而地獄是用來淨化、修練人的，如因貪而死的人往往會重生為惡鬼，在天國重生的人，則是可以直接回到現實中沒有任何障礙，比較諷刺意味的是，天國裡沒有女人，因為他會影響男性修練者的心情，從而影響他們達到佛教的終極目標。

　　在早期佛教，有一個希臘的彌蘭陀（Menandros）國王和北印度和尚那伽斯那（Nagasena）之間的對話，這可以說是最早期不同宗教之間的對話。彌蘭陀國王問了那伽斯那一個問題，就是佛教是如何思考重生的觀點，並同時排斥靈魂的觀點，不談靈魂存在但卻能提到重生，彌蘭陀國王認為這在邏輯上是不對的。彌蘭陀是站在本體論或存在論的思考，而佛教是沒有這樣的思考，佛教認為整個世界就像閃光一樣，他來的同時也就消亡了，沒有永恆的實體在這裡存在。

　　那伽斯那以一個非常有名的比喻回答彌蘭陀的問題，這個比喻就是蠟燭上的火焰，一個蠟燭是如何點燃另外一個蠟燭？就是以火焰來點燃的，第二個火焰和第一個火焰

肯定是不同的，這也就是說，佛教所強調的是這樣的能量，這能量是從第一個蠟燭傳到第二個蠟燭，佛教談到的重生和死後的持續，所指的就是這個能量，但他不是指這個火焰，所以肉體的死亡，就如同火焰的熄滅，肉體的死亡是一個可見的變化階段，而佛教重生的觀念，所指的就是，點燃蠟燭重生的能量。謝謝大家。

陳錫琦

今天我想跟大家分享的是有關「佛教對於死亡和來世的準備」。首先要說的是佛教對死亡的看法是什麼呢？佛陀告訴我們人都會死，死亡是生命必經的歷程，我們應如實的觀察與理解，應有準備的面對它必然的來臨，甚至在它來臨前能加以克服。那麼為什麼人會死亡呢？佛陀說，人的死亡是由於業力的關係，例如，種種疾病或意外災害造成人的死亡。當身心瓦解分散後，善惡業等依止於第八識，隨第八識再去投生六道中的某一道，進入來世。

到底有沒有人能讓我們免於死亡？佛陀說，死亡就像果熟自然落地，沒有人能夠救我們免於死亡，就算最疼愛我們的父母，也無法救我們，驗諸人世事實如此。是故佛陀提醒我們，不管是年少、壯年或老人，終將歸於死亡，不可不察覺。死亡後人的生命是否繼續存在？亦即是否有來世？佛陀告訴我們，人死後是有來世的，若人死後還有來世，是往哪裡去？是否事先可以知道？佛陀說，人的死亡是讓人悲傷的，一般沒有修行得道、證得生命本來的人，是不知道人死後將往那裡去的，唯有證得生命本來者，能夠知道人死後將往那裡去。

至於那些人可證得生命本來，能夠知道人死後將往那裡去？佛陀是究竟證得生命本來的人，可以知道人的來世如何？佛陀知道，有些菩薩也可以知道他的來世。那麼人的來世是由誰來決定？人的來世，包含他的身心、其身心所經歷，與之互動的眾生、時間、空間，佛陀說這些都是由自己所造的業力所形成。那麼六道中的各類眾生，其所受的果報各有差異，如貧富貴賤等等，這些都是由自己的業力所造成的。

　　造業受報是一種自作自受，不是其他人能加諸我們的，也不是由其他任何人來決定的。人的下一世會生到那裡與他的業力有關，例如，身、口、意做惡的人，身壞命終當墮惡趣；稱讚賢聖正見因緣的人，身壞命終就能生善趣。善趣一般指天人和修羅，惡趣就是指餓鬼和畜生，所以業力有淨業與垢業兩種，淨業能讓我們斷諸惡業，來世生到好處，脫離分段生死之苦，像釋迦牟尼佛般成就佛道，或往生到諸佛的淨土，例如，阿彌陀佛的極樂世界，這是我們應該努力的。

　　而垢業會讓我們繼續在三界六道中輪迴，受諸分段生死之苦，這是我們應該避免的。那麼對想要即生認證生命本來而言，有三個重要的時機，可以契入生命的本來，分別是即身、死亡與中陰（中有）三個時機。那麼佛教認為人從死亡到來世，首先會經過「彌留」階段的「四大分離」；再來進入「命盡中有」階段的「識入中脈及識體離身」，在識體離身後，神識會忽迷忽醒約三天半至四天，就是頭兩個七，在神識清醒後，接著進入「實相中有」階段十四天，最後進入「投生中有」階段三十五天，就是後

兩個七，接下來是佛教對死亡與來世的準備，死亡象徵著
一期生命的結束，來世是生命死亡後往那裡走？死亡與來
世是一種生死輪迴的現象。

那麼生與死是相生相成，互為因緣，有生則有死，有
死方有生，生死死生，輪迴不已，生命本身是不得自在
的。因此若能認證生命的本來，就能了生脫死，不再輪
迴，生命得大自在，可以隨機示現十方世界，來去自如，
這正是佛教徒面對死亡與來世的核心課題，如何來準備
呢？佛教對於死亡與來世的準備之教導，如何才能認證生
命的本來，解脫生死輪迴，成就佛道，有所謂八萬四千法
門，可以修行。就像前面所說的，有三個時機，是一個人
可以認證生命的本來，超脫生死輪迴，使生命得到大自
在。這三個時機分別為即身、臨終及中陰，以下分別舉例
說明之。

（一） 對死亡與來世的準備——以即身成就為例

釋迦牟尼佛之所以要捨棄王位出家修道，就是為了要
解決自他的生老病死問題，經過一段時間的努力，最後他
成等正覺，認證生命的本來。那我們可以說，有關死亡與
來世的問題，他在世時就已在積極準備，且準備好了，他
就是即身認證生命的本來。如果你是個大學生過完暑假準
備念研究所，大學在校就要準備了，去參加推薦，你推薦
上了北大宗教研究所，你就是即身成就，那麼，能於即身
認證生命的本來，如釋迦牟尼佛、六祖惠能大師等，是佛
陀教育的本懷，這須於平時即依師修行「認證生命本來」
的相關法門，如「圓照清淨覺相」、「大圓滿」等，方有

機會成就。修習這些「心法」，假如即身沒有機緣成就，在臨終或中陰時也有機緣得成就。

（二） 對死亡與來世的準備──以臨終成就為例

一個人若未能即身認證生命的本來，可以在臨終「四大分解」或「命盡中有」階段，契入初期明光或後期明光而認證生命的本來。初期明光就是身分解後再進入心的分解，到了心的階段，人可以認證生命的本來，如果你有修禪法，你可以自然認證就進入初期明光裡面去，過了十到二十分鐘就有機會進到後期明光階段，要能於此時證入生命的本來，須在平時依師精進學習「臨終成就」的相關法門，期能於臨終時，認證生命本來。

這些法門如果你有親近過法師的話就有機會學習到，可以天天練習，其次，亦可於「四大分解」時，修「遷識法」，直生淨土，這個法是可以練習的，練到成就按部就班、時間到了就能往生到極樂世界去，或由自己的親教師、同參道友或親人，在臨終時讀誦「中陰救度密法」，依教修持安住，也有機會證入。或是在「四大分解」時，能「憶念阿彌陀佛」，或由他人在旁助念阿彌陀佛，感佛現前，接引往生西方極樂世界，這也是一個方法。也有人為臨終者「修造聖因」，像是念佛誦經，種種供養，可使其惡業消除，來世不生惡趣。

（三） 對死亡與來世的準備──以中陰成就為例

一個人若未能在臨終「四大分解」或「命盡中有」階段，契入初期明光或後期明光而認證生命的本來，或往生

淨土，或往生其他地方，進入來世。就可在「實相中有」階段十四天，或「投生中有」階段三十五天，認證生命的本來，或往生淨土，或往生其他地方，進入來世。不過要能於此階段，證入生命的本來，須於平實依師精進修持「中陰成就」相關法門，才有機會證入。當然，也或有人在亡者死後七七四十九日內，爲他廣造衆善，使他惡業消除，來世不生惡趣，往生淨土或善道，往生到好的地方，但是沒有成就佛道的。

最後，我做個簡單的結語，佛陀是以他自己親證生命本來的經驗，作爲教育衆生的內容與方法，並肯定所有既存的生命實體，其生命的本來都是平等不二的，且指出只要能認證自己生命的本來，現前的種種妄想、顛倒、垢縛自然消解，而死亡對衆生來說就是一種妄想、顛倒、垢縛。從生命的本來來說，生命的本來是沒有所謂的死亡，沒有死亡也就是沒有生，謂之不生不滅，證得生命本來的衆生稱爲佛陀或如來，他們於所謂的生死是自在解脫的；而尚未證得生命本來的既存生命實體稱爲衆生，他們於所謂的生死是不自在的。

佛教認爲凡是有生，相對的就有死亡，死亡是一種無常、一種必然，猶如春去秋來，我們當順其自然，但須有所準備，方能從容接受。又認爲人死後還有生命，亦即人死後還有來世，來世之後還有來世，認爲人的死亡與來世，都是由個人所造的業力所形成。生、死亡、來世、造業及業力等，構成所謂的三世因果及生死輪迴的現象，這種現象可透過修淨業來加以解決。

除了在生時，臨終與中陰是一個人從死亡到來世的重

要關鍵時期，是需要去加以認識與掌握，對於死亡與來世的準備，佛教有種種修行的方法供人選擇，期能於即身、臨終或中陰有證入生命的本來、或往生淨土、或往生善道，而其終極的目標是回歸到生命的本來，超越生與死的束縛，盡未來際，隨緣示現十方，普度有情，認證生命的本來，同成正覺。謝謝各位耐心的聆聽，謝謝！

▼ 現場迴響

觀眾

我想請問一下劉一虹教授，您剛說的的今生爲表、後世爲裡是什麼意思？

劉一虹

簡單來說，今生爲表、後世爲裡的意思就是說，我們今世的生命是短暫的，只有死後的世界才是眞實存在的。

二、如何面對（修行）死亡及未來世

馬平

　　我先解釋一下，歸真這個詞，現在用的非常普遍，但歸真的個詞，原本並不是伊斯蘭教的用詞，它是從其他宗教借用過來的，還有一些其他的字也是這樣，如無常、歿等等，這個反應什麼問題呢？這是說伊斯蘭教傳入中國一千三百五十多年，它主動、被動接觸吸收了中國文化的因素。在中國的穆斯林道場，就發現許多原本不屬於伊斯蘭文化的符號，佛教、中國、道教的符號文字大量出現，譬如說佛教的卍字，這本來和伊斯蘭教是格格不入的，但你在裡面也是可以發現，像龍、鳳、麒麟和其他動物的圖像在這地方都有，也讓其他的遊客大為驚異，當然也包括了許多的穆斯林也是，許多的老教友，一到了那裡，也是覺得這是伊斯蘭所禁止的，但是在那裡，它就是堂而皇之的陳設，而且是長時間的陳設。這就是剛剛我們說的，伊斯蘭教傳入中國之後，接觸了許多其他宗教、其他文化的因素，所以我剛提到的歸真，他本來不屬於中國伊斯蘭教，但現在被穆斯林廣泛的運用。

　　有關中國穆斯林的喪葬禮儀，我記得馬孝棋教長有說，與漢民族有很大的差異，我們可以簡單的羅列以下的不同，當然這是我個人的看法。第一個就是，穆斯林認為人的生活是由真主掌握，我們通常說生死有命、富貴在天，這是漢族人的說法，我們回族人也就是借用這樣的說法，就是人的生死，都是由真主阿拉所界定的。

第二個就是，穆斯林有六大信仰，在生死上面，他們認為是信前定、信後世，前定就是預定，就是說凡事都是由真主所安排的，包括人類生和死，非人類所能更易，更非人類的主觀意識所能知。也就是說一切生死福禍由真主來主掌，聽天命之若和，成功了也不高興，但也不憂，因為這都是真主安排好了，天地的萬物都是由真主來開啟。虔誠的中國穆斯林篤信的，真主能使人生、使人死，祂對萬世都是全能的，穆斯林認為今世是短暫的瞬息，而後世是永久的，重要的就是要信奉神。

　　今世與後世互為表裡，剛剛我聽到瑪利亞和劉一虹教授提到表和裡的關係，今世為後世之表，後世為今世之裡，它是一個很仔細的辯證關係。今世為後世的橋梁，是指我們穆斯林現在的一切、現世的事情只是一個橋梁，只是過渡到將來的後世，透過這個橋梁達到最終的彼岸，以今世為後世的宣言，在這點和其他宗教可能有所不同。伊斯蘭教強調兩世吉慶，它注重後世，也積極去應對現世，它不是消極的。穆斯林就是做一日義人積世之德，盡一世真主所能之責任，就是生的時候不要縱容，死也不要去悲傷，以生死為晝夜，生雖臣服於今世，而心則是臣服於後世之首。六大信仰做為穆斯林篤信的，對其中任何一個都不會有懷疑，穆斯林不能懷疑後世，認為今生人死了就死了、完了、灰飛煙滅，不是那樣的。

　　第三個和他宗教有相同的地方就是復活日，亦是終極的裁判，真主使你們復活，大概和其他宗教是相近的。第四個，穆斯林認為人死是歸真，我覺得穆斯林很聰明，雖然歸真是從別的地方借過來的，但是用的非常恰當，就如

同真主這兩個字，對波斯也好、阿拉伯也好都是用阿拉（Allah）這個字，真主則是中國穆斯林所創造出來的，而歸真就是人死了要歸萬物的真主，這是最重要的。

穆斯林認為生是死的起點，死是生的結果，伊斯蘭教把一個人的死當做必然的歸宿，死是人復命歸真而不是生命終結，死了是生命又開始。在現代化、高度化發展的今天，我們注意到一個現象，在醫院去探視病人的時候，看到那些回族的病人他在忙著搬家，他要回家。即使這個病還可以治、還可以再想辦法、還是有救，但臨終的病人堅持要回家，家屬也是，因為穆斯林認為死在這兒是不太好，這種情況對自己臨終大限將至非常重要。

這使我感覺到強烈的對比，其他漢民族患者的家屬，他們面對這樣情況，經常會哀求、懇求大夫千方百計想一些辦法，甚至在植物人以後還要長期，甚至年復一年、月復一月做些延長生命的動作。這在穆斯林當中非常少見，因為當遇到死亡將臨的時候，就是真主的口喚到了。

最後一點時間講一下我的結論，前定與後世是伊斯蘭教六大信仰中兩大重要位置，人類的生死由真主掌管、人類的命是由真主主宰，這是穆斯林的信仰基礎之一，虔誠的穆斯林深信不疑，對前定與後世形成的關係，你說不信，你就不是一個穆斯林，至少不是一個好的穆斯林。穆斯林認為人的死亡是復命歸真，歸真這是一個非常大的榮耀，虔誠中國的穆斯林對死亡坦蕩豁達，以歸真做為人生終點、以歸真為喜悅、以獲得永恆的幸福為喜悅。

楊桂萍

　　我想針對稍早前劉一虹教授所談到的清末學者馬德新相關議題，再作進一步地補充。馬德新也是一位伊斯蘭教的伊瑪目，他對伊斯蘭教的後世思想闡述得非常充分。我們知道伊斯蘭教是重視兩世的宗教，穆斯林講兩世吉慶，大家到看清眞寺的牌匾上，掛的也是兩世吉慶。為什麼一位伊瑪目選擇後世，他有好幾本著作都在談論後世、都在談論復生呢？我們知道在中國傳統文化中，尤其是儒家文化，它對於生死的問題、對於人生現世的問題，是存而不論的，或者是不甚關心的。

　　接下來，我來解釋一個簡單的概念，何謂「幽明」和「會歸」，對大家來說可能都是陌生的，幽是什麼呢？馬德新說：「浮生如夢之若幽。」我們講人生如夢，實際上他講浮生若夢，今世生活是非常短暫的，這個在伊斯蘭教看來，它是眞實存在，但是相對於後世而言，它是短暫的，所以稱之爲浮生若夢。這個幽明是相對於今世而言，它指的是後世，實際上幽明是伊斯蘭教的兩世、今生和後世。那會歸是指什麼呢？會歸實際上指的是回到後世，馬德新說：「人有生死物有起滅，來有所始、去有所歸。」人由生至死皆在天運循環之間與新故交接之會，所以會歸講的是回到後世。

　　我們知道在《古蘭經》中，闡述後世復生思想的經文超過了百分之十，它有七百多節經文在闡述後世思想，而全部《古蘭經》是六千多節。為了避免伊斯蘭教的後世和復生思想受到儒家思想的抵制和非議。馬德新用中國人能夠接受的一些術語和範疇來談述後世和復生思想，他用身

體和性命，說身體和性命相合人就是有現世生命的，而身體和性命一旦分離那麼人就要進入死亡，還用今生與後世、用善與惡、用獎賞與懲罰，用這些穆斯林能夠理解的術語，來談述伊斯蘭教關於生命、關於死亡、關於後世復活、天堂火獄的思想。

他一方面講死亡是天地間的正常現象，死亡使每一個人、包括我們在座的每一個人、我們的財富、名利、地位、子嗣全部化爲烏有，但是死亡並不是像自然主義者所說的——死後人滅。但另一方面，它是進入永久的後世，滿足人類渴望永生的美好願望，消除人對死亡的恐懼，處處強調人類精神生活的不朽，以及絕對公正的末日審判，用宗教形式來勸善戒惡，用後世賞罰來引導現世良善。

人經過死亡進入永久的後世，今世是短暫的、是有限的，而後世是永久、是不朽的，死亡是由今生走向後世的必經之站，在後世，善人一定是歸天堂的，而作惡者，將入火獄飽受懲罰，這樣引導民衆對死亡有一個積極的認識。就像剛馬平教授所說的，用積極的心態來面對死亡，死爲之而淡然相安，死亡沒有來臨的時候不要恐懼，那麼死亡一旦來臨的時候要欣然順受。

實際上談論死亡問題、生死問題，有非常重要的意義，就是引導人們去超越自己現世生命，我們的現世人生是短暫的、有限的、不完滿的，而穆斯林應當以眞主爲觀照，用眞主的永恆、無限、完美來觀照自身的有限，實踐自身的超越，朝著終極實在的方向，不斷超越小我提升自己。伊斯蘭教以對現實的超越性、永生的關連性以及終極關懷的神聖性，來引導人類超越人自身的侷限，實踐人之

為人的終極價值。

這是它的宗教意義，目的在引導人們以後世的永久、超越今生的有限，以死超越生、以理性超越情慾，讓人徹底擺脫自我情慾的自然與社會侷限性，實現人性的解放。在兩世觀末日說，或者是會歸思想，它還有一層非常重要的意義，就是引導人實踐道德的超越，就是《古蘭經》所說的，勸善罰惡、導人以至善，當世俗道德和法律不能有效維護社會秩序的時候，宗教倫理就變得尤為重要。

在馬德新生活的時代，他講後世、講復生、講末日、天堂地獄，目的就是要去抑制扭曲的人性和泛濫的人欲，永世的後世是絕望者的希望；美好的天堂是給良善者的安慰；後世的懲罰是為縱慾者的警戒；地獄的烈火是為殘暴的人所設。復生不僅要實踐人現世生命的超越，還要實現道德的自我完善，復生意味著個人貪欲和偽善全部被消除，也意味著社會正義和平等的真正實踐。實際上，在伊斯蘭教的視野中，人的宗教境界和道德境界是完全一致的，為善，將來的歸宿是天堂；做惡，未來的歸宿是火獄，謝謝大家！

沙宗平

我一直有個不嚴謹的想法，用來劃分世界三大民族，一個是牧前民族，指的是阿拉伯伊斯蘭，也就是阿拉伯穆斯林。他們以宗教信仰作為基礎核心，首先是一個宗教認同，宗教認同是一個基石，然後是一個民族認同，民族認同是在宗教認同之上，進而影響到政治認同和國家認同。

廣泛一點來說，伊斯蘭的核心就是宗教，沒有宗教，

伊斯蘭文化就不完全。爲了講清楚這個概念，順便講一下另外兩個想法，一個就是華夏的中國人，中國人是文化民族，儒家倫理型的文化民族，是一個禮儀的民族。儘管在經濟高速發展的現代，我們不斷探索道德的底限，但不管怎麼來說，中國人還算是一個倫理型的禮儀民族，這一點表現最特殊的是在周邊，港、臺、韓國等受人中華文化圈影響的地區。

比如說中國的夷夏之變、華夷之變、華心說，他變在心，變在禮儀，不變在人種，無論你是什麼種族，只要你講禮儀，接受了華人禮儀，你就是華人，所以這樣的變是在心，心就是指禮儀。它認同的基礎是禮儀認同，是一個文化認同，文化認同是民族認同基礎與核心。舉一個例子來說，我們在可能認同同輩或同儕，認同同一個文化圈、知識圈，這種認同，在我們這時代兄弟姊妹比較多的，如果他們不在我們的生活圈內，這樣的認同可能更勝於對兄弟姊妹的認同，也就是說文化認同超越了血緣認同。

這樣的例子或許不普遍，但有一定的代表性，所以無論他是美國籍，或者是德國籍，只要接受了中國文化薰陶，這樣的人，我還是認爲他就有一顆中國心。就像臺灣歌手唱的，洋裝雖然穿在身上，但我心依然是中國心，所以這是一個文化之心，是一種文化認同。

另外一個相對應說就是歐美的，當然這會有時代的差異，從上古、中古到近世，歐美的近代是一個商業民族，他以商業利益爲核心，他一切政策與戰略皆是以商業爲原動力，包括外交、軍事、政治都是爲商業服務，如果認清這一點，可以有利於我們和西方人打交道。這當然都是我

們的劃分，不一定正確，商業利益擴展爲商業倫理，而商業倫理則轉爲一種商業認同，進而擴展成民族認同。換言之，當你追求我的商業規範、商業禮儀，我就認同你。

我們這主題是回佛對話，應該是佛教與伊斯蘭教的交流，基本上我認爲生死觀是非常專業的學術問題，伊斯蘭教和佛教在這個主題有許多根本上的不一致，儘管在形式上有些雷同。例如都有未來世，但佛教的認識與一般的認識不同，一般的認識就是天堂地獄，而這對佛教來說就是實有，實有的天堂地獄。我想這地方有一些基本原則，心道法師早先也提過的——聆聽，聆聽對方在說什麼，聆聽對方在講什麼。比如我們講《古蘭經》，伊斯蘭教基本經典是《古蘭經》，爲什麼我們說他是基本經典，因爲它是阿拉所啓示的，你不能說它是穆罕默德所說的、所寫的，這是不對的，這就是對穆斯林一個起碼的尊重。因此瞭解對方，了解對方在說什麼，了解對方的信仰，我想這也是一個對話的基本原則。

「烏瑪」是烏瑪阿拉的簡稱是，是穆罕默德公元622年遷徙到麥地那之後所建立起來的，烏瑪實際上是一個社會組織形式，在當時的條件下，通過穆罕默德一系列操作，用盟約形式把它穩定下來，我們稱它爲「麥地那憲章」。我們看北京大學的學者，他講烏瑪是一個宗教社團、沒有教階制度、沒有中央教廷，這是一個相當準確的介紹。那麼穆斯林烏瑪的建立，我們要知道它裡面是包括很多種人，不僅僅是單一信仰的人，除了穆斯林以外，還有猶太教徒、多神教徒。

烏瑪實際上是突破部落血緣關係的一種社會組織，它

是認同地域、認同信仰的組織，所以我們說它是一個國家的雛形，它首次使教理之意高過血緣之意。也就是說烏瑪讓它成為一種可能，即通過某種教理、教義、思想的灌輸，能夠跨越血緣的關係，這在部分人民身上也是這樣。

另外就是，當時猶太人麥地那勢力是非常強大的，烏瑪的建立對猶太人也是採取寬容和友善的態度，在烏瑪裡面，猶太人也是有其地位的，也就是要共同地做防禦。當然若有紛爭，最後還是要提交給先知來解決，另外就是廢除死前復仇，如果有問題要提給先知和阿拉，用公正的原則來解決。談到戰俘要怎樣贖回，這是很現實、實際的問題，使一個團隊共同進退，這是更詳細一點憲章的規定。

實際上，麥地那憲章讓麥地那城成為一個公社、一個小型的國家，這個烏瑪包括地域中和其結盟的穆斯林、非穆斯林、多神教徒、偶像教徒，它有一些具體的宗教建設、軍事建設。那麼宗教建設比如首次興建清真寺，確定朝向，一開始的朝向是向耶路撒冷，後來改向卡巴，另外是封齋、施捨、天課、禮拜、天命等等的宗教建設。

烏瑪是今世人間社會的一種型態，人在今世裡面工作，根據《古蘭經》今世是短暫的，後世則是永恆的。今世的生活，是為後世來積善功，這個是烏瑪的概念。它主要強調穆斯林皆兄弟，但它並非單由穆斯林所組成，當中也包含非穆斯林、多神教徒。那麼，我就講到這裡。

多傑

兩千多年前尊貴的佛陀誕生了，他降生到大地，然後走了七步，宣稱天上天下唯我獨尊。根據金剛乘的教法，

死後的生命，也就是中陰教授是由蓮花生大士教予我們的，而他是從觀音菩薩那裡學來的。觀音菩薩是慈悲的象徵，他可以通過我們的手掌看到我們的生死，這種洞察能力顯示，佛陀與菩薩對於生死的洞察能力是深刻且無所不包的。我們人類將會經過六種中陰的階段，從我們今生、到肉體死亡、到下一次投生會有六種中陰，這六種中陰分別為生處中陰、夢裡中陰、禪定中陰、臨終中陰、實相中陰、投生中陰，每一種中陰都會影響其他五個中陰，因為可以從其他五種中陰裡，理解認知另外一種中陰，如果能實現一種認知，就能從其他五種中得到解脫，因為他們是互相關連緊密的。

死亡的原因對眾生來說有兩種，其中一個是因為障礙或事故，譬如交通事故；另外一種則是因為生命能量的耗盡，譬如說年老。因障礙而死亡的部分，可以通過儀式或祈禱來避免，但因生命能量耗盡而死亡是無法避免的，就好比一盞油燈一樣，當油耗盡了自然就會熄滅。

首先要說是夢中有：假如是一個睡夢瑜伽的修練者，他可以掌握夢的本質，所以他沒有夢中有，因為他們清楚意識到他們在作夢，他們當下就得到了解脫；死亡中有：我們在這死亡中有這個時期，我們清晰的認識和混亂的意識，在死亡中有這階段，都是飛快的增加和突變的。在死亡的那一刻，意識和心靈都將經歷巨大的混亂，從平和的狀態忽然變成激怒的狀態，在這種情況下，我們的心有機會去認識他的本性，然後就可以從輪迴中得到解脫。

遷識法在死亡的時候叫做破瓦，他被佛教徒在死亡那一刻所運用，通過這種方法，修行者可以在死亡那一刻獲

得超越，獲得解脫，他可以通過控制心靈和肉體的分離來達到這個目的，為了做「破瓦」，我們必須在一個有經驗的老師指導下來進行。中有階段中的白天和黑夜：在中陰階段是沒有白天和黑夜的，但是你有足夠的光讓你知道你在哪，就好像在一個雲遮住大部分月亮的夜晚，這一刻你解脫的來源，是你對所愛的人、所害怕的事情的一種出離或者超脫，如果你可以認識到這一切，都是因自己的自心所帶來、所顯現的話，那將會帶來解脫。

　　再來是投生中有的階段，由於前世生命業力的作用，我們可能可以感覺身體的器官和功能都還存在、都是完整的，除此之外我們還有超能力，也就是神通，我們還有光，但事實上，我們只是意識體，但我們自己並不知道這一切。又到了召喚，在這個階段中，一個人可能會重新進入六道，再進行投生，至於進入那一道，怎麼投生，可從自己的感知和思想中感應出來。

　　因為投生是我們重新進入業力之路，這個時候最重要的是不要接受六道的邀請，不要去接受六道的邀請、召喚，這時候人必須要保持一種出離或超脫，必須從六道中超脫出來，這是一個非常重要的因素，這時如果可以對六道保持出離，就可以解脫。四十九天的中陰階段，從死亡到下一次投身的狀態，是一個不確定的狀態，是由個人業力所決定的，但在通常情況下會持續一週到七週，人們認為在四十九天的中陰階段中，一半時間是過去生命經驗的反應，另一半是未來生命經驗的反應，這時非常重要的是不要害怕，也不要去貪愛遺留在身後的家庭或所愛之人。

　　聽聞解脫，根據金剛乘的教法，當一個高行的修行

者，為即將死去或已在四十九天的死者來唸誦經文的時候，這些死者有可能得到解脫，當經文和咒語被清晰的唸誦，大聲按照節奏唱誦，那所有中有階段的眾生，誰聽到這種經文時都會解脫。金剛乘的教法是非常深奧的，修金剛乘的身口意者與金剛乘是不可分的，這種修行者在死亡時有非常特殊的標誌，如在天空中出現清晰的彩虹。

這些徵兆和標誌，包括彩虹會出現在晴朗天空中，花瓣就像人一樣降落，音樂聲、香味充滿空間，死亡者圖像會浮現在空中，身體火化後會有各式各樣、各種顏色的舍粒子留下來，無論是一種徵兆或很多種徵兆出現的時候，這些徵兆都會被在社區的所有人所證明與看到。生命的終極目的是從夢般的生命中覺醒，如果沒有這種認識，則一個人看待他的生命就像是沒有意義一樣。為了從這種夢般的生命中覺醒，我們必須每天不停的晝夜修習著佛法，這樣可以為死亡做好準備，這種準備可以透過確認現實生活的夢般中本性來達到。

最後，是我理解生命最重要的一些點，所有的一切事物都是由於因和緣造就的，所有一切都是互相依賴和存在的，所有一切都是短暫和易毀滅的，特別是生命。我們的生命是短暫的，就好像強風中的蠟燭一樣，沒有人可以逃避死亡，當你生的時候就必須要死，那死亡的時間是不確定的。整個中陰教授可以被概括為以下三點：一、在今生中就要實現徹底的覺悟。二、要在死亡時達到覺悟。三、克服在死亡時的恐懼。

當然最好是在今生中，即活著的時候就可以達到圓滿的覺悟，佛法相信輪迴再生，漸漸地你將有能力把自己從

生死輪迴中解脫出來，所有眾生都將經歷無窮無盡的生死輪迴，這種輪迴是根據自己的業及作為所決定的，佛陀教給我們的是諸行無常、諸受是苦、諸法無我、涅槃寂靜，謝謝大家。

僧軍

非常高興能和大家進行這次的回佛對話，我來自於北印度，也帶來我們那裡的人民以及我自己寺廟的信奉者的問候。今年是中印文化交流年，在中印之間有許多文化的交流活動，這次大會有非常重要的意義，它不僅對於佛教徒、穆斯林有意義，它對於整個世界的發展、世界和平也都很有意義。

宗教是非常重要的，對於精神生活來說，宗教就好像我們對於食物、房子、衣服等等東西的需要，所以宗教生活對人類精神領域來說特別重要。如果我們人類只有物質上面的滿足，那是沒有辦法帶給我們心靈上面的幸福。所以，精神生活對人類的生活來說，是有重要的意義。

世界上有很多宗教組織，他們有很多相同相異之處，但能進行宗教對話的是非常少的，就像我們這次回佛對談的組織者——靈鷲山和北京大學，能夠組織這種會談是十分珍貴和值得讚賞的。我去過靈鷲山也參觀過世界宗教博物館，我覺得非常振奮。隨著科學和技術的發展，整個世界和國家相互依賴愈來愈增強，在未來的世界中假如沒有宗教間的交流和對話，共同的和平及合作是很難達到的。

雖然各種宗教從表面上看起來有許多不同之處，由於他們長期以來歷史的、文化的、地區的原因所造成的差

異，但其實有些只是在術語上的差異，因為基本上所有宗教都會致力於發展世界的和平、愛、幸福、快樂、世界的繁榮等等，有共同的基礎。如果你總是看宗教間的差異，你會發現宗教間有很多不同之處，但是當我看待各種宗教時，雖然他們之間有所差異，但還是能看到他們很多共同之處，若我們能去發現宗教之間某些共同基礎的話，就能像兄弟姊妹一樣互助、友愛、合作，一起平和地生活。

我們所有的人都有許多共同之處，不管是穆斯林還是伊斯蘭，我們全都是人類，我們同樣都有出生、成長、死亡，我們同樣都有兩個眼睛、一個鼻子、兩個耳朵和兩條腿，同樣有身體、意識和欲望，同樣對於快樂的追求及對恐懼的迴避，同樣追求幸福、快樂、遠離痛苦，我們有同樣的太陽、月亮，同樣的藝術、同樣的很多事物。

宗教把很多人帶在一起，例如世界上發生的所有的問題，宗教團體發現的問題會遍及全人類，因此我們要在世界上實現真正的和平、幸福，就不可能不去關注某些地區宗教的衝突。隨著科技發展那麼快，一個地方有問題就會影響到全人類，因此這種對談的召開是非常及時的，宗教的對話會促進彼此的理解，彼此的合作與交流，我們就會提到全球大家庭的這種理念，透過宗教的對話及全球大家庭（Global family）這種理念的推廣，就能夠實現世界的和平，達到全球的和平。

我來自喜馬拉雅山附近一個叫拉達的地方，在過去幾十年間我們有許多的會議，我非常歡迎類似的回佛會議能到我那裡去召開，我將會非常熱情地招待大家。希望佛陀基督阿拉都能護持我們達成和平地球村的夢想。

觀眾

我們一直談的都是有宗教信仰的人，我們可以清楚知道他們的狀況，但那些沒有宗教信仰的人呢，他們的心靈是怎麼一回事呢？

僧軍

就我的理解，我覺得不管是不是有宗教信仰的人士，他們都是希望有愛、有慈悲、有和平、有快樂、有和諧，這個是大家都在追求的東西。而最終的目的，就我個人而言，有肉身的時候，就是在宗教內不斷地修行，希望能夠離苦得樂，最終達到涅槃。因此，雖然有些人口口聲聲說不信教，但是從他們的行為、表現、講話和態度卻讓我覺得都像是個信教的人。這是因為從他們表現出來的種種特質，例如也喜歡愛、慈悲、快樂、和諧，而對我來說，不管你有沒有信教，只要你喜歡、表現出這樣的特質，他就是一個有宗教信仰的人，和那些有信教的人，只是層次不同而已。

▼ 閉幕專題演講

葉小文

很榮幸應北大哲學系和宗教學系的邀請來參加本屆「回佛對話」國際學術研討會。我的發言將圍繞在「宗教對話、世界和平、社會和諧」等等的宏觀議題上展開，這也是個人近年來一直非常關注和感興趣的課題。

（一）世界和平需要宗教對話

　　當今世界，儘管和平、發展與合作是時代的主流，但主流之外暗流洶湧，波詭浪急。不同國家、民族、宗教之間此起彼伏、愈演愈烈的對立和衝突，正在挑戰人類的智慧與文明。這種挑戰，更多是來自「恐怖主義」和「單邊主義」的衝突。近百年來，隨著西方強勢文化的擴張，自我中心主義、西方至上主義的思潮招搖於世，「單邊主義」便隨之滋長，與之相抗衡的「恐怖主義」也就相伴而來。「單邊主義」和「恐怖主義」相與爭鋒，造成了基督教文明和伊斯蘭教文明之間的難以調和的矛盾和衝突，有人將之稱為「文明的衝突」。於是地區衝突迭起，恐怖活動猖獗，世界一次又一次被恐怖的聲浪所震驚。

　　在「文明衝突」的噩夢中，主張和平、寬容的宗教不幸被一些人歪曲、利用，他們或是利用宗教問題干涉別國內政，或是打著宗教旗號製造暴力恐怖，進一步挑起隔閡、猜疑和仇視，引發緊張、衝突和對抗。純潔的宗教也被褻瀆，神聖的宗教也遭踐踏。2000年的千禧年世界宗教與精神領袖和平高峰會議宣言憤慨地說：「我們的世界被暴力、災難、戰爭和各種毀滅行為所破壞，而這些行為常常被說成以宗教的名義。」

　　因此，世界之和平，與宗教問題緊密關聯。宗教與和平的關係已成為人們關注的焦點，世界宗教界尤其是宗教領袖對和平的態度及其國際合作乃顯得格外重要。正如當代著名神學家、宗教哲學家、「全球倫理」和「宗教對話」的倡導者孔漢思所言：「沒有宗教間的和平，就沒有國家間的和平；而沒有宗教間的對話，就沒有宗教間的和

平。」所以，世界和平，是亟需宗教間的對話。

我非常欣賞臺灣靈鷲山佛教社團與北京大學宗教學系合作舉辦的這次「回佛對話」研討會。這是一次宗教學者和宗教領袖的對話。宗教學者思想深邃，對不同的宗教及其精神，以至有關的神學、哲學、宗教學、心理學和社會歷史問題有著深刻的理解，在研究宗教和討論不同宗教關係的問題時，其方法上的客觀性和語言上的非宗教性，可以幫助一種宗教的信徒對另一種宗教更不帶偏見和更準確客觀的理解，可以為不同宗教的相互理解起到鋪路架橋的作用。而宗教領袖以其對信仰精神的深刻把握，並以獨有的宗教睿智和人格魅力，可以對廣大信徒形成強大的感染力和深遠的影響，從而能使宗教的對話變成宗教中人的對話，把宗教間的相互理解和寬容變成宗教信徒間的相互理解和寬容。

（二）宗教對話應重視「東方模式」

以宗教和平乃至世界和平為宗旨的宗教對話，應重視研究和總結中國宗教長期和諧共存的獨特經驗。中國悠悠五千年歷史，從古至今，各種宗教之間，一直能夠互相尊重、和睦共處。這裡沒有文明之間的互相蔑視、彼此踐踏，而是互相尊重、彼此欣賞；沒有文明之間的以大欺小，弱肉強食，而是有容乃大、海納百川；沒有文明之間的區分優劣、生存競爭，而是互相平等、和合共生；沒有文明之間的孤芳自賞，一花獨放，而是互補共榮、百花齊放。這種人類彌足珍貴的經驗，能否稱之為文明的「東方模式」？

這個「東方模式」，有深厚的文化作為支撐。中國是一個多民族、多宗教的國家。五十六個民族平等相待，佛教、道教、伊斯蘭教、天主教、基督教各教和諧共處。這是中華民族講信修睦，崇尚和平的文化傳統所決定的。「和」是中國傳統文化的特徵向量，古代先哲的生命信仰和思維基礎。「和」的精神，是一種承認，一種尊重，一種感恩，一種圓融；「和」的內涵，是人心和善，家庭和睦，社會和諧，世界和平；「和」的基礎，是和而不同，互相包容，求同存異，共生共長；「和」的佳境，是各美其美，美人之美，美美與共，天下和美。

中國傳統文化「以和為貴」，成功吸收了印度佛教，容納了伊斯蘭教和基督教，形成了歷史上多民族多宗教共生共長的良性文化生態。這個「東方模式」，有著豐富的實踐經驗。中國傳統文化對其他文化一直保持開放和包容的心態。中國現有的五種主要宗教，除道教外，其他各大宗教均在不同時期由國外傳入，在中國生根、發展。歷史上，各民族和睦共處，各宗教和諧共生是主旋律。

以佛教為例，佛教在西元前後傳入中國後，中華文化以開放的姿態迎接來自印度的文化。到西元三世紀，佛教已廣為傳播，出現了各種學派，到西元七世紀進入鼎盛階段，形成了諸多具有中國民族特色的宗派。與此同時，佛教與中國本土的儒道思想經過長期融合，創造出豐富多彩的佛教文化，並成為中國傳統文化中重要的有機組成部分。值得一提的是，很多年以後，當佛教早已在印度沒落時，中國保存的大量佛經「反哺」於印度，彌補了印度歷史的很多空白。

再以伊斯蘭教為例，西元七世紀，當伊斯蘭教傳入中國時，中國正處於盛唐時期，但中華文化並沒有排斥這種外來文化，而是允許其自由傳播。到十二世紀，伊斯蘭教已大規模傳入中國，宋朝時期特意頒佈保護穆斯林的財產法。到十三世紀，伊斯蘭教徒遍及全國，元朝時期專設伊斯蘭教事務機構，給予伊斯蘭教傳教者諸多優待。明清之際，以王岱輿、劉智等為代表的中國穆斯林學者，為促進伊斯蘭文化與中國傳統文化的溝通，採用儒家、佛教及道教的概念和術語，來闡釋伊斯蘭的教義與教理，並將兩者進行融會貫通，建立了帶有濃厚中國傳統文化特點的中國伊斯蘭思想文化體系。一千三百多年來，伊斯蘭教不僅沒有與中國傳統文化和其他宗教發生過衝突，而且在中華文化的滋潤和哺育下，在中華大地得以紮根、開花、結果，生生不息。

我認為，中國伊斯蘭教在中國和平發展的經歷，向當今這個很不安寧的世界，傳遞著寶貴的「有以告人」的資訊。在西方基督教文明、中華文明、伊斯蘭文明這三大主要文明的相互對話中，兼有伊斯蘭文化和中華文化傳統的雙重文化原素的中國伊斯蘭文化，具有獨特的研究價值。

（三）自強不息生和氣，厚德載物送和風

張岱年先生認為，中國幾千年來文化傳統的基本精神的主要內涵，是「天人合一、以人為本、剛健自強、以和為貴」。我以為今天應該強調其中相輔相成的兩條，即《周易》所說的「天行健，君子以自強不息」──提倡人應效法天之日月星辰的從不間斷地剛健運行，自強不息、

積極進取；「地勢坤，君子以厚德載物」——提倡人應效法廣袤大地的有容乃大的寬厚、包容，和而不同、和實生物。「自強不息生和氣，厚德載物送和風」，應該是中華民族貢獻於世界民族之林的、可以拿得出手的東西。

「自強不息」與「厚德載物」要內在地統一起來並不容易。古人說，「人類之好勝性，本系建設社會各種事業之原動力，惟用之過激，則爭強鬥狠，迴圈報復，糾紛擾攘，遂無寧日。」「浮躁淺率，偏窄迫促，德不足才亦不足；凝重寬厚，廣大從容，德有餘福亦有餘。」既能「自強不息」，又能「厚德載物」，此乃君子之美德，修身齊家治國平天下之通理。中國「德有餘福亦有餘」之眞諦。

「自強不息生和氣，厚德載物送和風」能夠受到世界的歡迎。因爲「和諧」不僅是中國古代先哲的生命信仰和思維基礎，也反映了事物的普遍規律；不僅是中華民族優秀傳統的重要價值取向，也是人類社會共同的價值取向；不僅是中國歷史文化的特徵向量，也符合當今世界和平、發展、合作的時代潮流，必能與時俱進、與時俱豐，與世共用、與世共榮。

（本文節錄自葉小文局長〈宗教對話、世界和平、社會和諧〉之演講文稿。）

吳志攀

我有一點個人的體會，就是宗教所表達的方式不僅僅是佛經和經典，也不僅僅是它的文化，它有一個非常鮮明的載體就是藝術。至於東方模式來講，也是有很強的藝術形式作為他的外在的載體。我們去敦煌能看得懂他的壁畫、雕塑，我們看這些洞窟的時候我們馬上就被感染了。另外，我們看到的雲崗、看到的龍門，許許多多著名的宗教勝地的雕塑和壁畫來講，那對我們來說都是非常好的一種傳播性的視覺性手段，它也傳播了東方藝術的魅力，這個魅力我覺得在幾個方面有很強大且獨特的力量。

第一，就是他的表現力，他的表現是從無中看到有，從有中再看到無，因為這些故事都發生在宗教的經典裡面，是人們想像出來把他做成視覺的圖畫。像這些動態動感的衣著服飾，祂們在極樂世界的生活方式是我們在現實生活世界不能看到的，但這些藝術家是可以表達出來的。

另一點是它輝煌的創造力，這些作品都不是發生在今天，都是發生在一千年到一千五百年前的作品，但是我們今天來看，我們已經很工業化和現代化了，我們有電腦也有手機，但是我們現代的藝術已經很難達到這樣的高峰，真是很難得。所以這樣的表現力、這樣的創造力、這樣的想像力和這樣的感染力，都是宗教的藝術，尤其特別是東方模式的藝術載體所傳達出來的強大力量。

所以它不僅是透過語言，而且是透過視覺圖像給我們看到，這些是跨越文字跨越語言的一種交流。我們可以說今天我們看不懂梵文，但是我們看敦煌並不阻礙我們理解，我們到海外去也是，我們去基督教堂所看到的畫，我

們雖然不懂裡頭所寫的古老拉丁文，但是我們能理解他所表達的意思。因此，當我們在去看許多伊斯蘭教美好的藝術品，也不影響我們去溝通。

我感覺如果能加以研究的話，可能是一種形象學乃至於視圖學的解釋，對於宗教界的傳播，對於以和諧為根基這樣的一種東方模式，其傳播可能表達了它的創造力、想像力、感染力，並更加豐富。

卓新平

宗教生死觀體現一種超越的微動，一種終極的關切。把死看做人生發展的一種過度一種轉化，有種永恆的意義，度過對於死亡的茫然、恐怖，各種宗教都又對此不同的體驗和貢獻。它的智慧就在於正視生死、超越生死，達到一種心靈的平靜和諧，不僅是一種終極的關懷，還是一種人文的關懷，把此岸與彼岸、相對與絕對和諧地結合在一起。如何實現這種和諧，一個是從人類過去歷史的回顧，另外，是對未來的展望，超越地來看此時此刻人生的意義。

沙宗平

我想簡單整理這幾天以來讓個人印象深刻的幾位各宗教領袖、學者的發言，做為今日閉幕個人的與會心得。首先，張維真教授長期關注伊斯蘭教的思想，他從佛教教義的中心關懷和根本宗旨是教人成佛，即成為覺悟者的觀念出發討論伊斯蘭教，和伊斯蘭教的人性觀比較，思想雖有諸多具體內容和實際操作方面的差異，但在超越物欲、追

求人格的昇華這一總體目標上卻也不乏共同之處，佛教談世界是因緣而起，諸法無我，伊斯蘭教雖然不談無我，也強調今世的虛幻，起碼在這點是有相通之處。

明海法師為我們開示禪與現代生活的關係，說坐禪能為我們舒緩現在生活所帶來的普遍壓力。大田博士介紹心道法師在《觀生死即涅槃》一書裡的開示，報告了自己的心得。心道法師書中講到煩惱是因緣，在因緣裡真的是無我，你沒辦法作主。大田博士在近兩萬字論文中思考學問與信仰的關係，揭露出現在佛教的學生對於學問與信仰關係的深度思考，這點為伊斯蘭界啓發了一個方向。中國人民大學哲學院的張义良教授，有關日本佛教界腦死亡與臟器移植問題的討論以及佛教的生命觀，介紹日本佛教界對腦死亡與臟器移植問題的不同態度；甘肅省平涼市崆峒區杜家溝清真寺阿訇馬獻喜，他以伊斯蘭教觀點出發，認為今世是後世的前站，有限的前世為後世帶來永恆信心的基礎，與佛教的因果說及緣起觀點有相通之處。

敏賢良先生的主題是，透過中國伊斯蘭教「烏瑪」看宗教的社會作用，以中國伊斯蘭教西道堂的創立及其特點，分析伊斯蘭教在東北地區社會功能，指出宗教的積極功能。在有關於伊斯蘭生死觀的部分，有前臺北清真寺教長馬孝棋所談論到的漢文化下的臺灣穆斯林「臨終與喪葬」之觀察，並進而闡述伊斯蘭教的死亡觀及喪葬禮儀。中央民族大學哲學與宗教學系劉成有教授，對於呂澂善法欲思想作詳盡地說明，從介紹近代著名的佛學大師呂澂先生開始，再對人類內在的「善法欲」與「人生正向」等核心議題，讓大家深入了解呂澂先生學術的重要性。

吳冰冰

　　佛陀對身體的態度，指出佛陀轉變苦行，尊重身體，建立身與心的和諧。大乘佛教對身體的看法，在大乘佛教中，頓悟成為可能，它整合道教的傳統，佛陀的身體就是宇宙的身體、佛陀的身體就是佛陀的心。宗教的觀念不是永恆不變的，而是不斷地演化當中，這從佛教對身體的看法中可以體現出來。宗教觀念的本土化，不同宗教的相互界線和影響，每個人都知道死亡是不可避免的，因此如何平靜、如何有尊嚴的面對死亡，成為每個人必須面對的問題。這也是佛教關懷和慈悲的表現，要把別人放在自己的位置上，進行換位的思考，不去傷害他人。儒家從兩方面闡釋這個問題，消極來說是「己所不欲，勿施於人」；積極而言是「己欲立而立人，己欲達而達人」，這種推己及人的胸懷具有普世意義的觀念。

羅伯特‧杭特

　　綜合這幾天聽到的，我有一些想法，伊斯蘭主義的大思想家提出不能用伊斯蘭的觀念理解伊斯蘭，所有的人都是不完美的，所以需要交流。在我們現在的時代，如果認為我們自己是盡善盡美的，那麼坐下來是論辯性的，無法達到傾聽。全球化的時代，人和人愈來愈接近，衝突的可能性增加了，對話更顯其重要性，全球化下本土知識的意義可能是積極的或消極的，如伊斯蘭教中的公正，需要我們去發掘本土意義的普世意義。

麥克‧馮‧布魯克

學者需要互相對話互相學習，從學校走到社會作對話，因此我們需要面對這重要的問題。那個機構能領導大眾討論宗教的問題，我蠻高興這裡的政府也支持這邊，讓媒體報紙能來參與。在美國要做到這點很不容易，在美國要依賴學校、教堂、清真寺，在這邊宗教領袖能給他們作教導，我們創造這樣的地方，讓小孩透過玩的方式學習不同宗教，通過學習和遊戲，了解到同學間不同宗教之間的共通點。

教堂和清真寺也作幾個計畫，我和幾個學者合作，瞭解基督教和伊斯蘭教間的種種問題，教導的當中我們也教學相長，成立一個名叫感恩的基金會，由不同的宗教領袖組合辦一些座談會。因為有各個宗教領袖的支持，它的信譽滿高的；把不同宗教的人集合在一起，只要把所有的宗教結合在一起就做得到。

蔡源林

臺灣本身宗教自由，宗教間和諧相處，也許就是因為太和諧，所以覺得沒有對話的必要。靈鷲山是首開先例，天主教這方面作較多，臺灣一般民眾對宗教的想像是當成信仰和生活方式，比較少把它當研究對象。因為臺灣宗教過去較少對話，學術界也許能扮演這個角色，作宗教議題、世界和平等議題。我希望臺灣可以把這次的經驗帶回去，在臺灣內部也可以辦，邀請世界各地的領袖來，讓臺灣民眾能感受到世界宗教對話的潮流和趨勢，感謝各位。

僧軍

我們的父母和老師們，總是說我們自己的宗教最好，其他的宗教不太好，必須儘量不接觸其他的宗教。一直以來父母教導我們佛教是最好的，要盡全力保護我們的宗教，其他的宗教是不太好的，而給我這樣負面的概念。

因為沒有機會接觸其他的宗教，也無法學習到其他宗教的差異，但是我們發現所有的宗教有許多共同點，像愛、和平和慈悲，許多衝突事件也顯示了宗教之間依舊有隔閡及衝突。幸好過去這十五年來進行宗教間的對談，坐下來了解對方、消除衝突，讓這些誤解變得毫無意義。

由心作交流，不同的宗教和文化就像不同的花朵，大家都美麗，沒有漂亮、沒有美麗、沒有花就什麼都沒有。我們佛教出家人剃光頭不留鬍子，伊斯蘭教卻留大鬍子，頭髮也滿長的，僧袍的顏色樣式也不一樣，這樣才多采多姿嘛！不然世界就變灰色的。所以，我們應讓不同的花朵在花園綻放，讓世界變得更美麗。

瑪利亞・哈比托

我只簡單講三點：第一，剛才那位喇嘛講的，因為不熟悉、不了解產生的偏見；第二，語言的問題，例如講涅槃，可能每個人解讀又不一樣；第三，講到合作，不僅在校園，還要接觸到政治、社會、文化面。

因為全球化的關係，年輕人能互相理解，以宗教來講要更進一步。教育家會質疑小孩子在學校及家裡，無法得到正確觀念的話怎麼辦呢？所以在臺灣成立世界宗教博物館，去年十月也召開會議，來自英國、德國等學者都認為這是不錯的教育工具。

我們也知道，在中國大陸這邊各個宗教也很好地融合在一起，我想建議大陸北京這裡是不是也能建一所這樣的博物館。我也建議給小朋友編教科書，問問他們對生死觀的看法，不是只有我們這群人在討論。

釋了意

各位來賓及心道師父的老朋友大家好，這是一個不一樣的對話環境，我自己覺得，從2002年開始進行回佛對話都在西方比較多，這次在中國感覺情感特別的貼近，對話又有特別多的法師，靈性上的溝通非常的直接，更高興聽到葉局長的精闢演說。希望未來的宗教對話能不再孤獨，從這裡跨入全球，與全世界人類一起進行靈性的交流。

（全文摘錄整理於2006年10月16日至18日北京「回佛對談」會議記錄。）

全球化與靈性傳統：
各宗教的對談
與省思

Globalization
and Spiritual Traditions
Dialogue and Introspection
of Religions

議題：

- 回佛對談系列回顧
- 善意與敵意：宗教對待他者的態度
- 回佛對談未來的重點議題

容忍是對話最基本的條件，而容忍後面所根據的，最後、最基本的價值是：人所不欲，勿施於人。

Tolerance is the most basic condition for dialogue and its underlying value is: never do to others what they would not like to be done to themselves.

～杜維明
Tu, Wei Ming

釋心道

（Dharma Master Hsin Tao）

瑪利亞．哈比托

（Maria Reis Habito）

盧本．哈比托

（Ruben L.F. Habito）

「靈鷲山無生道場」、「世界宗教博物館」、國際非政府組織「愛、和平、地球家」（GFLP）創辦人。2001年受邀擔任聯合國「千禧年宗教及精神領袖世界和平高峰會」委員會諮詢委員。世界宗教博物館開館後，持續參與國際宗教交流活動，舉辦一系列回佛對話，致力守護人類心靈，積極推動「世界和平」願景。

世界宗教博物館國際計劃主任，於1990～2002年在達拉斯的南衛里大學教授中文、日本歷史與文化以及世界宗教曾發表許多中國宗關文章。

美國南衛理公會大學柏金斯神學院世界宗教教授，目前擔任學務長，也是達拉斯瑪利亞坎農禪修中心的禪師。著有《療癒的氣息：受創世界中佛教徒與基督徒的禪》、與稻場圭信合編的《利他行：關懷與宗教的全球觀》、《體驗佛教：智慧慈悲之路》，及《生活禪、愛上帝》。

吉姆・斐德里克

（James L. Fredericks）

馬孝棋

派瑞・史密特・盧科

（Perry Schmidt-Leukel）

舊金山牧靈中心天主教神父，任教於加州羅耀拉瑪利蒙特大學神學研究系。擅長跨宗教對談，曾到日本、中國、印度、伊朗與歐洲等地進行國際講學。過去為日本京都資深傳爾柏萊特研究學者，並於龍谷大學佛教沼田講座擔任客座教授。著有《信仰中的信仰：基督教神學與非基督宗教》、《佛教徒與基督教徒：以比較神學建立新的共識》。

現任中國伊斯蘭教協會副秘書長，利比亞加路尤尼斯大學社會系、政治大學民族學系碩士班畢業。曾任中國伊斯蘭教協會專員、臺北清真寺教長、蒙藏委員會諮詢委員等。

系統神學與宗教研究教授、英國格拉斯哥大學跨宗教研究中心主任。曾在德國慕尼黑大學、奧地利茵斯布魯克及薩爾斯堡任教。於系統神學、宗教神學、比較宗教、佛教－基督教對話著作達二十餘本。近期著有《世界宗教的戰爭與和平》、《佛教──基督教對談》、《了解佛教》以及《伊斯蘭及跨宗教關係》。

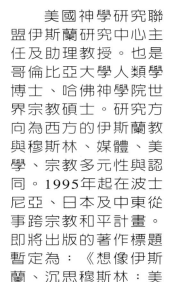

慕尼爾・季瓦

（Munir Jiwa）

白詩朗

（John Berthrong）

瑪西亞・赫爾曼森

（Marcia Hermansen）

美國神學研究聯盟伊斯蘭研究中心主任及助理教授。也是哥倫比亞大學人類學博士、哈佛神學院世界宗教碩士。研究方向為西方的伊斯蘭教與穆斯林、媒體、美學、宗教多元性與認同。1995年起在波士尼亞、日本及中東從事跨宗教和平計畫。即將出版的著作標題暫定為：《想像伊斯蘭、沉思穆斯林：美學、政治與宗教》。

芝加哥大學漢學博士，1989年起擔任波士頓大學神學院副院長暨比較神學副教授。教學與研究興趣為跨宗教對話、中國宗教哲學、比較哲學與神學。著有《普天之下：儒耶對話中的典範轉化》、《儒學之道的轉換》、《關注創造力：朱子、懷德海、南樂山的比較研究》，亦有與瑪莉・圖克爾合編的《儒學與生態學》等書。

美國芝加哥羅耀拉大學伊斯蘭研究計畫主任，教授神學系的伊斯蘭研究與宗教研究課程。芝加哥大學阿拉伯與伊斯蘭研究博士。對於伊斯蘭思想、蘇菲教派、南亞伊斯蘭與穆斯林、美國穆斯林，以及伊斯蘭教婦女與性別之主題著述甚多。她是2004年巴塞隆納世界宗教會議的穆斯林代表之一。目前計畫出版的書籍為《美國蘇菲教徒》。

釋慧空

（Karma Lekshe Tsomo）

游祥洲

杜維明

美國聖地牙哥大學神學與宗教系副教授，教授佛教、世界宗教、比較宗教倫理學。夏威夷大學哲學博士，關於佛教女性議題著述廣泛。她是國際佛教婦女協會主席，並擔任在印度、孟加拉、寮國推動婦女教育計畫的蔣揚基金會董事。近期著作為《在死神的掌中：佛教，生物倫理學與死亡》。

現任佛光大學副教授。中國文化大學哲學博士、國立臺灣大學哲學碩士、國立臺灣大學哲學學士，曾任中央通訊社研究發展室主任、中華佛學研究所研究員、佛光山中國佛教研究院教師、佛光大學宗教研究所副教授、佛教弘誓學院教師、世界佛教友誼會執行理事及中華佛教居士會常務理事。以《大智度論》之研究與教學而蜚聲教界。

哈佛燕京學舍社長杜維明於西元1940年出生於中國崑明，在臺灣的東海大學取得漢學研究大學文學學位，並在西元1963年取得哈佛大學東亞區域研究碩士文學學位，又於1968年取得哈佛大學歷史和東亞語言博士學位，先後任職於普林斯頓大學以及加州大學柏克萊校區，目前為哈佛燕京學舍的中文歷史、哲學教授以及儒學研究教授。

全球化與靈性傳統：各宗教的對談與省思　臺北

　　持續了六年的「回佛對談」系列，在2008年6月舉辦時，終於回到它的發源地之一「世界宗教博物館」舉辦，這是別具意義的事。從「911事件」後，世界宗教博物館為了回應對世界異宗教間倡導柔性、和諧的力量，所展開的相關系列對談。在實際上，不僅有「伊斯蘭教」與「佛教」之間的溝通而已，其他如基督教、猶太教、印度教等等亦皆加入此系列對談的行列，為彼此間產生了極大的迴響，實為難得。

　　6月13日的回佛對談，採圓桌會議的方式進行，主要探討的主題分為兩大類：一是「善意與敵意：宗教對待他者的態度」；二是「回佛對話未來的重點議題」。除了上述議題外，更值得一提的是由瑪利亞‧哈比托博士特別為這場會議發表了過去七場「回佛對談系列介紹」之報告（但未提及於摩洛哥舉辦的回佛對談），也讓此系列的對話下了非常完美的註腳。

▼ 會議開幕致詞

釋心道

　　各位好朋友、好伙伴，大家平安。很高興，第八場回佛對話能夠回到它的起源地 —— 世界宗教博物館－來舉辦，更高興能有大家的參與。在現今這個全球化的時代，正好透過宗教間的交流與對話，加強彼此的了解。

　　我們以「愛與和平」為宗旨，正因人間有愛，世間得以和平，而宗教給人的是靈性的啟發與心靈的依託，因為

靈性的光明與良善的本質會照亮眾生的迷惘、尊重差異、化解衝突。在「911事件」後，同年的「119」（十一月九日），世界宗教博物館開幕，我回答了紐約時報記者一個問題：如何化解伊斯蘭與基督宗教千年來的衝突？

於是我開始在全球舉辦回佛對話這項任務，讓伊斯蘭文明可以更超然的顯現在世人的面前。爾後，在「911事件」發生的第二年，我在紐約召開第一場回佛對談，希望我們能扮演柔性的第三力量，做為溝通伊斯蘭和基督教世界之間的橋梁，祈願愛與和平能平撫雙方之間的傷口，找到相互理解的契機。

從2002年發起回佛對談開始，幾乎每年都會舉辦一場以上的回佛對談，努力傳播愛與和平的精神，讓所有「他者」都能獲得真正的平安。其實，宗教對話是很務實的工作，透過對話達成「他者」與自身的共融，最終達到宗教之間的和諧與平衡關係，圓滿自身，也圓滿「他者」，最後「自他」融和。雖然「他者」問題有待更深一層的探索，我始終還是相信：愛與和平的精神，是各宗教原本的宗旨，也是內在的靈性。

希望今天這場回佛對話能夠站在過去七場的豐富經驗上繼續討論出未來的目標與實際的方向。讓我們以開放的心，智慧的語，展開今天的討論吧！謝謝！

回佛對談系列回顧

▼ 專題報告

主持人：瑪利亞‧哈比托

　　各位早安，很高興看到這麼多人參加我們本次的回佛對談會議。在此，我想對回佛對話的歷史作個簡介。紐約的「911事件」發生之後，世界宗教博物館在臺灣成立了，當時每個人都深刻了解到，沒有宗教間的和平，就沒有世界和平。這其實是全球倫理的第一句話。它所表達的理念是，如果宗教之間無法和平共存，整個地球和人類社會都會陷入危機。於是，決定發起回佛對談系列的對話、交流。各位可能還記得，「911事件」發生之前的那一年，亦發生了巴米揚大佛被摧毀的悲劇。這是我們大家的悲劇，因為它不僅是佛教的遺產，也是大家的文化遺產。所以在博物館開幕時，我們同時也舉辦了聖蹟保護會議。

　　現在，我想回顧一下過去的回佛對談系列主題，與我們今年會議主題「全球化與靈性傳統」主題相符的對話，我會多作一點介紹。大家可能已經從會議場外的照片看到過去回佛對話的與會者了。這當然只是想喚起各位的記憶罷了。我們的臺灣朋友大多知道世界宗教博物館的座右銘：「尊重每一個信仰，包容每一個族群，博愛每一個生命。」這也是指引世界宗教博物館的箴言。稍後，今天下午我們有博物館導覽，給您所有宗教同在一個空間中和諧

共存的印象。例如：佛教所理解的宇宙，就是所謂「互爲緣起」的華嚴世界。我們都是互爲緣起的，這就是互爲緣起的意象。我們所做的每一件事，都會在這個宇宙中相互反映。因此，顯而易見地，我們之間的和諧關係就會非常的重要。

紐約／回佛對談：找到共識，共謀和平

在美國紐約的哥倫比亞大學裡舉辦，這場對話的主題是「找到共識，共謀和平」。在這裡特別要提及的一位人士，便是大力支持回佛對談的人物——大衛‧洽沛爾教授，他是夏威夷大學的教授，後來到了創價大學教書。他參與了所有發起對話的事務，很不幸他在2004年過世了。因爲有他的關係，使得2002年到2004年間所舉辦的一系列回佛對談能夠順利進行，貢獻極大。另外，這場紐約會議的與會者之一的巴瓦‧金（Bawa Jain）先生，各位可能聽過他，他是千禧年世界宗教領袖和平高峰會議秘書長，並擔任此場回佛對談的主持人。還有阿密‧伊斯蘭博士，他是穆斯林對話論壇總監。

所有的與會者都知道，這是歷史性的第一場對談，因爲這是佛教徒和穆斯林第一次在哥倫比亞大學相聚，開始進行友誼和理解的交流。對談背後的理念是，我們需要邀請宗教領袖和學者，因爲全球倫理的第二個座右銘是「沒有宗教研究，就沒有對話」。我發現，讓所有的宗教學者提供討論的背景架構是很重要的。每場對談我們都會問每一個人：我們之間有什麼共同點？我們能從彼此的身上學到什麼？阿密‧伊斯蘭博士說：「穆斯林傳統向來很尊重

生命，但是當今的人們似乎不能理解這點。所以，我想從佛教徒那兒學到他們怎麼宣揚對生命的尊重，這是很重要的。」阿密‧伊斯蘭博士想在尊重生命這個方面和佛教作交流。他也發現，大家都處在同一條船上，因為宗教和我們現代的世俗生活有很大的落差。這麼多人批評宗教，卻不知道宗教之所以重要的理由。所以，我們必須真正了解我們的文化、傳統和價值，以及如何能在這個時代中將它們傳承下去。所以，佛教徒和穆斯林在這方面的合作也是很重要的。當然，對談中也強調多元對話以及對多元性的尊重，並找到特定的經典來支持這個信念。事實上，許多問題的確不能用處理婦女與宗教問題的那種方式來解決。

吉隆坡／回佛對談：全球化運動在亞洲

這場回佛對談於2002年舉行，與「公義世界國際運動」（International Movement for a Just World）主席千卓拉‧穆札法（Chandra Muzaffar）共同籌辦。主題是跨宗教性的「全球化運動在亞洲」，它源於二十一世紀可以是靈性世紀的這個認知。靈性是充滿力量的，因為現在的全球化危機，引發對於少數民族文化的重視，而我們的生活需要保有靈性，也需要多元化。

讓我感興趣的是在這場對話中，講者們闡釋了佛教徒和穆斯林的關係史。各位都知道，多數的亞洲人是佛教徒和穆斯林。比方說，十世紀時有位穆斯林寫下了他接觸到的佛教徒所擁有的美德。稍早在會議中，吉姆‧斐德里克教授就在講跨宗教友誼是一種美德。而早在西元十世紀，穆斯林學者已談過相同的主題，而且對佛教社會的美德加

以闡述，這是很有意思的；除此之外，在十二世紀中，也有對佛教和佛教修行的研究。所以，我們目前在做的事，其實也不算那麼新了。

這場對話中，合作是一個非常重要的觀念。與會者建議在不同的領域中進行合作。比方說，人類的安全包括了自由以及參與公眾事務的自由等等。第二點是對於宗教聖蹟的保存，組織之間的合作在全球化的時代是很重要的，而其中也包含了政治和經濟的成分，當然也更詳細地講到宗教領域的教育和對抗世俗暴力的部分。我們認為，把對話擴展到政治、經濟、科學中心是很重要的，目前已經有許多組織成立相關的經濟論壇，從事類似於這方面的工作。但是，也有與會者認為，跨宗教對談並非像我們目前所做的模式進行，而是要把它變成一個全球運動，才能有更多實質上的進展。

雅加達／回佛對談：靈性全球化

這場是在印尼雅加達舉行，其主題是「靈性全球化和教育合作」（簡稱「靈性全球化」）。和今天的會議類似。有趣的是，聽眾有來自各宗教的人士，包括原住民在內。他們在印尼運用了網路資源，而且事前先辦了五場跨宗教對談活動。所以，讓年輕人聚在一起，讓他們融入活動是很重要的。他們甚至有自己的聖蹟保存活動。例如：他們計劃要在佛教遺跡裡蓋一個購物中心。有些年輕人在抗議，但我不清楚到底是什麼狀況；另外，講者們再度指出全球化的危險，全球化使電影明星和成功商人等變成了偶像，而在這些變遷中，我們忘了所有傳統文化所推崇的

模範人格，比方說博學之士和靈性領袖。所以，我們要如何重建年輕人和博學之士以及靈性領袖的關係呢？印尼也是個非常好的範例，因為它有四百個不同的族群和四百種語言。當然，它也關切在全球化時代中，我們要如何保護原住民和他們的文化。

巴黎／回佛對談：全球倫理善治

現在我要講在聯合國教科文組織巴黎總部舉辦的回佛對談。這背後的想法，是讓以前參加過對談的講者們再度相聚。會議的主題是「全球倫理善治」，與會者包括聯合國教科文組織的人員和來自世界各國的人士。聯合國教科文組織宗教與文化交流負責專員羅莎・葛瑞歐（Rosa Guerreiro）談到認同。她說，認同的問題出在它被用來使人們彼此分離，這就是為什麼對話如此重要，因為我們能夠分享自己的歷史，並且發現以前沒有察覺的共同點。所以，她非常強調共同的歷史作為對話和理解的方式。另一位講者是穆罕默德・阿里巴希博士（Ahmet Alibasic），他說，他很高興對話的主角是佛教徒和穆斯林，而不是佛教和伊斯蘭教。他說，因為這樣我們不會侷限在教條中，而是不同信仰傳統的人聚在一起談話，這點非常重要。對話是破除彼此之間認同的藩籬，但這並不表示我們因此就失去自己的認同了，我們還是有各自的認同。在會中，以前的與會者還對我們在哥倫比亞大學、吉隆坡和印尼的討論做了摘要報告。我們也談到參加對談的目的，其中一個目的就像我們在第一場對談說的那樣。我認為，要不斷打破對彼此的刻板印象，才能認識彼此；第二個目的非常重

要，就是幫助彼此成長。我們怎樣能幫助每個人成長呢？
例如：我們能夠從佛教對生命的觀點中學到什麼？我自己
的傳統所沒有強調的方面又是什麼呢？反之亦然。然後，
我還談到合作的問題，從某個方面來說，這對於一神論宗
教非常重要。在認識彼此後，我們需要學習如何合作。

前印尼總統阿卜杜勒赫曼·瓦希德（Abdurrahman
Wahid）（註一）出席了第二天的全球倫理和善治會議。
他呼籲以全球倫理作為善治的基礎。另外，他也認為，伊
斯蘭教進行對話是極為重要的。不僅是不同宗教間的對
話，也要進行伊斯蘭宗教內部的對話，因不同傳統有不同
的理解方式，許多的衝突都來自於誤解。瓦希德更認為，
如果想要找到宗教傳統中的暴力根源，就必須處理經典詮
釋的問題，這就是穆斯林肩負的重大使命。安那達·古魯
吉博士（Ananda W. P. Guruge）則從佛教的觀點來談倫
理。他說，阿育王不只給予我們善治的原則，也給了我們
某些實踐的要領，他曾說過：「經常性融洽地處理事務能
夠引導我們改正缺失」。可見早期佛教的政治氛圍，是把
決策建立在所有人的共識基礎上，所以全球宗教議題層面
的各個部分都應需要被關注到。除此之外，在本場會議中
也另外得出這樣的意見：世界的許多人民，皆認為這是全
球化的現象，但實際上是文化西方化，企業組織全球化的
結果。宗教人士必定會擔心，這個環境會很容易產生在靈
性層面上的分歧。還有一個重點，當談到全球倫理的時
候，也會提到不可殺人、不可偷盜等基本戒律。不應誤以
為這些戒律只用能在個人身上，而必須把它們帶到我們處
在的社會、國家之運作當中。若不這麼做的話，就沒有政

府了。另一位講者很有意思，他是來自南非的穆罕默德·卡吉。他在種族隔離時期就試圖發起跨宗教對談了。他說，全世界的穆斯林已經很失望又憤怒，對這種情形我們要怎麼辦呢？他說，在許多情況中，尤其是在「911事件」發生之後，穆斯林都在問他們自己：「穆斯林人口中的極端分子比例怎麼會變得這麼高？」這當然是媒體過度放大而導致的。我們又要如何對抗極端主義對經典的詮釋呢？我們要如何宣揚和平與包容的教義，把這些部分整合到穆斯林文化中呢？我們必須誠實的說，穆斯林對於這麼多的問題感到難過，他們期待改變。穆斯林重視的是正義，而正義包含了社會中每個人都受到公正的待遇。而佛教重視的比較是把每個人當成朋友而使靈性和諧。此外我們也討論到，在一個大多數人因為貧窮等問題而無法顧及靈性的情況下，還能怎樣靈修呢？我們也許以概括性的結論結束了這場對談。但感受到的是，一方面要追求正義的實踐，另一方面則是靈性的實踐，也許這樣兩個傳統能有所交集。穆罕默德·卡吉指出，在極度的政治困境中，南非的各個團體領袖在種族隔離的政權之下，分別進行了抗議活動。然後宗教領袖們發現了彼此。大家聚在一起而真正開始了對話，這是同心合作的真正友誼。所以，有時候非常艱難的處境，可以更快的讓人團結起來，這是在南非發生的事。穆罕默德·阿里巴希是塞拉耶佛伊斯蘭研究會委員，他在談到衝突的時候說，跨宗教對談實際上是攸關生存的事。他非常強調這點，並認為宗教在表面上因為戰爭而相互對立，但實際上是社會菁英在操弄宗教感情，不僅是政客，也包括了媒體和宗教領袖。所以，當暴力被煽

動起來時，我們必須清楚地了解整個情況。這個情況是如何產生的？要怎麼回應？如何回應暴力也是我們在「敵意與善意」座談會中討論的一個主題，更得到不少精闢的見解，例如：「所有宗教追求的目標都是離苦得樂」、「我們的教育必須及早教導孩子們這個價值，如果不早點做的話，有時可能就太晚了」等等意見。

德黑蘭／回佛對談：宗教的責任與其他宗教對話

接下來的回佛對談在伊朗舉辦，我非常簡要的說明。這是紀念摩塔哈里的大型會議裡約一小時的座談，主題是「宗教的責任與其他宗教對話」。如果各位從第一天就來參加會議的話，多少會有個概念，因為談的是跨宗教友誼的美德，這點鼓舞了許多穆斯林與會者。實際上我們談的是跨宗教對話和非暴力。除此之外，伊朗之行的重點之一是參觀跨宗教對話中心。

巴塞隆納／回佛對談：佛法、阿拉與善治

本場回佛對談於西班牙巴塞隆納舉行，主題是「佛法、阿拉與善治」。我們問題是：佛教和伊斯蘭教的中心理念，如何型塑了我們對善治的理解和實踐？當然，在此會議中也產生了熱烈的迴響。

北京／回佛對談：宗教生死觀

本次對談是在北京大學舉辦，對中國人民來說，回佛對談還是一個新的理念。所以，北京大學一開始是有點遲疑的，他們要求了意法師先作個演講，解釋一下我們在做

的事，讓他們自己判斷要不要辦。會議中，來自新疆的穆斯林與會者對我們提出了質疑。他說，你幹嘛要和我們講話。我們的感覺是，你有這種誤解和偏見，可見我們在做的事有多重要。他問的第二個問題是，當你和其他宗教的人談話，他們總是想叫你改信其他宗教，比方說基督教的傳教士，所以，我們幹嘛要這麼好心的試著去了解他們？幸好我們在三天的對談中討論這些問題，而他們的態度也有了轉變。我們本來要到新疆辦對談，但是中國政府不允許，所以取消了。這場會議是由愛瑪仕和平基金會、世界宗教博物館和北京大學共同籌辦的，這是一場親切的對談。我們大致上問的是：我們能從對方那兒學到什麼？我們為何要分享自己的傳統？這場對話的重要性為何？我想在此宣佈，為紀念《人權宣言》六十週年，下一場對談今年九月會在紐約聯合國總部舉行。希望我的談話能使大家對我們在做的事有個概念。

■ 註一：

　　阿卜杜勒赫曼‧瓦希德（Abdurrahman Wahid，1940年～），印尼政治家，民族覺醒黨黨員，曾任印尼總統（1999～2001年）。 先祖陳金漢，乃伊斯蘭教長老。瓦希德在當選印尼總統前，身為「伊斯蘭教教士聯合會」（Nahdlatul Ulama）領袖長達十五年，一向以宗教包容力與政治中庸之道的形象贏得輿論界好評。由於先祖為閩南人之故，瓦希德至今仍會說一些閩南話。

議題二：

善意與敵意：
宗教對待他者的態度

▼ 回佛對談

馬孝棋

　　就我個人身爲穆斯林的觀點來看今天善和惡的主題，以伊斯蘭角度來說，如果不了解人的本質，我們無法理解善和惡的存在，善和惡本來就存在於我們的生活裡面，那麼人被造，帶著善和惡而來，所以我們本身每一個人都有一個工作，就是化敵爲友，就是抑惡揚善。在我們的歷史裡面有很多人物，如穆罕默德聖人，他是我們抑惡揚善化敵爲友的榜樣，在他二十三年的使者生活裡面，他記錄了很多，其中有一個故事，當他對多神教徒族群去宣教的時候，受到了很大的污辱和傷害，然後他離開了那個地方，後來他一個人在樹下想著，他的感覺是很痛苦的，當時眞主的天仙來到他的面前說：「我知道你的感覺處境，對於剛才所發生的事情你有何看法？」天仙又說：「如果你要我去毀滅這個族群的話，我毫不猶豫的會幫你達到這個目的，你的看法如何？」我們穆罕默德聖人說：「我們要寬恕他們，我們要讓他們有機會，或許在他們之間、甚至在他們未來的後代當中會學習到伊斯蘭，也會學習到文明，所以我的決定是我們要寬恕他們，我們要包容，我們要給他時間。」從這個角度來看，人是我們大家共同生活在一

起的祖先，在這樣一個情況之下，我們必須要完成一個工作，就是相互包容，相互給對方時間，然後共同地為人類所遭遇的困難和災難好好的去改善它，我今天先說到這裡，如果有機會我們再繼續討論，謝謝！

釋心道

　　非常感謝大家的討論，釋迦佛沒有證悟以前，他去學習九十六個不同的宗教，他沒有排斥任何一個宗教，在印度有大學也是集結了各種宗教的學習，所以佛陀學習九十六個宗教，那我們做他弟子的這些人也應該要同樣尊重和學習的。對我來說，我是十六歲時碰到一個伊斯蘭教的朋友，那時候當兵，我吃素，他也是，他常常用寓言來指導我，所以說從那時我對穆斯林就有很大的感恩。後來，當我們做博物館時，我們去參訪土耳其，結果受到伊斯蘭教團體「Zaman」熱烈的招待，所以我跟「Zaman」組織的關係一直到現在，彼此都會有一個感恩的心。我常常在拜訪當中，因他們虔誠地而感動於心，跟佛教打坐很像。剛開始我跟馬教長不熟，他對我亦有所忌諱，後來愈來愈熟馬教長便把他的忌諱說出來，我就會因理解而尊重他。我也到南非拜訪，剛開始時那些穆斯林也因不熟悉，而對我們有所防備及疑問，但是，等到我們說明蓋博物館的來意後，他們覺得為了和平做這一件事情是很好的，所以由原先的猜疑，轉為熱情且賓主盡歡，他們的熱忱真誠令我感動。我們佛教五戒之一就是不殺生，不可以對眾生的生命不尊重，如果佛教徒做了就違犯了戒律，所以我們戒的第一個就是和平的，只要摻雜了政治我們的問題就很

多了，當然我們佛教也不例外有政治問題，但不殺生是佛教和平體現，我想宗教的理念應該都是相同的，尤其在全球化的今天。在這大融合的時間裡，我想再提個一點，佛陀去學習九十六個不同的宗教，最後他也從這裡去覺悟去成就，所以並不是說你什麼都沒有變，你還是學習到了成就自己的一個智慧，每個人在跟各個宗教在一起的時候，它是智慧的成就，並不是會爆發差異，我想差異可能都是在儀規上，那麼內在的呈現我想是慈悲和智慧的。這點一定是共通的地方。我想我們跟伊斯蘭教長期以來一直做這種良好的互動，我們討論的目的也是希望達到愛、和平、地球家。在二十一世紀資訊多元化的當中，以及在一個沒有辦法選擇依靠和方向的時候，我們宗教是不是可以堅持，能夠領航，帶領人類遠離痛苦，這是我一直在發願也想跟大家一起分享的，謝謝！

釋了意

我想就是今天先跟各位外國朋友介紹在場的這些聽眾，很多是心道法師出家的幹部，他們來自全省。當然，也有其他的外來聽眾。心道法師在臺灣信徒心中神聖崇高，因為他有一顆純真的心。我希望各位在下一場能夠主動去拿耳機聆聽對話，因為做為全球化的一分子我們都希望大家能參與，不管是聆聽或對話。有關回佛對談系列，是以1999年的南非開普敦大會為契機，這是師父跨出與全世界不同宗教對話的第一步。雖然，很多結構性、系統性的挑戰可能有政治經濟等問題存在，但是宗教是發自於無私心、無我之善的本質而來，當我們要做回佛對話的時

候，我自己覺得非常有使命感，因為「911事件」的那年，同時也是我們世界宗教博物館開幕，當中給我們這裡不少的相關人員，帶來極大的衝擊。讓大家都深刻瞭解到，宗教對話的迫切性與重要性。如何讓宗教所造成的「敵意」轉化成「善意」，的確是目前全球化下，亟需面對，並解決的問題。

只要繼續朝這個方向努力、前進，不但更了解他人也更了解自己，心道法師希望在回佛對談中我們有更多的機會讓更多人去了解，我們是去創造緣起，有句話是這麼說的：「佛度有緣人。」這意思並不是釋迦佛去選擇有緣或無緣的人事物來度，而是他要去度化眾生的時候要有一個緣起，就像我們的回佛對話，我們可以互相學習，可以創造為人類服務的契機和可能性，謝謝！

▼ 現場迴響

觀眾

大家好，可能今天的觀眾席中只有我是伊斯蘭教徒，而且我的年齡最大。看到佛教的法師舉辦這麼多場會議非常使我欣羨，我們伊斯蘭教徒沒有敵意，孔子說：「人之初，性本善。」人生下來就是善的，先知穆罕默德也是尊重善行，尤其在臺灣，從沒有聽說過宗教之間發生衝突，宗教發生衝突都是在世界其他的國家，這個原因在那？中國宗教協會是由佛教、基督教、天主教、道教及一貫道等十一個宗教所組成，每年都有聚會，大家有意見就會在那裡解決了，所以，我向世界來的各個宗教領袖報告，臺灣

的宗教沒有敵意只有善意，互相合作、互相促成，所以臺灣才會有和諧繁榮的社會。

觀眾

　　很高興今天能來參加這個會議，我本身來自於佛光大學宗教研究所，我認為若只透過不同宗教專業學者的號召，好像有點紙上談兵，但若透過對信眾影響力極大的宗教領袖對話是比較有實際成效的，因為他們是最直接面對信眾，他們的思想直接影響信眾，如果宗教領袖沒有先對話的話，我想這樣的路是很漫長，甚至會面臨到有花沒有果的過程或結果。所以，我想最直接以及最快速的一個方法就是透過各種不同宗教、不同僧侶或修道者們的對話，尤其我們臺灣每年都辦齋僧，我們的臺灣信眾都非常熱忱邀請不同宗教的修道者、僧侶到臺灣，由我們來替他們辦一個齋僧，透過實質的交流，進而回去傳播並關懷世界。

議題三：
回佛對話未來的重點議題

馬孝棋

　　心道法師，還有我們在座的國內外朋友，在進入「回佛對話未來的重點議題」的正式會議主題部分之前，我想先跟大家分享的是有關我們穆斯林在臺灣如何跟其他宗教相處，尤其是跟佛教之間的相處。這邊要提到的部分，是跟世界宗教博物館這個區塊所做的努力過程。

　　基本上伊斯蘭是信真主阿拉的宗教，整體來說，除了敬拜阿拉以外，最重要的是，阿拉叫我們人與人之間要合作解決困難。伊斯蘭人口在世界有十四億，在臺灣有六萬名穆斯林，在中國大陸有二千一百萬，所以見到穆斯林的機會很多，但是往往大家不太認識，所以我們被稱為「熟悉的陌生人」。因此，我希望透過對話來相互了解、相互認識。伊斯蘭對宗教的立場是什麼？這是很重要的。阿拉說：「你們不要辱罵他們的偶像以免他們過分或無知辱罵阿拉。」這邊很清楚地，阿拉交代我們穆斯林絕對不要去罵人家的神，反之亦然，表示我們宗教立場非常明確，真理自在我們個人的心裡面，但是濟世救人這點是我們共通點，各宗教有自己的信仰，但是我們彼此相愛是責任，以《古蘭經》第三章一百一十四節為例，穆斯林確信阿拉和後世，相互勸勉要做好事不做壞事，要爭先地大家比賽努

力做好事等等，又說：「你們不可以殺任何人，除了防衛以外，凡是你們救了一個人等於救了全世界的人，你們殺了一個人等於殺了全世界的人。」可見，阿拉對人類生命是非常重視的。伊斯蘭濟世救人的觀念在《古蘭經》中有多處提及，今天面臨的困難不是你，也不是我，而是來自天災人禍，我們面臨很大的天災就像四川地震、南亞海嘯一樣，會無時無刻奪走我們的生命財產，因此我們最大的問題就是天災人禍，人禍來自個人的欲望，因此當我們面臨天災人禍的時候，我們心裡想的就是考驗，考驗著我們，阿拉告訴我們要抑制欲望，所以伊斯蘭的概念是非常清楚的。再來看我們穆斯林在臺灣的情況，因臺灣的宗教環境非常自由，所以伊斯蘭教能夠與其他宗教和平與共。我們人通常會刺激對方造成仇視，事實上的確有不少人士因不瞭解穆斯林的宗教文化，而產生仇視，使得穆斯林被羞辱後產生極為負面的情緒。在這裡舉個我親身體驗到的例子，我女兒在小學四年級時，他的老師跟他說你爸爸是穆斯林，你爸爸在清真寺上班，清真寺裡面有沒有恐怖分子？第二天他又把我女兒抓來，你爸爸血液當中是不是有恐怖分子的血液？她回來跟我講我們是不是這樣子，我說不是，你不要給他誤導了，我們是好公民；再舉一例，臺灣的《中國時報》過去曾說穆斯林就是殺人的武力傳教，連丹麥的報紙都說穆斯林是戴著頭巾去殺人。事實上，我們不是這樣的，這樣仇視穆斯林、誤解穆斯林的現象屢屢發生。甚至連西方文化的消費商品耐吉（Nike）球鞋都把阿拉的名字放在鞋底下，伊斯蘭的尊嚴是不應該被踐踏的。穆斯林基本上是愛好和平的，「伊斯蘭」本身就有和

平之意，它要我們人類刻意壓抑著情緒，如何把情欲私欲給克服住就是今天做為人的功修，但私欲會爆炸，來自自己或他人的挑釁與刺激，所以伊斯蘭的工作就是服從阿拉，然後要克制自己，好好地工作並疼惜我們的萬物。今天借用一些時間趁著此機會讓大家多認識伊斯蘭，非常謝謝大家！

主持人：白詩朗

接下來，讓我們來開始第二次的圓桌會談。請各位來想想看未來要講的重點題目是哪一些，日後我們都可以在回佛對談裡來討論。稍早談到的許多問題都可以持續進行，每一個討論和對話都有其獨特性，都是很特殊的，因此回佛對談跟佛教、基督教、印度教對談都會是不一樣的。今天的機會非常難得，有兩個來自不同傳承的代表共同參與，來討論一下我們能夠做的、可做的、能夠討論的有那些？提供我們未來的指導原則。

盧本・哈比托

首先，我要感謝馬教長，您的報告非常精彩，讓我們瞭解了一些關於穆斯林在臺灣和中國社會所被認知的背景情況。我們今天也看到了有敵意也有善意的一體兩面。這裡面溝通互相的誤解是很重要的，溝通你的偏見，我們克服我們的敵意也這是很重要的。這裡我想要談的就是，不管我們來自於哪一個宗教或傳統，我們這些負面的作為其實是在侮辱其他人認為神聖的東西，所以，造成這樣行為的原因是我們必須要來探討一下的。在佛教及其他宗教的

傳統下，大家必須要能團結，尤其是在穆斯林這個社區。發現了這個狀況，我們必須把整體融合這種現象表現出來給別人知道。這讓我想起來在美國「911事件」悲劇發生之後，有很多穆斯林社區被威脅，因為有很多人對穆斯林生氣，他們甚至不了解穆斯林是怎麼樣，他們只是看到穆斯林這樣的族群就生氣。有些纏頭巾留有鬍子的人，都被認為和「911事件」有所相關而被一般人訴諸於暴力。所以，有些基督、猶太教的社區，甚至於其他文明社群，告訴伊斯蘭教的兄弟姊妹：「我們願意保護你們，不讓其他人對你們暴力相向。」這樣的團結藉由邀請穆斯林進入家中展現出來了。他們對穆斯林說：「如果有危險你們可以來我們家，分享我們家，你們會覺得受到保護。」這類善意的展現，把不同的差異以一個橋梁溝通起來。在以佛教徒為主、伊斯蘭教社群為少數民族的一些社區，佛教徒也可以做很多像這樣團結的展現。這些善行展現出來，就充分代表我們是地球一家的概念。

吉姆・斐德里克

我希望可以說這個問題僅僅只是無知，然而我認為這個問題可能比無知來得更深層一些，在此先不討論，我在這裡要講的是，無知的確也是造成問題的原因之一，所以教育可以提出某些答案來。在座的各位大部分是在大學任教，所以我想提一個問題：我們怎麼以教師的身分、在大學工作的身分，提出貢獻、提出解決方案或是對於馬教長提出的問題可以提出方法，以學界的觀點來談這個問題點的所在。

慕尼爾・季瓦

　　我想其中一個主要的問題是我們大眾媒體的代表性，如同我們剛剛聽到馬教長所提的，或是過去幾天聽到不同朋友所分享的，大家可以知道，對於伊斯蘭教或是穆斯林的認知及了解，其實在全世界都被誤解成是暴力恐怖分子、父權至上的形象，這些都是大家在聯想到伊斯蘭教的一個框架架構，然而在全球化的過程中，有一部分是媒體一而再再而三的持續重複這些無知和誤解。

　　就某方面而言，我對於持續看到這件事情的發生並不出人意外，而感到驚訝。我認為同時身為宗教信仰者和學者有一個矛盾，我們相信人們有表達的自由，但是同時也得面對媒體對於宗教的冒犯。一方面，我們相信人們有自由表達的空間和環境，這是具有合法性的；但是另一方面，當我們認為這些媒體影像可自由出版的同時，我們也在做一些形象控制，我們開始有了對談，我們嘗試把社會大眾聚在一起，告訴他們這些形象是不可被接受的。

　　所以，我認為我們應該也要有關於這些矛盾的會談，一方面是要強調我們有言論自由，另一方面，我們要嘗試對抗這些矛盾。我認為宗教界的人也應該進入一些媒體組織，因為，大部分我們看到的宗教傷害通常都是間接的。我們常常談到媒體所塑造宗教的形象，有些對於我們來說是感到受冒犯的。

　　我的建議是，去思考我們所持有的宗教和學術界兩種角色，如何藉大眾媒體終止此矛盾。

釋慧空

　　我非常同意前面幾位的發言，個人認為基於宗教和對於其他宗教的容忍，好好教育社會大眾和信徒，是相當重要的。我們必須要求學生在接受這些媒體的時候，要具有批判性的思考，尤其是面對電視媒體的時候。因為，大部分的媒體是由少數財團所壟斷，尤其是跨國財團，幾乎所有這些資訊，都是由一些特定團體所傳達出來，特別是當有經濟利益在背後的時候。所以這些資訊，比如說阿拉伯人的代表象徵絕非偶然而來，其中有一些隱藏在背後不為人知的資訊。我認為「壞阿拉伯人」（Reel bad Arabs）這部影片可以作為很好的說明，這是一部在美國好萊塢拍的記錄片。其製作人看了上百部從1930年代開始，有關阿拉伯人的電影，其中幾乎都是很負面地把阿拉伯人塑造成很壞、危險、有威脅性及很笨的形象，這部記錄片很清楚地說明了這個形象絕對不是意外的產物。我想先知穆罕默德可能是阿拉伯富有同情心的唯一代言人，當然事實上他絕對不會是唯一，但這卻是一個說明媒體如何運作的例子。由此得知，我們所獲得的資訊並不總是客觀公正的，所以當我們在接收媒體資訊時必須小心，注意這些訊息是否由特定利益團體所控制。我在自己所執教的天主教大學裡，每年都有做相關調查報告，而聖地牙哥大學更是早從1911年就開始了。所以我們每年都會請不同的代表來跟我們分享他們的傳統，例如，你可以看到穆斯林在天主教教堂中祈禱，這是相當令人動容的。雖然這也許只是象徵性的，但能以開放的心了解面對不同宗教文化和傳統也是很重要的。透過這樣的宗教對話或是一些婦女、倫理等不同

議題，把全世界的宗教綜合在一起，讓大家能夠真正打破宗教間的藩籬，也釐清對彼此的誤解和刻板印象，我想這是很重要的。

白詩朗

　　在1980年代中期，我記得那時候我在加拿大的一個聯合教會裡，擔任多種信仰對話秘書，有一天我在辦公室裡，接到加拿大警政署的電話，他問我說：「白詩朗教授，我知道你的專業是跨宗教，我有一個困難的案子想要和你請教，請問你認不認識一些伊斯蘭教徒的領袖？我們接到一個報案電話，有一個年輕女性的丈夫過世了，他們家族中其他的人持續性侵她。」報案後，警察來了，然而加拿大的警員都訓練的非常好，他們被訓練懂得尊重不同種族宗教和文化，當他們到那裡的時候，家裡面的男人說這是我們家裡的事，這是我們穆斯林的信仰，當丈夫死掉的時候，這個遺孀就是家中其他男人的財產。他就問我說這個是事實嗎？我就告訴他這絕對不是真的。於是我打電話給一位伊斯蘭教界資深領袖，也是學術界專精於穆斯林的有名學者，我們隨同警察一起到受害人家中，拯救了這位年輕的婦女，同時也逮捕了四、五位男性，控訴他們性侵的犯行。

　　在這個事件之後，伊斯蘭教的朋友跟我說，我們很高興警察會打電話給你，因為他打給你才會聯絡上我們，這對我們未來的互動是很好的。但是同時他們也認為身為一個伊斯蘭教徒是很痛苦的，因為為什麼這些高雅正直的人會真正相信，他們的宗教是教導他們虐待這些婦女。這些

無知和忽視所造成的傷害眞的是要人命，雖然這些警察非常努力想要拯救這位婦女，但是多多少少人們在看這件事情的時候，背後所隱藏千百年來在內心深處對於伊斯蘭教徒的形象，認爲也許伊斯蘭教徒的教義眞的就是教導他們做這些壞事。

在每一個對話中都會有不同的感受，我總是覺得佛教和基督教的對話是相當歡樂的。我有一些斯里蘭卡的朋友，他們對於跟基督徒的互動有一些問題，但是大部分的基督徒和佛教徒之間的對話都是非常順利的。所以，我這位伊斯蘭教教長朋友就說，通常我們在教育的過程裡面，我們的對話通常是從無開始，所以從一無所知開始的時候，我們學習是要透過一個教育的體系，但是伊斯蘭教跟基督教的對話從1987年開始都是非常負面的，那我寧願大家對穆斯林是持客觀的態度，因爲一無所知還比較好。但是我發現基督徒對於穆斯林，或者是穆斯林對於基督徒的看法其實是南轅北轍的，這裡不只是無知，而是這些人自以爲了解對方的宗教信仰，這一點對我的衝擊也很大。

所以，我們不只是要思考好的事情，除了這些可以和當代社會分享的美德之外，我們也要認知現實的社會，如同剛剛馬教長給我們看到的，其實有許多負面的觀念和潛意識，在我們心中其實不那麼具有建設性、積極性和正面的，有時候就是誇大了其他宗教的弱點和誤解。

這個故事不只是可怕的故事，也帶來了極大痛苦，特別是穆斯林們也很難以置信，這些有教養的加拿大警方，卻會誤以爲這麼偉大的一個宗教信仰，竟有這樣一個錯誤的教導。

慕尼爾・季瓦

在這裡，我想講一個簡單的例子，我去年有一個學生，她專注於女性在宗教中的研究，有幾堂女性主義的課，也有來上我伊斯蘭的課，她跟我說她很難理解穆斯林女性是這樣被對待，並舉例子說明女性在清眞寺是如何被隔離的，她認爲如果男女間平等的話，應該是能夠分享共同的空間。我想所謂平等，不同宗教有不同解讀。之後，我們帶這位學生去拜訪清眞寺和博物館，她參加祈禱、實際體驗過後，就完全改變了她女性主義的解讀，她本來認爲平等就是男女一起在清眞寺禱告，後來她觀察了整個禱告的過程，她就不再有這個想法了。因爲，實際上禱告的過程，是需要某些特定的姿勢，這些姿勢如果在男女混合的情況下可能並不恰當。即使她看了很多的教科書，實際上去清眞寺的體驗才是最重要的，她不僅僅是參加了儀式，還形成了不同的看法。因此，要瞭解其他人的宗教，是要親身去做體驗的。

吉姆・斐德里克

我想要回應馬教長剛才第一個論點，如果輔仁大學的天主教神學教授可以開一些類似的課程，讓學生從影片中了解宗教，或是把學生帶到世界宗教博物館一起討論影片、作一些交流。有一部電影叫作贖罪（Atonement），我不清楚這部片子在臺灣有不有名，但是這部影片名副其實地呈現了道德的進退兩難，並且也可從其中了解基督徒和佛教徒的觀點。如果年輕的佛教徒和基督徒可以一起來討論這部影片，這將會很有趣。我非常興奮可以聽到不同

的角度或者看法，我想也可以邀請佛教的學生、天主教的學生大家聚在一起互相討論。臺灣的天主教學校和佛教學校可以從教育和宗教的角度來作一個公開的探討，這將會是一個很好的例子。

派瑞‧史密特‧盧科

我還在想我們下午專注在未來回佛對話的重點議題，大家也很清楚，未來我們也不能忽視跟穆斯林的對話，特別是在現今我們和伊斯蘭教徒有許多緊張對立的關係，我想彼此的對話和互動都是很重要的，我們必須一起坐下來探討，我們對於彼此之間的想法。我也想和大家分享我的看法，從我的歐洲背景來看，我想要跟馬教長保證，歐洲也有許多激進態度和活動是反基督教的，無論是藝術或是報紙媒體，甚至有一些表演都是在嘲弄基督教、耶穌的，這也絕對讓基督徒的信仰備感侵犯，所以這些事情不是只發生在伊斯蘭教上的。當然，這也是我們一直在思考的問題，到底言論和行動自由是可以達到怎樣的極限呢？

如果說被嘲弄的基督徒身處於基督信徒為大宗的社會中，這些反基督的行動比較容易去承擔，而我認為基督徒能夠也應該要忍受這些事情。但是我們完全可以理解伊斯蘭教的狀況是截然不同的，穆斯林在很多地方都是少數族群，如同馬教長所提發生在他女兒身上的事，這全然是一個被威脅的例子。達賴喇嘛過去時常在公開場合宣導大家不要對伊斯蘭教有錯誤的觀念，要有正確包容的心態。而其中最重要的是，以伊斯蘭教為主的中東國家，也越來越多在宣導要尊重非穆斯林的人，伊斯蘭教義並不是要來迫

害其他人，尤其是對住在當地的非穆斯林要有適當的包容，這是阿拉所教導的。透過穆斯林和佛教徒的對話，不只能夠指出穆斯林受威脅的處境，也可以帶出伊斯蘭教的另一個新層面，這個新的層面是可以改變過去伊斯蘭教被媒體汙名化的負面錯誤形象。我想這是一個很好的方法，不僅讓大家知道伊斯蘭教被賦予的錯誤形象，也可以讓大家看到伊斯蘭教中的智慧和富裕心靈。這裡最重要的原則就是言論的自由、宗教信仰的自由，縱使有不同信仰，我們還是需要對彼此尊重。就好像馬教長對女兒說：「我們其實是善良的人。」這個對話其實是一個很好的機會，能讓全世界看清楚穆斯林美好的一面，對抗媒體所傳送對穆斯林的負面觀感，這是我們應該做的。

釋慧空

　　這個想法聽起來還很不錯，對於未來的方向我認為有些原則和觀念也是很重要的。我們剛剛所談到的有些錯誤形象後面所代表的意義，也就是說，為什麼有些人他們會對不同宗教有這些錯誤不好的觀念、負面形象，此外，我們要看看這些事件是如何引起的、要怎麼解決。其實不只有伊斯蘭教，在佛教的領域裡面，也有很多類似的狀況。有些人也許知道，最近世界上各地有很多旅館在酒吧中擺設佛陀雕像，他們稱之為「佛陀酒吧」，很多雕像都非常巨大，所以這絕對不是偶然隨便放在裡面。這樣解讀佛教信仰讓很多佛教徒感到非常不舒適，因為這裡面包含了崇拜偶像的概念，而佛教是不崇拜偶像的，我們該澄清這樣明顯的誤解。就像基督教十誡的其中一條，也是禁止崇拜

偶像，這對佛教來說是同樣重要的，也是我們必須來討論的。我覺得最糟糕的案例就是美國知名廠牌推出上面印有佛像的比基尼，這是最糟糕的羞辱。另外，也曾經有一個好萊塢導演，拍了一部和佛教有關的電影，而電影的海報是導演坐在釋迦牟尼佛的頭上，這確實對佛教徒是一個羞辱，不過當他知道此行動是一個羞辱俊他馬上道歉，他其實是無知、並非故意的，所以這個誤解是需要大家溝通解決的。

釋心道

　　對宗教的不尊重，現在把宗教市場化，變成商品，把任何東西都當做商品，所以這就是全球化的問題，那麼全球化以經濟的消費把宗教當做促銷的動機，想利用各種方法讓它的促銷能夠成功，我們對媒體是否能有個法律或聲明來防止這些情況的產生。我想我們討論這個回佛或各個宗教等議題，我可以從每個宗教類似於總部的機構去教育引導，追求宗教間的和平。若每個宗教從領導開始推動教育，衝突性就會減少，不是由上而下推展，也只有開會參與的人才知道，如果沒有資訊、不注意宗教尊重，並包容愛，尊重信仰從宗教本身教起，經濟的全球化並非我們可以阻擋，我們的心，要去包容尊敬，所以彼此就有學習，事實上，宗教和宗教之間界線拿掉是非常趣味和快樂的，因為不同文化，就像一種花可以呈現不同的模樣，宗教的花開滿了我們的世界，我們都喜愛它，這場對談有專家說從觀賞宗教的影展著手，開放宗教團體學生間的對話，以前沒想到，現在也許可以想想看怎麼做；之前，我們為了

聖地參訪去北非一趟，那也是伊斯蘭教跟我們對談。即使這個地方是伊斯蘭的地區，但過去更可能是天主教信徒的居住地，這個世界並不是永久不變，是很無常的，所以我們就不要執著。今天最可怕的是戰爭與天災，我們的宗教可以把和平從社會學的領域開始推展，這對環保也有很好的動力。總之，我們的阿拉，我們的上帝，我們的佛或我們所信仰的，都是要幫助世上的所有人，謝謝！

慕尼爾 · 季瓦

　　謝謝師父，我想要再回歸到某一些我們剛剛談的這個議題，就像派瑞 · 史密特－盧科教授所建議的，穆斯林可以怎麼樣來更加善於表達他們自己，比如說，丹麥的卡通有講到一些關於穆斯林的問題。那常常我們會考慮的一個問題就是暴力，對暴力的反應；有的時候我們認為這是宗教的暴力，也許是穆斯林去發動的暴力或者是伊斯蘭世界所發動的暴力。但是，我們實際上從沒有把暴力放到不同的脈絡裡面，他們一直看到了這些現象，所以出自有這樣的反應。又比如說，有一些大使要求正式的道歉，但當局政府拒絕道歉，這其中有很多的紛爭和矛盾。我們知道有一些宗教社群的話必須要謹慎地回應，並透過教徒的反應，來注意他們與當地媒體的互動是否達到觀感的平衡。就如一些互相矛盾的報導是容易引起不快的；這跟宗教社群之間的想法差異有關。那麼，如果我們有一個正確的反應，這些少數的族群會覺得他們有受到一些保護。

　　事實上，在伊斯蘭教的世界有一些先知他們的講法並不總是那麼能夠具有代表性，不能夠完全代表伊斯蘭。有

一些先知他的講法要看他當時的意思怎麼樣；丹麥這部卡通本身並沒有講到人和先知之間的密切關係，也沒有談到先知他們是神聖且不可接觸的。事實上卻是全然相反的，對於穆斯林來說，先知就像是一個家庭的成員之一，是很親密的關係；也就是說如果你對先知不敬就等於對他們的家人不敬是一樣的。我們知道《魔鬼詩篇》（The Satanic Verses）（註二）這本書引起了很多穆斯林的不滿，作者塞爾曼‧魯西迪（Salman Rushdie）一開始無法想像為什麼這對穆斯林來說是受到冒犯的。幾年後他在紐約參加一個宴會，有一個新聞記者對於他當時的未婚妻作了一些不好評論，包括她的穿著打扮等等，這使他受到激怒，並威脅這個記者。我用這個例子來說明，我們總是認為有宗教信仰的人比較容易受到傷害，但其實這是每個人都可以感受到的。當別人開我們家族裡面人的玩笑時，這是無法忍受的。所以我們講到表達的自由，言論的自由，講到對愛的自由，其實有時候必須要有一個界線，且不能夠越界。

在美國我們知道說某些笑話在道德上是不可以的；比如說，對非裔美國人的玩笑就是不恰當，這會有種族偏見的產生。但是，面對宗教我們卻有一個矛盾的作法，因為我們處理宗教等問題，是一直延續著歐洲傳統的方式。人們必須忍受，這就是基督徒所學的。

現今多元化的社會，有不同的宗教傳統，在他的傳統中哪些是可接受、哪些是不能接受的，這些不應該屈服於基督教的脈絡底下。事實上，有些對於基督聖像的玩笑逐漸被接受，當然，這是以社會、政治、歷史的考量層面來說。所以，當講到宗教議題時，我常常發現某些作法讓宗

教界是會覺得很痛苦而不能接受的；我們必須有責任把這些放到我們討論的脈絡裡面，來瞭解說為什麼我們這樣開玩笑有些人會覺得受傷、有些人會覺得不可接受。

最後一部分，我從不問有些人他們為何要把這個影像出版？如同從不質問藝術家一樣，我們保護他們發表言論的自由。有人曾開玩笑說為什麼穆斯林早上到晚上都要有禱告？可見我們總是只專注在穆斯林的暴力問題上，這些很多都是媒體的問題，所以我們必須了解，並同時對多數人要保護少數人的看法跟權益負起責任。

■ 註二：

　　《魔鬼詩篇》（The Satanic Verses）是一部被伊斯蘭教世界視為禁書的名著，作者塞爾曼・魯西迪（Salman Rushdie, 1947年～）出生在印度孟買的伊斯蘭教富商家庭，並在英國求學。十八歲的魯西迪進入劍橋，獲英國劍橋大學歷史學碩士。曾撰寫一篇有關穆罕默德的報告〈Muhammad, Islam, and the Rise of the Caliph〉，在這篇報告中，魯西迪改寫伊斯蘭教創立史的歷史背景，作者並將這些獨特的見解，改寫編入《魔鬼詩篇》。

　　《魔鬼詩篇》是一部以魔幻現實手法寫成的宗教反諷文本，魯西迪挖苦宗教的癖好在這部小說中發揮得淋漓盡致。書中開頭以兩個中年男子從一部空中爆炸的飛機向下墜落，離奇而爭議的故事發生在一個刻意取名與真主首席天使同名的英吉列（Gibreel Farishta），和一個同樣刻意與穆罕默德諧音的商人魔罕德（Mahound）之間。實際上，「魔罕德」是一個極度敏感的字眼，它一直是中世紀以來歐洲宗教劇本用來諷刺穆罕默德的「穢語」。魯西迪似乎刻意挑起十字軍東征以來基督教和伊斯蘭教之間的新仇舊恨。此外，書中以倫敦為故事背景，充分刻畫移民或流亡異鄉的離散族群在文化認同過程中所遭逢的掙扎與異質文化適應問題。

　　然而，出版史上，從來沒有一本書像《魔鬼詩篇》那樣，奪去非常多人的性命。自1988年，它在英國問世以後，因書籍的爭議性過大，導致許多穆斯林強烈的抗議，甚至遭致伊斯蘭教什葉派領袖柯梅尼下達全球追殺令。所引發的「事件」從歐美、印度到日本，造成的死亡人數已超過六十人，傷者數以百計。其中有譯者、出版者、燒書者，還有更多完全不相干的人。魯西迪在經歷為躲避追殺而長達十餘年的隱居之後，現定居美國。

瑪西亞・赫爾曼森

　　我想要回到我們一開始所談到的對於未來的想法，在此我有兩個建議，我希望是從一個積極、有動力前進的角度來談。剛剛我在世界博物館裡參觀的時候，我有一個很深刻的感觸，也就是對於生命的輪迴——出生、成長以及死亡的一個輪迴，我覺得生命的過程與生命週期的表達也是提供我們彼此對話基礎的一種方法。例如年輕的學生，他們來到這裡時可以看到現代觀感對於宗教的挑戰和信仰的質疑，也能來彼此分享或者是探討死亡之後生命輪迴的問題。那也可以藉這裡來看看也許我們在生命當中忽略了什麼、錯過了什麼，我們的社會如何能夠透過這樣的一個宗教教育使生活更多采多姿、更有價值。

　　另外一個想法就是派瑞・史密特-盧科教授剛剛提到的，伊斯蘭教需要宣導一下他們信仰的宗旨、教義與美德；讓大家能夠從潛意識、良知裡面重新的來認識伊斯蘭教徒。透過這樣的一個對話、一個互動，從不同的環境我們可以看到在傳統裡面有很多好的範例。伊斯蘭教的世界裡也有很多好心的穆斯林，他們的義工做了很多的善事來幫助其他人。所以這些都是需要做宣導的，不只是透過不同的架構、不同的方式讓大家來複製那些好的美德、好的典範，而要進一步建立一個基礎，來讓不同的機制、宗教彼此交流他們的資訊。那麼，每一個人才能夠在他們現有的生活裡面、生命當中彼此包容、彼此接納；特別是許多人過去一直對於伊斯蘭教義這個宗教信仰的漠視忽略及污名化等等；當然，對於其他的傳統、其他的文化和宗教，我們也都需要給予相對的尊重。當然也需要去透過媒體、

透過媒介的方式來讓大家能夠有更好的觀念。這就是我個人的想法。

派瑞・史密特・盧科

謝謝瑪西亞・赫爾曼森教授，我覺得你剛剛所表達真的很棒，你整合了一個所謂佛教跟伊斯蘭教的對話裡，其中的構想、理想是透過這樣對話讓大家來瞭解並且認識一個真正的穆斯林和他的生活方式。而對穆斯林來說，他們也可以看到佛教的美德、美好的精神及所要傳達的意思。我覺得你剛剛講的這個理想、構想真的是非常好。

白詩朗

我覺得我們大家今天樹立了一個很好的典範，也就是對於《古蘭經》裡面的一些教義以及佛家的教義裡面都有很好的美德。我們在透過這樣的一個對話、座談，也證明了不同的跨宗教之間可以有很好的對話，給彼此很好的學習、教育。謝謝大家的參與。

白詩朗

　　我一再地回想到一個問題，也就是從學術的角度去看，我們有責任在我們的社區、團體裡面，以一些具有創意的方法來解釋我們是怎麼樣被別的團體來看待，以及彼此對待事物的不同反應。對談的突破是始於人性之間共通點的認知，但是真正的對談則開始討論你我之間的不同。了解人性之間的共通點是很好的，但還是必須要瞭解為什麼我們在跟人家互動的時候，他們的感受會跟我們的感受不一樣。而這是我今天所學到最大的一個功課，謝謝。

馬孝棋

　　我的看法是，世界宗教博物館是我們臺灣最好做各宗教互相學習甚至教育的地方，因為它具備產地還有文物當做現成的題材，這種連續性的宗教領袖意見可以做一種長期的安排，然後將它錄製起來做成精簡的影片放在博物館某個醒目的地方，用不同的宗教內容來做專題，可以做為世界宗教博物館的資產保留下來，一直流傳下去，讓我們後人都能夠看到先人們的努力和建議。我個人再次瞭解到困難是永遠不會消失的，但我們也很有強烈的信心不能退縮，要不斷繼續做下去，謝謝！

派瑞‧史密特‧盧科

　　我今天學到的寶貴的功課是讓我更能夠敏感地瞭解到佛教及伊斯蘭教之間的對話不是只有在學術界的殿堂可以談的；事實上是在全世界各地到處充滿了衝突、充滿了壓抑以及充滿了紛爭的社會裡面，到處都需要對話的。同

時，今天早上所談的對話，也就是從敵意到善意，這也是我在思考的。這的確是一個好的、對的方向，但是我認為僅只如此還不夠，如果可以的話，我們應該超越善意到達友誼，謝謝大家。

游祥州

　　回佛對話進行到現在這是第九次，像心道法師剛才提到的，一個花園中有種種不同的花，比喻的背後是在提供一個思考哲學。所以，我想在華嚴世界，一種花會非常的單調，怎樣用華嚴思想去欣賞不同的花？另外一點，我覺得，每次一進世界宗教博物館我們抬頭一望滿天的繁星，告訴我們要包容不同的智慧，這種轉換正是現在所需要的，所以我覺得回佛對談是非常成功的平臺，謝謝！

慕尼爾・季瓦

　　瞭解互相的對話有很多不同的層次，有僅僅是認識彼此這個層次，還有研究的層次、討論我們的信仰和社會行動的層次等。對我來講這次的經驗非常難得，我不只是在佛教朋友的演講中有所收獲，在一些非正式的場合我也學了很多、體驗了很多，我認為這也是對話、理解的一個部分。有很多人自願在這地方服務，這些都是一些倫理的承諾，對我來說也是一個學習。這些也是希望的一切象徵。當然，我們的文字講了什麼，我們經典上又說了什麼？這是需要再去討論的，我們同時也要來從傳承的另外一個層面來看，為了大家共同的善跟好，我們能夠做些什麼？所以，想就跟各位提出來做這樣的一個分享。另外，參訪世

界宗教博物館，也讓我得到非常多的體驗，那我希望大家和平、平安，謝謝。

瑪西亞・赫爾曼森

我對於世界宗教博物館的參訪有一個想法，我們大家都在嘗試瞭解不同的形象，那這裡面的對話是一種挑戰，不同的宗教在多元化的世界裡面，如何共同生存，也是一個挑戰。例如說，我們有一張海報，裡面包含了所有的宗教，頌揚宗教的多樣性。但是卻有人開始緊張了：為什麼這張圖比較大、為什麼這張圖在這張的上面等等，這也讓我想起了一個關於兩位大師的伊斯蘭傳統故事，很久以前，有一位大師來到屬於另一位大師的領域，這位大師給了來客一杯裝滿的牛奶，象徵這個地方有他一位大師就夠了，然而，這位來做客的大師拿出一朵玫瑰放在裝滿牛奶的杯子上面，說明其實對每一個人來說，這裡都有足夠的空間。

這是類似一個心靈的對話，呈現善意以及美德，讓不同的文化，不同的宗教之間，能夠透過所謂的佛家的「四大皆空」的一個心念以及伊斯蘭教的心念，分享彼此的一個對流，謝謝。

釋慧空

我所學到的比我預期的要多太多了，感謝大家能夠跟我分享你們的智慧和專業，當然，還有這座博物館也相當棒。宗教是進入千百年來不同文化的一扇窗。我想起我們有一次邀請達賴喇嘛去夏威夷，當地地方首長跟我們介紹

夏威夷的一個樂器，像一個小琴一樣，它會發出不同的聲音，音調非常豐富，象徵著宗教不同的傳統。我們的宗教不用也不需要變得相似，我們的不同和差異正是組成這些美麗旋律的關鍵。我們友誼的發展需要透過彼此的信任，並提出對彼此的困難議題，將會談導入更深的層面是很重要的。然而，始終還有一些議題沒有被提出，例如，不同宗教之間的婚姻關係、婦女在不同宗教裡的角色，還有財富問題等等，這些都是我們未來可以談的。另外，其實全世界也有很多不是宗教的問題，而是根據他們不同的生活方式、社會的公義、正義等等，這些也是我希望我們能夠討論的議題，因為如此一來我們就有這個潛在力量去做改變，提升我們的心靈，甚至轉化淨化我們的世界。謝謝大家給我這樣好的機會，跟大家交流。

吉姆‧斐德里克

我很簡短地引用盧本‧哈比托教授所說的謝謝上帝，我們沒有造成學術界的空白。儘管對我來說不是新的想法，但是我這幾天特別印象深刻的是，不同宗教之間的對話，永遠都是一個所謂在地化的現實。宗教的對話，總是在地的一個對話。上一次我隨同心道法師一起參與在德黑蘭的回佛對談，在這邊佛教是一個大眾的多數，伊斯蘭教是少數；但是我們在伊朗的時候，整個情況是相反的，少數幾個是佛教徒，而大部分的人都是穆斯林。我們今天在哪裡對話，這其實是很重要的一個關鍵，對我來說也造成很深的印象，特別是善意及敵意的議題，誰對誰有敵意？誰對誰有善意，思考一下我們彼此之間的善意是誰的責任

等等，我認為這是一個很重要的觀念，我會把這個問題帶回我的家鄉美國，進一步思考。另外，我認為每一個對話都是很獨特的，不只是因為這個對談是所謂在地的，還因為在場每一個人的參與。

整體來說，回佛對談是一場盛會，而佛教徒及伊斯蘭教徒的參與使這個理想充滿生命力，這幾天，我遇到了很多很棒的人，我有很好的收穫，感謝大家。

盧本 · 哈比托

我不只想談一個想法，我談兩個想法，其中一個最深的想法是，我們必須正視我們彼此目前之間關係的黑暗面，而不應該輕易地忽視，或嘗試去淨化這個黑暗面。我們應該面對我們過去歷史黑暗、痛苦的一面，而這個舉動會是我們尋求恢復、療癒的一個強而有力的開始。也是因為這裡面有所謂黑暗勢力的干擾，這種感覺是我們感受到的痛苦，是透過我們的對話可以分享的。

第二個我想提出的，是透過我們這樣的對話，跨越我們的傳統和文化，伊斯蘭教和佛教之間彼此來學習。同時，我也認為佛教傳統可以和其他的佛教傳統互相學習，我知道臺灣有很多的佛教團體，世界上也是，也許有些他們沒有交流的打算，但是如果有佛教間的對話和對談這會是很激勵人心的。至於像穆斯林之間，也有不同的團體，我想不同的對話，無論是在我們同樣的宗教之間，或者是不同宗教之間的團體的對話，我們都可以讓大家瞭解到在我們的生命當中，所扮演的一些使命，謝謝。

瑪西亞·赫爾曼森

我認爲我從對話獲得的是文化間的對談，雖然我們所談的題目都不容易來探討，特別是不同的宗教信仰之間的善意、敵意等等，我們談到了很多的事實、人性、一些衝突，我們都是在善意跟敵意中間的一個角色，那唯一解決這個事情的方法，就是建立一個友誼，身爲一個大家彼此之間的朋友，我覺得這個教導很重要，每一個對話，都是在表達我們一個善意的友誼，也就是說要有一個傾聽，我們傾聽彼此的心思，這一個文化的對話，對我來說有很大的衝擊，有時候我也很好奇，是不是一定要透過這一個環境所造成，還是也許是因爲透過所謂佛家合一的一個氣氛，使我們更能夠彼此合一的對話，我覺得我在透過這樣的對話裡面，最大的感覺是所謂人的心態，也就是人性的心態。

釋心道

我從來也不知道怎麼總結，但我非常感謝大家給我的收獲，在這個地方，我一直無私地想把它獻給各宗教跟需要學習宗教的人，分享和共鳴，成長跟共勉。因爲我們喜歡思想和諧，所以沒有宗教的隔閡，進而把對世界的愛討論出來。世界各角落的衝突是事實，大家都討厭衝突的發生，也都想著該如何去轉換？更想了很多轉換的方法，相信在座提出的好意見是很有幫助的。我們的會議眞的是建立友誼，把我們共同的這份理想盡力推動、完成，也就是說讓我們宗教共同存在，花開不同世界各個地方，所以在對話中眞的需要彼此體諒了解，如果不了解，馬上就產生

隔閡，這十幾年來，我們一直在想怎麼去突破隔閡，我謙卑地希望跟他們做朋友，所以我結交了這麼多不同宗教信仰的好朋友。我最喜歡發名片，希望能藉此認識更多共同願望是和諧愛地球愛和平的朋友。地球是一家的，所以，藉著彼此宗教的力量或者朋友的鼓勵，能一起往這方向努力，謝謝大家！

▼ 會議閉幕致詞

釋心道

　　感謝我們會議的學者專家，感謝遠從政治大學來到此地的義工，感謝所有的人來這聆聽，也謝謝眾多同仁。短短三天的會議我們順利完成，端賴每位參與者在身心靈各方面的努力付出，大家不辭辛勞地圓滿了這份因緣，閉幕是表面上的結束，實際上是從我們心出發的最佳契機，如果說結束只是新的開始，這個開始必然醞釀了靈性的實踐力量，這次我們靈性發展包括儒家「天下為公大同世界」的理想、積極參與世間的入世佛教、伊斯蘭新蘇菲主義的非出世靈修和基督教的弱勢神學新思想，這些針對靈性傳統的反思以至於宗教教育、地球公民的全球倫理實踐原則等，同時，在交流對話中，建立我們更深的友誼和信賴，第九場回佛對談也回到了世界宗教博物館，讓我們為第十場紐約聯合國做最好的準備與方向的導航，或許在這珍貴的時光中，為未來世俗中慈悲的靈性種子播撒在不同的土壤中，落地生根，開花結果，長出茁壯的靈性大樹，庇蔭

一切眾生，並且結出更豐富的靈性種子，開創真實的人間
淨土和平世界，謝謝！祝福大家身心健康，我們一切都能
夠喜悅。

（全文摘錄整理於2008年6月13日臺北世界宗教博物館「回佛對談」
會議紀錄）

總統賀電

華總二榮電：97060051 號

國立政治大學國際事務學院、世界宗教博物館、
UNESCO 聯合國教科文組織、Global Family for
Love & Peace（NGO in USA）、The Elijah
Interfaith Institute（NGO in Israel）全體
與會人士均鑒：欣悉訂於本（97）年 6 月 11 日
至 13 日舉行「2008 全球化與靈性傳統暨第 8 屆
回佛對話國際會議」，特電致賀，謹向遠道而來
貴賓表達誠摯歡迎之意。至盼賡續秉持「地球村」
理念，以多元文化豐富心靈，以宗教交流打破藩
籬，以求同存異化解衝突，共同為促進世界和
平、合作與繁榮貢獻心力。敬祝會議圓滿成功，
諸位健康愉快。

馬 英 九

中 華 民 國 9 7 年 6 月 1 0 日

紐約聯合國總部

邁向地球家
Toward A Global Family

議題：

- 和平與人權
- 貧窮與社會不平等
- 生態療癒與地球權利

對於伊斯蘭來說，平等在神學上的根據是簡明的：《古蘭經》教導我們，全人類無論性別、地位、階級、種族、國籍，在神的面前都是平等的。

The theological foundation for this equality in Islam is simple : The Qur'ān teaches that all humans are equal before God regardless of gender, status, class,ethnicity,or nationality.

～羅伯特・杭特
Robert A. Hunt

巴瓦・金

（Bawa Jain）

　　千禧年世界和平高峰會祕書長。

賀賴瑞・大衛

（Hilario Gelbolingo Davide Jr.）

　　生於1935年，1998～2005年擔任菲律賓第二十任首席大法官，目前為菲律賓常駐聯合國代表。

釋心道

（Dharma Master Hsin Tao）

　　「靈鷲山無生道場」、「世界宗教博物館」、國際非政府組織「愛、和平、地球家」（GFLP）創辦人。2001年受邀擔任聯合國「千禧年宗教及精神領袖世界和平高峰會」委員會諮詢委員。世界宗教博物館開館後，持續參與國際宗教交流活動，舉辦一系列回佛對話，致力守護人類心靈，積極推動「世界和平」願景。

尚馬克‧夸克

（Jean Marc Coicaud）

　　法國人，紐約
聯合國大學辦公室主
任。哈佛大學法學院
畢業，曾任法國外交
部的工作，法國巴
黎大學副教授，政
治法律博士，著有
多本書籍。會說中
文。1996～2003年在
聯合國大學（簡稱：
UNU）擔任和平統
理部門的高級學院工
作。

瑪利亞‧哈比托

（Maria Reis Habito）

　　世界宗教博物
館國際計劃主任，於
1990～2002年在達拉
斯的南衛里大學教授
中文、日本歷史與文
化以及世界宗教曾發
表許多中國宗關文
章。

雪倫‧薩爾茲堡

（Sharon Salzberg）

　　靈性導師及作
家，1974年起在世界
各地帶領禪坐閉關，
教授內觀及慈心禪。
她也是美國麻州巴瑞
市「內觀禪修社」的
共同創辦人。雪倫‧
薩爾茲堡最新作品
為有聲書Unplug，過
去還著有《慈的力
量》、《信仰：信任
你最深的體驗》等
書，是將禪修引進西
方中所扮演的重要角
色。她致力於探索生
活中的靈性覺知及社
會正義的問題。

黛絲・罕

（Daisy Khan）

謝赫・穆罕默德

（Shaykh Muhammed
Hisham Kabbani）

豪根・貝斯

（Hogen Bays）

生於喀什米爾，美國穆斯林共進社（ASMA）執行長。ASMA是紐約的非營利組織，旨在促進伊斯蘭文化及宗教和諧，搭造穆斯林與一般大眾之橋樑。黛絲・罕在ASMA辦過國際幾次跨宗教活動，也發起過兩個大型計畫「明日的穆斯林領袖」、「伊斯蘭婦女靈性與公平計畫」，在全球穆斯林團體中推動年輕人及婦女的培力運動。她也定期於全球演講並參加基督徒、猶太人與佛教徒的座談，也是華盛頓郵報 "On Faith" 的專欄作家。

伊斯蘭歷史及蘇菲派的世界知名學者、美國伊斯蘭最高理事會創辦人暨主席、蘇菲派Naqshbandi Haqqani副領導人。他是全世界包括東南亞及美國在內五百萬穆斯林的導師。

為美國俄勒岡州弘誓禪寺共同住持，在曹洞宗和臨濟宗派的傳統下學習逾四十年。1990年成為禪師，2002年接受灌頂。曹洞宗禪佛學協會理事，美國禪教師學會成員。自然療法醫學博士，心理學碩士，並曾在美國俄勒岡矯正部門擔任心理醫師。著有多篇雜誌發表於佛學雜誌。

莎拉瓦 · 卡德

（Salwa Kader）

艾倫 · 聖奧克

（Rev. Hozan Alan Senauke）

莫娜 · 西迪奎

（Mona Siddiqui）

中東和平美國聯合會主席，為中東婦女問題專家及演說家。曾造訪中東婦女組織討論婦女在營造和平中的角色。聯合會的目標之一是讓婦女參與衝突解決的過程、提升中東婦女的地位、全球性的宣揚婦女的自覺意識，並提倡美國與阿拉伯世界的對話。她也是曼哈頓聯合國婦女組織指導者、紐約婦女國際聯盟成員。

曹洞宗禪師，柏克萊禪宗中心副住持。和妻子及兩個孩子住在禪宗中心。1991年起和美國佛教和平友誼會合作，目前是資深顧問。從事入世佛教的工作，近來發起佛教振濟與社會改造的「明見計畫」。艾倫 · 聖奧克學習美國傳統音樂達四十年，是個演奏家。

英國格拉斯哥大學伊斯蘭研究中心主任，伊斯蘭研究及公眾理解科學教授。研究領域為伊斯蘭律法、基督教與穆斯林神學、當代倫理學。與英國媒體關係良好，擔任BBC蘇格蘭宗教顧問委員會主席，是知名的公眾人物。2005年她獲選為愛丁堡皇家學會會員及藝術皇家學會會員。近來在文學期刊Granta發表有〈如何閱讀《古蘭經》〉，並與劍橋大學合作出版伊斯蘭經典的專論。

紐約聯合國總部
邁向地球家

馬吉德・德黑蘭尼安

（Majid Tehranian）

1937年出生伊朗，美國哈佛大學博士，專攻大眾傳播論、政治經濟學和研究中東問題。現為夏威夷大學教授、「戶田紀念國際和平研究所」主任，美國創價大學訪問教授。「戶田紀念國際和平研究所」是非營利機構，目標為實現戶田會長的和平理念。與池田大作合著有《二十一世紀的選擇》（文化大學日本研究所所長陳鵬仁譯），以不同宗教信仰的觀點論述民族、文化、和平與人類前景。

珍・裘任・貝斯

（Rev. Jan Chozen Bays）

1945年生，小兒科醫師，美國俄勒岡州弘誓禪寺共同創辦人暨住持。1985年起即為禪師，與丈夫豪根・貝斯（Hogen Bays）一起在俄勒岡教授禪法。2002年和豪根共同創辦弘誓禪寺。她是日本曹洞宗禪師前角博雄（Hakuy Taizan Maezumi）的傳法弟子之一。前角博雄於1995年去世，至今珍與臨濟禪師原田正道（Shodo Harada）合作。

娜娃・阿邁兒

（Nawal Ammar）

加拿大安大略理工大學犯罪學、正義及政策研究院長。近期研究包括了解執法與科技外的恐怖主義、埃及的家暴狀況，以及遭受家暴的美國女性移民。目前正在進行美國衛生福利部所資助的「遭家暴之移民婦女與重建兒童安全」計畫。她亦參與數個聯合國組織，撰寫報告並擔任顧問。同時，也致力於防止移民婦女家暴網路、生殖健康與倫理、宗教與人文社會而努力。

印帝耶茲・尤斯福

（Imtiyaz Yusuf）

羅伯特・杭特

（Robert A. Hunt）

　　泰國曼谷易三倉大學哲學宗教研究所，宗教系主任暨講師。研究領域為泰國及東南亞的伊斯蘭教及回佛對話。新近發表文章為〈蘇菲派與佛教的對話〉，並著有《了解泰南衝突與步向和平》、《南泰伊斯蘭各面向》，現為即將發行的《伊斯蘭世界牛津百科全書》編寫者之一。

　　美國南衛理公會大學柏金斯神學院全球神學教育主任，為東南亞宗教及跨宗教關係的專家。1994年取得吉隆坡馬來西亞大學博士。諳馬來語及德語，1985～2004年分別居住於馬來西亞、新加坡、澳洲。曾參加許多世界性的宗教對話，發表相關書籍文章。目前研究的是多元社會中的宗教認同。

　　2008年，國際NGO組織「愛與和平地球家」（Global Family for Love and Peace）於9月3至4日在美國紐約聯合國總部與菲律賓常駐聯合國代表團共同主辦：第十場回佛對話國際會議。

　　「愛與和平地球家」創辦人，同時亦是靈鷲山紐約道場住持——心道法師，因籌建世界宗教博物館的機緣，而與伊斯蘭教結下深厚情誼，更曾接受阿拉伯聯合大公國的全球最大伊斯蘭組織「世界穆斯林聯盟」獲贈伊斯蘭教聖物「天房罩幕」等珍貴文物一批。這樣讓回佛對談一項主張的「儘管彼此不同信仰，但仍可透過對話、傾聽與理解，打破藩籬，重新建立宗教間的包容與尊重，化解衝突，找到人類在地球家庭中和諧相處之道」更顯現出實質上的合作互惠、和諧交流的意義。

　　本屆回佛對話國際會議分別以「和平與人權」、「貧窮與社會不平等」、「生態療癒與地球權利」三項主題進行座談，探討佛教徒與穆斯林在不同面向上的看法，並提出在今天所處的地球中，能如何積極作為，在面臨全球化自然生態的破壞時，提供宗教界獨特見解及奉獻。

▼ 會議開幕致詞

賀賴瑞・大衛

　　感謝大家，僅代表菲律賓駐聯合國使節團，榮幸歡迎各位來參加這場跨宗教的回佛對談。大家都知道菲律賓一直在推動跨宗教的活動，讓大家能在不同的種族和文化之

間能夠互相了解，尤其在國際間、在聯合國我們也有推動這樣的計劃，對於跨宗教跨文化種族的合作都有非常好的進展。菲律賓其實是一個多文化多種族的國家，也有很多不同的宗教，大部分菲律賓的人口是羅馬天主教教徒、有少數的穆斯林，也有不少華裔。在菲律賓南邊省分的武裝對抗很多都跟宗教種族有關，少數激進的伊斯蘭教徒和當地人口產生衝突，但是我認為這都只是暫時性的，透過跨宗教、跨文化、跨種族的對話可將此紛爭弭平。在亞洲有超過十億的穆斯林人口，也有很多佛教徒，這二個宗教的信徒加起來佔亞洲人口的絕大多數，很多亞洲的社區都面對到政治、經濟、文化全球化的挑戰，甚至生態方面都會受到影響，因此，我們必須要瞭解伊斯蘭教、佛教如何能夠誠摯合作，為了亞洲的和諧與和平，一同面對全球化的挑戰，達到共同最大的利益。宗教的差異性在這全球化社會可能可以自我維持下去，但是也會造成人與人之間的衝突，不同的宗教領袖如何互相配合，這些都是挑戰。令人高興的是，跨宗教的對談確實可以促進合作跟理解，宗教界跟學界都在推動不同的對談，也希望伊斯蘭教跟佛教、印度教、錫克教、基督教的對話都能被建立起來，這是地球一家的主題，而這次的會議也是為了紀念聯合國人權宣言六十週年。儘管我們會有不同意見，但是我們都必須要尊重人權，共同建立一個愛與和平的地球家。

地球家的目標就是建立和諧且和平的家庭，同時架構一個跨宗教的對話，菲國駐聯合國大使團很高興能夠支持這樣的會議，也希望在世界上各個角落持續推動這樣的對談。我們的目標主要是推動全球的和平，希望在二十一世

紀的挑戰下，促進彼此的合作，建立更好的友誼。回佛對談是一個嚴肅的對談，希望所有在尋求正義和諧開放的宗教界人士，都能夠來參與。對於世界和平提出貢獻的同時，我們也希望能夠推廣人權、女性的議題，推展行動計畫，以提升社會的品質。另外，環保生態的危機，對我們的未來、後代子孫都會有影響，我們無法負擔這樣的狀況持續惡化，我們必須讓環境能永續經營。菲律賓將在明年五月舉辦跨宗教的會議，希望不同的宗教傳統都能夠出席參與。最後，我要祝福這次會議成功，菲律賓駐聯合國大使團很榮幸能夠共同主持這個會議，也希望能夠藉此達到我們的目標，推動愛與和平的地球家。非常感謝！

主持人：巴瓦‧金

　　謝謝賀賴瑞大使！接下來要致詞的人士，是我們靈性的導師、回佛對談的主辦人，也是「愛與和平地球家」暨「世界宗教博物館」創辦人心道法師。2000年聯合國總部舉辦的「千禧年宗教及精神領袖世界和平高峰會議」，心道法師也在場，在座的各位也有不少人參與那場會議，大家應該都對心道法師具有非常深的印象，若沒有他，回佛對談便會辦不起來。全世界回佛人口加起來，占了全球的三分之一，如此龐大的人口，在不同的宗教文化的薰陶下，產生不少分歧。多虧近年來，各方宗教領袖、學界的號召及努力之下，藉由對話的交流，讓彼此的誤會逐漸融冰。由衷地希望類似這樣的宗教交流對話能夠持續下去，讓世界減少爭鬥、增加和諧。現在就請心道法師致詞。

釋心道

　　各位學者專家，宗教領袖以及尊敬的好朋友們，大家吉祥！大家好！

　　此次對談，非常感謝菲律賓常駐聯合國代表團大使賀賴瑞先生的幫忙，還有我們的好朋友巴瓦‧金先生鼎力相助，以及在座的各位學者、宗教界朋友們的到來。

　　今天我們齊聚於紐約聯合國，在這個全球種族和文化大熔爐的場所，召開第十場「邁向地球家」回佛對談系列會議，顯得格外深具意義。記得六年多以前，也就是2002年，我們在紐約召開第一場的回佛對談，那是在「911事件」發生的第二年，我們希望建立一個宗教對話的平臺，促進不同信仰間的相互理解，相互尊重，和諧共榮。之後，幾乎每年都會在全世界各地舉辦至少一場的回佛對談，會議的主題包括全球倫理、宗教責任、宗教包容、生死觀及靈性觀等，涵蓋宗教和倫理的眾多層面和向度。很高興第十場的回佛對談能以「邁向地球家」做為我們研討的主題，共同關心天地萬物與一切眾生都賴以為「家」的地球。這是之前尚未討論過的生態環保與人類存亡的議題。或許有人會問：我們不是已經都住在地球，為什麼還要「邁向地球家」？那是因為，我們往往只注意到自己住在地球上，忽略了它是一個共同的家，在這個地球的家庭裡，還有其他人、其他生命也同時存在，如何共存，才是有利於所有眾生的平安與幸福。然而，令人擔憂的是，幾乎每一國家為了自身利益，都不停地往地球的「核心」不斷挖掘地球資源，探勘能源、礦產等。當每一國家都各自從不同角度挖掘、開採，地球到底能夠承受到什麼時候？

地球的結構體本身的組合元素，是地球之所以能夠存在、平衡以及永續循環的關鍵。但現在大家不斷地剝離、奪取、拿走這些組成地球存在的不同元素，地球這個生命體將失去平衡而毀壞！例如，過去由於開採北海油田，因為抽取地底石油，造成地盤下陷和地震等災害；現在研究也發現，地熱水（溫泉）被過分開挖後，導致地下岩層水體空缺，造成大地的不穩定性，這將直接引發地震。要知道地球生命是一個整體的結構，自然資源是相互聯繫、相互依存的。

各種資源在生物圈中相互作用，構成完整的資源生態系統，一種資源的開發，會影響整體的生態系統，並且會導致各種副作用的出現。所以地球礦藏的大量開採，極可能直接或間接地引起地震、洪水、颱風等災變的大量發生。另外，像核子武器造成的威脅，可以讓地球生命毀於一旦；而核子試爆等活動造成的地球的強大震動與強大的熱力輻射，其污染和生態破壞程度，更是難以估算，試爆後的環境更是難以重生。

本次會議除了討論地球權利之外，還要關心人權與貧窮問題。由於少數政客和野心家的操弄，世界各地有很多人無法享有基本的人權；而且人權是應該建立在人道基礎上，才能避免流於政治的操作，墮入民主的表象，再度淪入鬥爭、混亂與貧窮的國度。隨著世界很多地區經濟的急遽發展，以及全球化因素的推波助瀾，加上有關當局沒有適當的配套措施，使全球不少地區都出現嚴重的貧富不均，赤貧程度甚至連最基本的生存權，也隨時隨地受到威脅。後殖民時代，不只剝奪了人權更剝奪了生存權，這使

得文明發展的價值應該重新被定義。

佛教一向重視和平與平等，當地球家的居民沒有辦法平安、和平的過生活，卻又處於極端不平等的境遇之下，作為一個宗教家，更應該積極面對與解決這些問題！因為，一切眾生都是生命共同體，我們怎麼能不愛人如己！就我個人的了解，「伊斯蘭」這個字就有和平的意思，「阿拉」更是一切和平的源頭，在「阿拉」慈愛的目光之下，不分男女老幼，不分國家種族，人人都是平等的。所以，愛與和平是伊斯蘭教和佛教本身的使命，也是靈性生命最原初的召喚，如果人類能夠遵循這個召喚，那麼就沒有宗教的衝突與宗教的戰爭；宗教之間更能彼此尊重彼此的信仰，在差異中相互和諧。在現今這個全球化的時代，從最基本人權、以至於生態環保、地球權利，各個層面我們都要關心，透過宗教間的交流與對話，加強宗教之間的了解與友誼，讓我們一起找到真正問題的癥結點，攜手同心共同解決難題，圓滿靈性生命的原初意義，跨越種族、國家與信仰，相互珍愛，共同拯救我們美麗的地球家。

再度感謝大家的到來，並祝福會議圓滿成功！

願地球平安！世界吉祥！謝謝！

尚馬克・夸克

非常榮幸能夠參加這次的會議，我們也參與了蠻多的宗教會議，過去這兩年來我們跟菲律賓及其他的聯合國代表團都有互相合作，談論到很多關於容忍和愛的議題。我在聯合國的智庫工作，辦公室在東京，我們在亞洲各地都有活動，裡頭包含我共有十四個研究員，全世界共有二十

多個，而其他研究員則遍佈歐美等地。我們研究安全性、開發及和平的問題，我們致力於用科學的方式來理解各面向的問題，我們希望各個國家互相合作，在科技及其他方面都能夠配合，在此脈絡下，我們希望藉由倫理道德的知識架構在和平宗教的問題上，達到全球的和平，同時這也是聯合國的目標。

法國有一句話是這麼說的：「宗教是跟愛有關的，宗教不是只有上帝而已。」關於愛與和平、覺悟的知識，其實都交織其中，由這些我們可以追溯到和平的共同根源，愛、和平、宗教對我們各方面都有影響，也能強化我們各自的靈性，因此我們的組織對此議題相當有興趣，我也很高興能參加這次會議，更感謝主辦單位能促成這樣的會議，希望這次大會能夠圓滿成功。

瑪麗亞‧哈比托

我想在開幕式致詞場合，先介紹一下過去九場回佛對談系列的相關資訊，希望可以讓在座的各位有更為清楚的瞭解。回佛對談是以全球倫理為基礎，因為宗教沒有和平，地球就沒有和平。當初為何會有這樣的回佛對談，是因為911事件、巴米揚大佛事件，有了回佛對談，也開始有一個基礎的認識，開始理解宗教的地位、角度以及婦女的地位。第一次在美國紐約，重點是找到共識，共謀和平，這是歷史性的首次對談，內容強調多元對話和對多元性的尊重。第二次在馬來西亞，是千卓拉‧穆札法博士幫我們安排的，這一場在討論全球化在亞洲，以及如何注重在全球化時代的靈性問題。

　　第三次在印尼，主要協助單位為伊斯蘭千禧年論壇
（Islamic Millennium Forum）的主辦單位，參加者多是論
壇的參與者，主題為靈性全球化，包含了政治、教育、社
會層面。第四次在巴黎，討論和平教育跟非暴力的部分，
和平基金會、以利亞學院、印尼前總理阿卜杜勒赫曼·瓦
希德（Abdurrahman Wahıd）皆有參與，這場對談中也討
論到在全球化時代經濟政治的快速發展，以全球倫理為前
提的和平教育更相形重要。第五次在伊朗德黑蘭，主題是
宗教的責任與其他宗教的對話，其內容為不同宗教之間如
何發展與持續友誼。

　　第六次在巴塞隆納，談到阿拉、佛陀和全球善治，如
何在佛教與伊斯蘭教的中心理念當中，型塑我們對善治的
理解和實踐。第七次在摩洛哥，於葛蘭德愛瑪仕和平基金
會的賽門先生家中舉行，他曾參與巴黎的對談，故邀請我
們去他家中對談，以他個人的角度層面與我們分享。第八
次在北京大學舉辦，談論宗教的生死觀，有許多不同宗教
各界人士彼此對談、互動，其目的不是要說服他人相信自
己的宗教，而是讓大眾瞭解各自宗教的想法為何。第九次
回佛對談會議與臺灣政治大學合作，主題為和不同信仰間
的善處之道，及其中實踐的觀念為何。

■ 註一：

　　「各大宗教對話國際論壇」會議的發起，是由阿拉伯聯合大公國國王阿布杜拉主辦的「世界對話會議」（the International Islamic Conference of Dialogue ，簡稱IICFED）引起廣大迴響後，在各界熱烈反應及國王意願下，2008年7月16日至18日於西班牙馬德里王宮接續舉行「各大宗教對話國際論壇」。

　　這是國際宗教界近年來舉行最大規模的宗教盛會，由「世界伊斯蘭教聯盟」涂奇博士（Adhullah Ibn Abdul Mohsin Al-Turki）具名邀約，會議中將進一步討論六月會議的《麥加宣言》（Makkah Al-Mukarramah Appeal）。

　　出席的重要代表包括沙烏地阿拉伯國王阿布杜拉和西班牙國王卡洛斯、美國前副總統高爾、英國前首相布萊爾、聯合國教科文組織總幹事松浦晃一郎，以及英國坎特伯雷大主教、曾獲得諾貝爾和平獎的南非屠圖大主教、梵諦岡陶蘭紅衣主教、德國圖賓根大學教授、全球倫理基金會主席孔漢思教授等世界著名宗教領袖和國際佛教、基督教、猶太教的人士及宗教學者，等等。

　　這場規模盛大的宗教對話，其重要性不僅因其跨宗教、跨國際的能見度，更是因為來自主辦者伊斯蘭教聯盟國家及受邀貴賓的國際代表性，討論關注的問題也特別是當今國際間備受矚目的議題。

議題一：
和平與人權

▼ 回佛對談

雪倫・薩爾茲堡

　　我想先用幾分鐘說明個人對佛教教導的觀點及看法。我成長於紐約，大學時研讀亞洲哲學課程，其內容主要在探討佛學。其中有兩個佛教概念的教導對我影響很深。第一是佛陀說的「離苦得樂」，人都擁有能量可以醫治內在的苦，可以離苦得樂。對於「苦」個人感觸很深，佛陀告訴我們要真誠地面對他；第二個對我很重要是「包容」，我們每天都應該保持平靜的心。我們應善用我們的意識、慈悲、禪修，來成長、發展好的人性，為周遭帶來和諧。

　　十八歲時我到印度研讀佛教禪修，其中我聽到很棒的一句話是佛陀說過的，他說：「沒有比寂靜獲得更高的喜樂。」物質的享受、名聲、地位等等，都是短暫的滿足。但寂靜還是最高的喜樂。寂靜對一般人而言是很難理解的。為了瞭解寂靜，一開始我學習探索禪修的方法，藉由反省，學習、練習打坐。但最後發現，寂靜的元素是要有智慧的，而不是用壓抑自己也不是用某種方法扭曲。而根據佛陀的教法，是能夠達到內心的平靜。我們各有不同的狀況、習慣，但應該要去作改變，並且進行自我的約束，我們應看自己的核心及內心。要如何看待這個世界呢？很多人看到我們是分開的，也看到很多外在的威脅與外在種

種現象。我們容易受外界影響，當我們談到貪、瞋、癡的習性，往往就有雙面的性格在心裡產生。

所以，我當時感興趣的不僅對宗教的理解、靈性的理解可以帶給我們好的宏觀，對世俗的理解我也特別透澈，對於經濟、科學、環境的議事，甚至其他世俗層面都是相互連結的。我們必須做好的回應，並用宏觀的角度看待這個連結，這個最高層次的連結就是寂靜。這樣的回應是來自於對事物非常深層的理解，而我們的慈悲、愛可以因此而從內心深層流露，這些方法及技巧，在我們教導禪修的時候都由慈悲所逐漸發展出來。就整體而言，這幾乎都是意識的訓練。

我們可以常常看到別人，把別人忽視、做分類，不尊重他人的想法，面對困難，不願看到正面。內心的慈悲需要勇氣來開發，而有慈悲的心，才能傾聽別人忽略的事物，才能傾聽別人的聲音。聆聽才能在其中發生，而非關起門來，達到自己的想法，所以，我相信我們每個人都有很好的體驗可以來分享。

黛絲‧罕

首先，感謝大家，也感謝與會貴賓。對於人權的部分，如果要談到聯合或和平是很困難的概念，看到電視中很多衝突，互相打來打去，以自我中心的衝突，可能在宗教間、部落間、教派間、異民族間產生衝突，這是永無止盡的，《古蘭經》中有提及我們有一種與其他分離的力量藉以凸顯自己宗教間有差異，彼此都想互相消滅，但事實上我們必須共同生存在世界上，我們必須認清我們都是上

帝所造，必須共存。

　　我想分享我的成長經驗，我是印度出生的穆斯林，每天要祈禱五遍，至少已經累積三千遍，我的老師是印度教徒，我成長於喀什米爾，我的同學都有著不同的宗教信仰，因此在我的成長過程經歷接觸過很多不同的宗教。直到找搬到美國後才發現找的祖父是个同血統，找只有百分之六十五的伊斯蘭血統，百分之三十五是阿拉伯血統。所以我一直尋找自己文化認同究竟是什麼？我接觸很多不同的宗教及文化的傳統，我希望藉此分享我所接觸不同的宗教及傳統，因此我在1996年，成立伊斯蘭文化基金會，我特別著重在婦女及兒童的角色。希望藉由基金會，來促進个同宗教間的和平。

　　人與人的和平共處事實上還是很難的。撇除聖典不提，一般書籍告訴我們每個人都是獨特且唯一的。就穆斯林而言不同的種族、文化、宗教，其本質都是慈悲與愛。人類與人權必須被重視，和諧是最重要的觀念。沒友愛、和平就沒有和諧，聆聽不同的聲音，才能譜出一首優美的歌曲。發現差異，才能突顯平等，表面上是差異，本質上有其平等。

　　究竟人類面臨什麼問題？我們要留給下一代的又是什麼樣的世界呢？在這全球化的世代，我所面臨的又是什麼？我們事實上面對了很多人權的問題。特別在某些特定文化傳統之下，我們看到議題或有不同，或有相同。《古蘭經》教我要縱觀全球，教導我要同理其他的人。就如心道法師所說我們身處於不同的地域，人權因環境、貧富差異而未盡平等。

就我個人而言，伊斯蘭從來沒有對婦女有所限制，或許有很多男性學者很支持女性學者，但許多的伊斯蘭學者對女性議題卻不夠重視。事實上在美國女性也無法平等的接受高等教育，也沒有平等的工作權，做他自己想做的事情。在自由化的解放運動當中，我們可以看到有很多女性想爭取他們特別的人權，才有後來的女性運動，並發表自己的宣言。上帝給女性特別的權力，伊斯蘭教中真主也給我們特別的使命，佛教亦然。在一個家庭中女性扮演著核心的角色。不分中外在政治、宗教、教育，中女性都扮演著重要的角色。

　　在「911事件」以後，媒體對伊斯蘭有著極端及錯誤的報導。究竟伊斯蘭女性應如何攜手合作，來澄清世界對伊斯蘭教的誤解；到底伊斯蘭婦女如何合作讓人可去除誤解，這是一個值得去深思的問題。

豪根·貝斯

　　六十年前，二次世界大戰之後，在被摧毀的人類生活和尊嚴中，聯合國成立了。1948年，四十八國的代表聯合簽署了《世界人權宣言》，其目的是為了讓各國有彼此尊重的共識，以期為全人類帶來正義及和平。

　　最常被引用的條文是第一條：「人人生而自由，在尊嚴和權利上一律平等。他們賦有理性和良心，並應以兄弟關係的精神相對待。」這個精神就是地球一家的基礎。

　　在一個家庭中，我們可以看到不同的個性、年齡、性別，甚至是看世界的方式。一個沒有原則的家庭等於沒有秩序。一個在和他人關係中不具有理性和同情心的家庭、

一個不服從眞理的家庭，將會墜落至充滿恐懼、憎恨、自私和爭鬥的生活。《世界人權宣言》可被視爲世上各國共同生活在和平和眞理中的指導方針。但是當我們每每談到眞理，總是會遇到許多不同的意見和解讀。

我們以地球一家的身分是生活在怎樣的共同眞理之下？哪些眞理是人類生活中的共同起源？哪裡眞理是我們身爲個人、身爲國家、身爲家庭所必須知道的？哪些眞理可以帶給我們和他人溝通我們宗教、家庭和文化的能力？我們有許多共同的眞理。我們每個人都有身體，也都無可避免地要面對它的老去、生病和死亡。每個人都能察覺到人生的短暫性、相互依賴、困難和多樣性。

但這些眞的就是共同的眞理嗎？透過一個直接的例子我們可以輕易看到，最明顯的就是我們都有身體。我們沒有人可以不透過身體，不透過我們的嗅覺、視覺、聽覺、味覺、觸覺、感覺，去信仰實踐我們的宗教。有了這些感官，我們能夠察覺到變化、意識的流動、聲響的動向和我們環境的演化。變化是宇宙的天性，從孩童至成人我們也是不停改變，我們從無知成長到具有智慧。我們靈性理解也能從孩童、成人一路成長到老去。因爲，事情不停變化所以我們可以作選擇、我們可以練習慈悲心、我們可以對於每個不同的情況做出回應。事物的本質皆是短暫的，我們的天氣會改變、我們的文化會改變，甚至連山河都會被磨損走移。

相互依賴是另一個事實，有誰的生活不是和他或她的社會或文化糾結在一起？所有的國家都和其他國家有所關連，我們如何保存水資源、排放廢氣、石油的使用，無論

遠近都會影響到其他國家。哪一個家庭不依靠鄰居的幫助和支持；哪一個宗教不被信仰實踐它的人影響或改變？

多樣性是每個人都歷經過的，家庭中的兩個成員不可能有完全一模一樣的個性，兩個相同信仰的信徒也不會有完全一樣的理解，即使要找到兩個看起來如出一轍的東西都很困難。看看這個房間內，所有的椅子被磨損的程度、被擺放的位置都不同，或許連年齡也都不一樣。

誰的生活沒有困難？我們生活中都有大大小小的挑戰，從找車子鑰匙、成長、賺錢到生病和死亡。這無關好或壞，事情就是這樣。

有一些一般的真理，那些我們每個人都知道的真理，那些早於人類直覺形成的真理，它們是宗教的、文化的和政治的。也許這些真理比理性、愛、慈悲都還要更根本、更重要，因為最無知、最無情的人、甚至連動物都臣服其下。這些真理普遍存在，身為佛教徒，我稱之為「聖諦」。

但是我們不是野獸畜生，我們受到很大的祝福能夠生而為人，我們有去愛、去思考、作決定、去學習這個神秘的世界。身為穆斯林和佛教徒，都具有能理解、愛和慈悲的能力，我們要怎樣才能遵循真理一起生活在這個小小的星球上，並且不違反各自的宗教信仰?我們要如何接受和服從這些有益於每個人的基本真理?

在此我對於我們如何以地球一家生活在一起提出幾個簡單的建議：

首先，我們應該仔細觀察，世界的存在並非偶然。我們的生命是一份禮物，或許可以說是一份最重要的禮物。

接受人生中這份大禮的方法，是應該仔細觀察在我們眼前什麼是對的、誰是對的。仔細觀察他人和事件而不帶有偏見，是我們了解他人他事的最好方法，能讓我們表現出最好的回應。當我們對某些事物有預設立場時，我們就只能夠注意到我們所認為的，而非事物的真相；當我們放開心胸、仔細觀察的時候，我們實踐了多樣性這個真理。因為沒有任何的兩件事物會是完全相同的，我們可以藉由仔細觀看和直接聆聽拋開我們的偏見。

其次，只有我們能夠體驗我們的生命。沒有人會知道食物在我們嘴巴裡品嚐起來會是什麼味道、我們呼吸時會有什麼感覺，或是我們的想法是什麼；沒有人能夠朗誦我們的祈禱文、履行我們的責任，也沒有人能夠思索我們的想法、表達我們的愛。只有我們自己能夠和迷惑、貪心、自私奮鬥。我們每一個人都有責任，在信仰中成長、發展慈悲之心，並培養智慧。沒有人能代替我們做這些事，就如同我們可以從旁鼓勵或是指導，但絕對無法幫別人過他們自己的生活。

第三，我們必須要懂得謙卑。當我們在實踐時，我們必須盡可能帶著絕佳的自信並保持和我們的傳統一致；同時，我們必須持續注意自己不恰當的地方，或是有任何迷惑的潛在可能。我們是不完美的，我們每一個人心中都有邪惡和無知的種子。如果我們不懂得謙卑，就有變成心胸狹窄、頑固之人的可能。對我來說，我認為能夠結合極佳的自信和深度的謙遜，才是一個真正具有靈性的人。

第四，我們能夠行動、察覺、作出選擇、順從或是祈禱的時間就是現在。我們只能在「現在」計劃未來，我們

只能在「現在」行動，我們只能在「現在」記得我們過去的記憶。要使我們的生命具有靈性意義，我們必須活在當下。因為現在這個時刻，是我們和其他所有人活著、思想、感覺、祈禱和對待他人的結果。「現在」對我們的未來、家庭和傳統都是很重要的，對於我們來說，每遇到一個人，都是一個「現在」可以表達我們的友好和靈性價值的機會。

最後，因為我們的人生持續地在消失（二十歲的你到哪裡去了？），因為我們的人生太如夢（上一個十年到哪去了？），因為我們有謙虛的理由，因為我們和世上所有生命聯結，因為生命是一生中最棒的禮物，所以，在這個紛爭和衝突不斷的世界中我們應該和睦相處。宗教信仰虔誠的我們，應該一起為這個世界帶來智慧及和平，並且盡力支持《世界人權宣言》。願大家和平。

莎拉瓦・卡德

很榮幸來到此地，感恩心道法師有很大的願景、好的啟發，來架構這一系列對談的橋梁，感恩菲律賓駐聯合國使節團，也感謝巴瓦・金先生。文明聯盟是2005年西班牙及土耳其在聯合國贊助之下所共同成立的一個機構，最近開始推動很多跨宗教的合作，以期互相瞭解，其中大多是西方和伊斯蘭國家，希望能軟化彼此間的歧見。2006年成立跨三方論壇，為一開放式的諮詢團體，包含聯合國會員國代表、聯合國系統及非政府組織，目標是推動彼此的尊重、容忍和友誼。聯合國決議2010年為「文化邦交年」，同時建議組織跨宗教文化的對談，包括一系列高層次對話

及非正式互動。新的計畫從不同的領域中不斷地被推出來，包括很多聯合國會員、機構，一個新的觀點不只限於談話，還要進一步合作，比如文明聯盟2008年1月在馬德里的一個會議，就獲得一些紮實的結論也達成某些合作。

　　美國「911事件」之後，我們在聯合國也談到了「國際和平日」（註二）。我先生也在聯合國，當時我們不知道要怎麼樣面對這樣的悲劇，所以就離開紐約到了紐澤西。「911事件」的發生讓我們感到很痛苦，也很有罪惡感，第一我們是美國人，第二我們是有黎巴嫩背景的美國人，我們的地位相當尷尬，我想大家都可以了解，我們常常因為中東的背景而受到譴責。幾天之後，我們開車回到紐約市來到聯合國，當時的感覺想必和每一個紐約市民一樣，都不希望再重複發生這樣的災難，這樣的慘劇讓每一個人都麻木了，不敢相信悲劇確實發生了。許多聯合國組織的婦女沒辦法趕來參加會議，所以我們必須打電話給她們確認她們是安全無恙的，其中有一位女士無法離開家，因為她常常受到威脅，所以她當時不敢出家門。我們必須常常和很多人解釋，伊斯蘭其實並不是這個樣子的，絕大部分穆斯林是好人，我們是和平的宗教，這些犯行人並不足以代表我們的宗教。

　　於是，我們開始推動中東和平這個概念，我們常常受到祝福，和大眾接觸後我們開始發展互相尊重，在聯合國、華盛頓很多人也開始瞭解了這個情況。我們想盡辦法開始解釋，大多數的中東人、穆斯林都是善良的，當時大眾的誤解，讓我們從內心開始發出聲音，讓大家相信、傾聽我們，也做了規劃，這是唯一我們能做的事。我們把不

同的宗教、不同國籍的人聚在一起舉辦一個會議，即使預算不多，但是我們辦到了。我們需要一個讓人安心的地點開會，讓他們真心發表一些意見，我問他們：「你們覺得穆斯林怎麼樣？」他們表示穆斯林是恐怖分子、穆斯林婦女都被壓制，這也是全球一般大眾的想法。當我們談到世界人權宣言，其實伊斯蘭每個人也都有這樣的權力，女性也是如此，甚至相對某些宗教來說，伊斯蘭給女性更多的權力。

當我知道能受邀至本次的回佛對談，真的感到很高興，同一時間，這也是紀念六十週年的《世界人權宣言》。我很榮幸可以遇見心道法師，我能感覺到他很高的靈性，我們一起吃了晚餐，慶祝他的生日，更感覺他真的愛、他的願景。其實，回佛對話，沒有幾個人可以辦得到的，我們也在其他地方辦過幾次對話，但是從來沒有回佛教的對話。然而，就在2002年發生了，當時聯合國才開始注意這件事，心道法師卻很棒地做到了。

在這裡，我要再跟各位說明，事實上伊斯蘭給人權力，讓人擁有尊嚴和榮耀，消除男女不平等的現象。我們共同成立國家，伊斯蘭宗教鼓勵對話，互相尊重彼此的信仰，所以當你看《世界人權宣言》時，說到眾生而平等，我們和佛教也是有一樣的想法，佛教也是說人與生俱來是平等的，雖然各有差異，但是我們不能歧視不同的宗教、語言、種族及政治地位。

在《古蘭經》中有清楚的證據證明男女平等，所有靈魂都必須對他／她的行為負責。推廣國家之間的對話，必須從友誼建立開始，真誠地具有開放性的對話必須從共同

的人性為基礎開始。我非常堅定地相信唯有打破我們之間
的隔閡、建立友誼才能有對話的開始。很高興女性已經開
始參與政治、經濟、教育、社會等活動，這些女性的參
與，能夠給我們更堅強的期望，可以帶來和平，重建共同
生活的環境。這次對話，是驅除暴力、促進和平的工具，
能創造更好的世界給我們未來的下一代。

▌註二：

　　西元1981年，聯合國大會通過第36／67號決議，將每年9月第三
個星期二的聯合國大會開幕日訂為「國際和平日」（International
Day of Peace）。2001年9月7日，聯合國大會無異議通過由英國及哥
斯大黎加所提的決議案，將每年的9月21日訂為「聯合國國際和平
日」，也就是「全球停火日」（Global Cease-Fire Day）。決議還確
定國際和平日為全球停火和非暴力日，呼籲所有國家和人民在這一
天與聯合國合作實現全球停火，並通過教育和宣傳等方式慶祝國際
和平日。

謝赫‧穆罕默德

　　在《古蘭經》裡便說明了，每一個人都是真主的子民，團結而成為種族，終極目標是為了善。《古蘭經》說人生而平等，我們都是謙卑的，互相尊重的，也顯示出簡約是很重要的。真主讓我們的靈性圓滿，以穆斯林的觀點來看，我們不能只專注在靈性上，也必須注意到實體上，就是真實生活的問題。

　　愛是我們伊斯蘭教最重要的部分，我們有愛的權力，我們必須分享愛，但若是不知道如何把愛送出去，再多的愛，亦是枉然。當把愛散播出去時，世界就會少了憎恨。事實上，人們會因憎恨而對立的原因，就是缺乏愛，這也是我們伊斯蘭教裡重要的教義之一。

　　真主讓我的態度逐漸圓滿，即使是不同的宗教也能讓人逐漸學會如何使人生、世界更加圓滿。從人出發的角度來說，伊斯蘭教便是強調要愛所有的人。先知認為，若有人飢餓，我們就必須負起責任，如果我們的國王總統不認為他有責任，他們要如何改變世界？因此宗教必須盡可能地改變人，但也要得到政治的認同協助才可以得到最大的效能。《古蘭經》教導我們很多事情，先知穆罕默德也有說，我好，他也要好，有好的事我們要一同來分享。今天大家都是在講如何多賺點錢、多逃點稅，而不是在作分享。先知以人性、靈性的觀點教導我們，人生而平等，大家都是人，不是分什麼人種，在不同信仰、有正義、無正義的人之間，也都沒有太大差別，所以我們應該共同分享資源。全球各地的領導者也應該有這樣的認知，我們是合作的伙伴，三元素：水、資源、土地都要彼此分享，但是

現在並沒有這樣實行，很多人在控制糧食，使其愈來愈貴。先知還講到火，火就是燃料，擁有燃料的人變得富有，沒有燃料就相對窮困。因此，像我們這樣的回佛對談必須能夠推動好的決議，把訊息帶給領導者，讓大家知道伊斯蘭及其他宗教是怎麼一回事。

▼ 現場迴響

羅伯特‧杭特

我經常到伊斯蘭教堂中做觀察，發現伊斯蘭教徒作祈禱時相當虔誠，男性在一邊，女性在另外一邊，我對這些很感興趣，也改變了不少之前的想法，因為我看到宗教儀式中溫暖與愛的交流。因此，我邀請他們到我們禪宗中心來分享他們禮拜的心情點滴。在這過程中，深深感受到伊斯蘭教不分性別地在和諧的氣氛中從事類似禱告的信仰儀式，當下的情況很令人動容。

謝赫‧穆罕默德

謝謝羅伯特‧杭特教授的分享。我們穆斯林會彼此分享「愛」，但不會刻意去強調。先知告訴我們：「你要去多元學習知識。」不要只留在同一個地方，要多元去學習，就算是到中國那麼遠的地方也還是要去。就如巴瓦‧金先生所說，我們必須要有機會瞭解不同的宗教文化、我們之間必須要有對談，所以很高興佛教徒提供這樣的機會讓我們可以互相交流，讓我們有機會到別的地方去分享我們的愛、我們的教導，同時也學習別人的好。

我跟心道法師是朋友，雖然我們彼此傳承不同的傳統、教導，但是我向他學到很多。他是一個獨特的宗教領導者，他可以超越很多性別，超越所有出世入世的精神，讓我們學到很多不一樣的文化，更懂得尊重彼此不同的信仰。先知穆罕默德有十六位弟子都是女眾，其中有一些也是靈性導師，在先知過後的三百年，有更多的女靈性導師相繼出現，因此，我們的宗教對性別上並無排他性，這是我需要強調的地方。現在，透過這次的回佛對談，我們更高興看到佛教也沒有區隔男性女性在信仰上的差別。

莫娜‧西迪奎

　　想請教心道法師，世人該如何看待愛？

釋心道

　　我們是從內在的一個神聖，開始做到對外在一切的愛心，因為內在如果不和諧，內在如果自己的柔軟不夠，那麼對外在它是一個對立性，就是除去內心的對立性，然後對外在的對立性就會消除，這樣便能夠使平等、和諧的發出愛心，而不是說為愛生愛，而是他內心已經去除了那種不公平的磁場。所以我們是從內在的淨化，去從內心享受最大的和諧，並分享給每一個人，這就是一種和諧世界的分享。例如：我們曾經去一趟突尼西亞，雖然自己本身身為佛教徒，但仍然跟著穆斯林們一起做祈禱、禮拜，學著他們的動作，並且心中存著最大的敬意。當我們跟著穆斯林們一起禮拜時，那種感覺，就是充滿寧靜、和諧，這跟我們禪修的感受是一致、相同的。

黛絲・罕

　　我認為女性要重新定義自己才行。有一些受過高等教育的穆斯林女性，很不認同某些講法，對於某些「人權宣言」也不見得能接受。所以我們要自己定義自己，在伊斯蘭的框架下，須知道要怎樣來定義女性的權力。現在，我們也正在重新架構之中，我們組織內有一百七十五位女性成員，目的是想要推動伊斯蘭女性平等的宣言，最終我們會制定一個類似《世界人權宣言》的女性宣言。智慧是我很喜歡的指導原則，我們要用智慧來解決問題，我們要自己創造一個宗教委員會，而女性也可在此委員會中討論女性的問題，來看看能做到什麼地步、要如何進展。很多穆斯林女性都熱切希望這些事情可以達成，宗教機構如果不正視女性的這些問題，這會是相當糟糕的。我們應讓女性介入、讓她們自己去定義女性的角色，無論是什麼宗教，我們都希望有女性的參與、進入核心地位，對老的傳統提出新的看法。我們不能忽視現代化的社會，必須面對不同的挑戰、必須面對現在社會的問題並快速地解決，讓女性能真正自由地定義自己。

議題二：
貧窮與社會不平等

莫娜・西迪奎

　　《古蘭經》有提到審判日，自然宇宙的形象是從譴責人類的罪惡開始的，有關人的行為，人對宇宙是有責任的，對其有必要採取行動，以保持自然界的尊嚴，這是《古蘭經》的思考模式。對於大自然的反抗，《古蘭經》的世界也認知到，人和人之間有很多不平等，產生了這些現象，反應出《古蘭經》二元論的對照：富裕／貧窮、強／弱、自由／奴役。現在全球有八億三千萬人生活在貧窮線以下，而其中有七億九千零一萬人都屬於開發中國家的人民，因為貧窮、缺水，衛生條件差，導致大部分人缺乏營養、健康狀況也不好。貧窮不僅越來越惡化，也代表了我們大家道德的低落和漠不關心。過去世界的貧窮是因為自然資源的匱乏，但現代的貧窮不能再用以前的方法來對付，二十世紀消費者至上的經濟，造成貧窮的文化，而貧窮不只限於亞洲和非洲，在富裕的國家也會看到，西方國家不該面對貧窮視而不見，這不只是其他人的問題，這是我們每一個人的責任，我們必須顯現出我們的仁慈，對貧窮加以正視，展現我們的正義。這不只是公義的問題而已，還是社會道德的問題，我們必須瞭解貧窮者的權益和大眾是一樣的，而不能對他們有所壓制。人和上帝之間也

必須展現這種關係，我們也要從宗教的層面來看待這個問題，《古蘭經》把真主視為公平與正義，這樣的理念在《古蘭經》裡面有充分的陳述，把這樣的訊息透過歷史傳達給人們，將此觀念連結到公義上面，不只是對財富的分配不均提出疑問，對公義道德都必須負起責任。而這樣慈悲的行動其實也包含了公義的意涵，但也只是展開我們人與人之間關係的一小步。目前我們的世界是偏頗的，對於某些族群有歧視的現象存在，在政治、文化、宗教都有這個現象，所以我們必須思考到把我們身為人類聚集在一起這樣凝聚的力量到底是什麼呢？現在是伊斯蘭教的聖月，也就是齋戒月的開始，那麼在這一個月份裡面，我要大聲疾呼，大家要對這些事情有所認知，真正能把我們凝聚的就是共同的人文和慈悲。

貧窮其實也有性別的問題，過去十年以來許多婦女都處在貧窮線以下，而這個比例在開發中國家越來越多了。很多女性的社會教育、資源、權力的取得都受限，性別在家庭中有不同階級的分割，財富在男女之間也有所區別，所以我們可以認知到女性對於貧窮的負擔是不平等的，世界主要貧窮人口都是女性，很多社會文化的規範，在人文議題、社會學上並不是很公平的。貧窮對女性的健康也有所傷害，在家庭的飲食上女性常常都是在男性之後，健康因此受影響。許多NGO都承諾要改善這些婦女的生活狀況，其中特別希望能從宗教社區開始展開這樣的改善。我們並不希望女性因為貧窮而喪失了原本應該擁有的機會。

穆斯林常常希望在行動上取得合法性，以致有時會忽視許多事物的複雜性。非穆斯林對於人權有其標準，我的

看法是，其他宗教在人權這個議題上各有主張，但是伊斯
蘭如果只用伊斯蘭的話來解釋這些名詞，就只能在伊斯蘭
社會被接受。伊斯蘭確實有這個資源，去開發新的想法，
反應現代關於人的尊嚴標準以及人文宇宙自由法則的新作
法。所以，穆斯林的社會必須要有個別的鼓勵，而不是只
有集體的想法。很多的學者提到《古蘭經》有廣泛的道德
精神，這樣慈悲正義的訊息，對於和平來說在很多層面都
是共同存在的。伊斯蘭必須在某些觀念上與其他宗教取得
一致性，同時不能僅靠懲罰來對付離開、違背伊斯蘭的
人。其實傳統教育的法律對於懲罰是相當嚴肅的，很多伊
斯蘭、非伊斯蘭教的學者對於伊斯蘭死亡的懲罰有諸多批
評，他們認為很多人曲解《古蘭經》，所以需要重新檢驗
解讀其中的教條。關於種族、膚色、語言等等不同，我們
希望透過慈悲來消除這些差異，彼此尊重。穆斯林與非穆
斯林共同影響這個社會以及人與人之間的關係。多元的需
求使得宗教的自由不僅僅是表現在個人的身上，也表露在
國家對個人的身上，所以各個宗教只都是其中的一種聲音
而已。我們希望宗教和文化對整個社會造成正面的影響，
同時也必須有這個勇氣並謙卑地把我們的聲音講出來。

羅伯特・杭特

　　我是伊斯蘭法律的學者，我希望以我的經驗來跟大家
分享多年來的基本議題，關於跨宗教的討論、貧窮與社會
不平等以及公義的問題。一開始我想要談談現代的西方，
貧窮在西方被視為經濟問題、是負面的且必須被解決的，
透過社會心理以及實體的狀況，我們希望能終止貧窮，創

造更多財富。現代西方社會的不平等現象，一般也被認為
說權力不均衡、錯用所造成的，因此，不平衡也是一個要
解決的問題，其作法就是要透過更平等的權力分配、民主
的社會結構。我們必須注意到一般伊斯蘭的傳統教義中，
關於貧窮及社會不平等，都是因為人類開始有階級制度，
進而造成權力不平衡、財富不平衡的情況，所以，這是由
於文明社會所產生的。當然，伊斯蘭社會是追求降低不公
平。根據伊斯蘭傳統教義，真主希望人類的繁榮不僅是在
社會，也能積極扮演某些社會角色，在這樣的潮流中，宗
教學者、領袖的工作就是把神的指引力量深度地發掘出
來，讓神學的法則應用到現代社會。

　　《古蘭經》及聖訊可被視為伊斯蘭社會的基礎，不是
靜態的，而是動態的行為解讀。以《古蘭經》傳統的解讀
貧窮之於人類尊嚴，其實是一個富裕的現象。《古蘭經》
中人的尊嚴與財富、權力無關，是真主給每個人的禮物不
一樣，所以貧窮不是墮落，不能看不起貧窮的人。真主及
其所創造的社會中，貧窮的人對社會不是負擔，貧窮在
《古蘭經》裡面並不是一個人的自然狀態，真主創造人
類，給人類豐富的世界，冀其尋求享受物質的財富。因此
穆斯林對於財富也有做很多的尋求，並且相當成功。在我
的家鄉達拉斯，穆斯林社區在物質上是富裕的，平均來說
比非穆斯林好。所有金融機構都是以穆斯林的法則來運作
的，因為貧窮並非人的自然狀態，對於穆斯林能繼承財富
是基本的事情，這樣的分享對於穆斯林來說是可以的。傳
統穆斯林社會，對赤貧是容忍的，我們要明白，教育在伊
斯蘭傳統中是創造社會的動力，因而能克服貧窮的現象。

過去一百多年來，許多伊斯蘭機構在教育、醫學、科學各方面都有很大的成長。我們如果仔細研究穆斯林的歷史，會發覺對於公義問題其實是著墨非常多的；這個在中國、印度、西方的文明歷史也是一樣的，然而，直到現在我們還是會發現對於貧窮暴力和不平等的現象。

我們必須知道伊斯蘭世界對自我獨立性的認知，以及對於不公義、政治、軍事的批評看法都是有發聲出來的。他們同時能夠尊重貧窮的人，大部分的伊斯蘭儀式，都會顯示出對於不公義的批判。伊斯蘭對平等的看法其實很簡單，《古蘭經》教導全部的人類都是平等的，不管是性別、地位、階級等皆是如此。但這也會造成一些問題，首先伊斯蘭社會對於非伊斯蘭信徒是不是也平等看待？同時伊斯蘭傳統對女性的看法？人類平等這個簡單的法則在現代伊斯蘭社會思緒裡，其實有特別被強調。但是，對於伊斯蘭社會是不是有平等這個法則？是否有實踐？也有蠻多的討論與爭論。因此，不管伊斯蘭或是伊斯蘭社會，我們認為都必須用同等的法則來看待。我最後要講的是，貧窮在伊斯蘭傳統中不是自然的現象，是有人為因素造成的，因此必須提供機會、教育使他們改善。

艾倫‧聖奧克

我自己本身經歷過基督教、猶太教以及目前我自己信仰的禪宗，因此，我個人算是有著豐富的跨宗教經驗。禪宗的教導帶給我解放，跨宗教對談最重要的是分享資源，當我提到自己的經驗，與會者如果有其他亞洲信仰者經驗，比如說瑪利亞‧哈比托教授也可以找到佛教相關的論

文來支持我的論點，或是跟我分享。佛教中認為的「貧窮」表示物質及精神面的受苦或疲乏，這些受苦都來自貪、瞋、癡，如果我們生活在三毒的循環中，也就是活在貧窮中；如果能脫離貪瞋癡，我們就能夠讓他人及自己喜樂富足。所有的人類，無論是男女老幼種族，都有機會成為沽菩薩，這就是佛教所說的平等。佛教沒有說貧窮是苦的，佛教經典提到食、衣、住、醫療是人生四大基本需求，這和人權是有很大的關係。所以，我們必須了解不管是貧窮或是富裕，這其實存在著一個人跟人之間的關係。

我們看到很多人因為天災缺乏糧食和醫藥，但我們卻看到更多富裕國家的貪婪愚癡，因為貪瞋愚癡讓我們這些富裕的人看不到他們的需求、沒有去協助他們，而只是一味滿足自己。

好比說美國便是如此，我們會忘記貧窮的人。又如中國大陸剛剛舉辦了奧運，大家都看到表面的富麗堂皇，可是又有多少人在中國是缺乏基本的生活需求呢？就如現在聯合國總部中的圖書館內，就有很多在紀錄討論貧窮的問題；事實上就有所謂絕對的貧窮，世界銀行有提到，約有三十億人口每天只能使用兩塊美金滿足他們的需求，另外，每年有一千一百萬名的兒童在五歲之前因貧窮而死亡，大約有八億人口每天都活在饑餓之中。我們從另一個角度來說，所謂的貧窮會影響到個人或團體的部分靈性，相對來說，如果一個人擁有很多的權力，我們會很容易忘記還是有很多人處在貧窮邊緣，這就是所謂的不平等。因為美國普遍的富足，讓我們忘了對其他貧窮國家要有愛人和慈悲心，富裕的人應該負有責任。

美國馬丁路德・金恩博士（註三）說富有的人必須要讓貧窮的人脫離貧窮才能顯出他的富有，如果富有的人讓貧窮的人顯得更貧窮，相對來說，他自己也沒有那麼富有，這都是互相有關的。我在舊金山學佛，很感恩禪宗傳到美國，修習佛法的人也逐漸增加，《世界人權宣言》中提到人人生而平等，全球的人都是兄弟姊妹。在佛教的傳統中，我們要完全地施捨；在很多方面，美國人民是很慷慨的民族，多數人都能對貧窮有所關懷。不平等是因貧窮而產生的現象，導致疾病和死亡，也有很多貧窮是戰爭所帶來的問題。例如伊拉克的戰爭災難，對數以百萬人造成創傷、造成心靈上的空虛和貧窮；對於阿富汗的狀況我們也感到很痛心，這些戰爭造成很多金錢上的損失，若能把這些金錢花在教育文化醫療上面，而不是大量用在軍事上，不但能讓世界少了戰爭帶來的毀滅，也更能把世界逐漸帶向和平而富足。

▌註三：

　　馬丁路德・金恩（Martin Luther King Jr.，1929～1968年）是美國民權運動中最重要的領袖人物，是一位浸信會的牧師，他為了所有人的公平權利而努力，以非暴力抗議來對抗不公平的待遇而成名，迫使美國政府終止種族隔離法令（禁止黑人進入特定地點，像是餐廳、飯店與公立學校的法律），同時也盡其所能讓人們瞭解「人生而平等」的真諦，因為他的卓越功績，1964年時金恩榮獲諾貝爾和平獎，同時也是或此殊榮最年輕的得主。

　　金恩在年僅三十九歲時於田納西州曼斐斯遭刺殺，他的生日現在已被訂為國定紀念日，每年一月的第三個星期一紀念這位偉人。

瑪利亞・哈比托

世界人口數有一半是女性，如果我們的會議沒有女性的參與，要怎麼討論女性平等的問題呢？這其實談到一個重點，很多宗教的會議也有這樣的問題。當我們討論到人權、和平、貧窮、社會正義等議題，如果只有男性而沒有女性與談人，要怎麼樣能夠解決這些問題呢？

佛教一直在談教導覺性的觀念，佛陀在西元前六世紀時，他認知到痛苦的事實，所以他開始深度尋找痛苦的根源，求得離苦得樂的方法。簡單來說，佛陀的教導就是將我們的愚癡轉換，得到智慧，不是以自我為中心，而要帶到一個無我的慈悲境界。佛教徒對心理的分析是一個訓練的方式，教導大家開悟的一個方法，這個跟性別種族文化是沒有關係的。不管佛法的根源是什麼，我們還是要考慮到文化的傳承和社會的結構，東亞社會的整體文化脈絡是互相交織的。

以臺灣來說，女性扮演著比較重要的角色；但是在泰國、緬甸還是保持比較傳統的作法。一般來說，女性在佛教的階級裡扮演得是比較次要的角色。女性在佛法傳播中也受到以男性為主導的文化所影響，很多戒律對比丘尼是不平等的，大部分是由比丘來主導的。在巴利文中就有預測到，佛教最終因為對女性的不平等，將來必須要做某種改善。一般亞洲的佛教徒對男性比女性還要尊重，同時在佛教國家中女性不但沒有擁有和男性一樣的教育機會，在長大成人後還會被期待成家、傳宗接代。

在佛教社會，比丘尼的地位是比較低的，這反映出文化社會的現象，泰國、斯里蘭卡等地方還是沒有女性受戒

的制度、沒有佛教的道場提供受戒，所以女性無法取得一個合法的地位。進一步來說，許多佛教的經典指出覺悟必須是以男性的身體才能達成，導致很多女性希望下一世可以生為男兒身，以消除女性比較低劣的業障。這些其實對於人權是有所違背的。

在印度被販賣的人口中有75％是女性，其中大多是從事性交易；在泰國有10％從事性工作，亦常受到虐待、自由人權的剝奪，或是遭到逮捕。人口販運、性交易和宗教被認為是無關的，女性缺乏工作機會的現象，也是因為人權法缺乏的關係，因而造成人口販賣的現象，這對泰國政府來說是一個沒有適當法律的展現。但是其實宗教是可以從這惡劣的環境解救他們出來的，在佛陀的教導中，就有指出希望對於這種狀況能夠有所協助。女性對於家庭協助是很多的，但是男性道場的建立對女性並沒有很多幫助，因此，對於在泰國的性產業無法阻止，反而助長了性交易的蓬勃發展。NGO和人權組織注意到這樣的問題後，相關人權法為了保護這些婦女也應運而生。「國際人權法」是根據人的生活基本權利所設計的，其觀點和佛教有所出入，主要是以人類的獨立性為基礎。

我們今天所要討論的問題之一，國際的人權如何應用到文化脈絡中？對於某些女性不瞭解自己是獨立的個體這個事實，我們希望提供她們正確、有自覺的想法。另一個值得討論的觀點是，人權是不是能在佛教裡扮演某些角色？佛教界的女性其實一直受到性別、社會不平等，尤其是在傳統的佛教文化社會，不過佛教的婦女同時也希望做一些改變，這是我們目前看到的現象。例如，1987年成立

了比丘尼的全球組織，其目的為建立溝通管道，協助全球
佛教婦女各種問題，同時也有一些NGO組織受到佛教的
啟發而致力於此。事實上，臺灣有很多比丘尼成就超過比
丘，不僅教育高，還積極入世、介入社會各種活動，臺灣
的慈濟如此，靈鷲山也是。例如靈鷲山在緬甸深耕孤兒照
顧教育服務，不僅有基金，還提供獎學金。很多國家的佛
教婦女受到性別的歧視，面臨某些挑戰，如何將西方社會
中所認知女性也是一個獨立個體的這個觀念，把它建立在
亞洲社會的思想脈絡中，其實這也是我們的目標之一，我
們的地球家也正致力於此。這是我的報告，謝謝大家。

▼ 現場迴響

娜娃・阿邁兒

　　我對這一節討論很感興趣，我想要請教幾個問題，首
先是伊斯蘭平等的問題，《古蘭經》沒有直接談到這個問
題、並沒有講到不平等的問題，也許可能是我的認知不正
確，所以我想要討論這個部分。另外，以家庭為中心的
話，個人可能會犧牲掉某些權利，婦女因此受到壓迫，那
麼有關於婦女參與佛教或是佛教對於女性的看法，到底是
如何展現的呢？

莫娜・西迪奎

　　就算是同一個宗教，也會因為不同的書、不同的學者
就同一個概念作出相異的解釋。因此，什麼是得道？不同

的宗教學者也會有不一樣的定義。就伊斯蘭來說並不非常強調得道，誰會上天堂在伊斯蘭教中並沒有強烈的觀念，只有依阿拉真主的慈悲你才有可能得道。很多反伊斯蘭的想法，對於性別平等與否的說法、對不同教派的看法，很多時候會想要問他們到底是以什麼為根據來判斷？其實他們完全沒有注意到，而僅以男性的角度去解釋。就我身為一個伊斯蘭教女性來說，我非常擔憂如果我們沒有談到所謂的好壞，尤其特別是西方世界習於討論什麼是好的、不好的，伊斯蘭有可能就此唱反調。

釋心道

關於公平與平等，《華嚴經》說，每個人站在他自己的立場，美好的世界就是在於如何去進行連結。事實上，釋迦佛就像是醫生、比丘、比丘尼開的藥方不一樣，在整個大乘佛法裡，比丘跟比丘尼都是有他們各自不同的戒律。就像比丘的戒有兩百五十幾條戒，比丘尼戒有三百多條戒，那麼，這個到底是公不公平？其實，就只是開的處方不一樣而已。我的病是這種病，我要開這樣的藥方，那吃了就會痊癒，那如果開太多藥方，反而病痛加劇，這是個人的處方不一樣，並非是公不公平的狀況。這和「人權」是不同的，因為人權不是宗教。一花一世界，一葉一如來，每個人有他獨立的權力，但是要進入一個神聖的地方，他可能就必須有各式各樣條件的組合，以期達到他的目的。所以，這個公平是要站在一種連結上去看，這個公平權力與否是要看彼此付出的部分來出發。因此，佛教對待女性與男性的宗教權利看來，並無公不公平的疑慮。

娜娃‧阿邁兒

　　我二十年前開始教導比較宗教學，對我來說，我的道場制度生活對世人來說是很複雜的，但同時佛教制度我也覺得很複雜。我花了不少時間和同事對談才了解，我的道場制度對於我的影響有多麼強，以及真主對我整體未來的塑造。回佛對談之後，到底伊斯蘭教對佛教徒的看法是什麼？這是很重要的，通過對談我們來解讀佛教，雖然不可能徹底了解，但是我們開始嘗試。對於穆斯林來說現今、當下是很實際的問題，當我們談到末日審判到來時真主會做怎麼樣的評判，回佛雙方可能會有不同的看法，所以對話就變得重要，要互相溝通了解、要讓一方瞭解另一方，不僅如此，還要身體力行。所以，無常是什麼？伊斯蘭世界根據的是直線式的想法，認為未來終會有一個審判日的到來，所以要瞭解所謂無常的概念是需要一些時間的。因此這個對談是很重要的，首先我們把差異性找出來，共通點也找出來，再從中互相學習了解。

釋心道

　　對談，最主要是藉用一個議題讓大家對一件事情，把各自宗教的理解講清楚，並對其他宗教的看法、作法充分理解，而不是一開始就進入很多爭議，爭議只會無止盡下去，對談是要朝向地球平安、世界和平，共同的福祉，而追求真理的討論在這裡是講不完的，但若是為了共同的福祉利益對談，對談才有共識目標，有共識進行才會達到合作的目的。當我們有著共同追求生命意義、族群和平的目標時，我們才可能合作，才可能談話，到最後我們得到的

是我們共同的需要，我想我們這個議題大概是這樣子的，非常謝謝大家，這麼晚了，大家還很熱心在這裡，給予彼此最誠懇的貢獻，非常謝謝大家的辛苦！

議題三：
生態療癒與地球權利

▼ **回佛對談**

印帝耶茲・尤斯福

這場「生態療癒與地球權利」的題目，是一個很好也很重要的議題，我也做了很多這方面的研究。我在坦尚尼亞出生，為了學習佛教和理解回佛之間的關係來到泰國。十八年前我剛來泰國的時候，穆斯林是沒有權力的，但是現在泰國的佛教徒已經有不一樣的看法，他們不再對伊斯蘭教有這樣的誤解了。我任職於天主教大學的宗教系所，主要是研究伊斯蘭教及佛教的議題，而我的院長、同事的信仰都不一樣，這主要是因為佛教的關係，佛教徒教導我們怎麼樣容忍、接受對方，所以我們才會擁有這樣的組合。因此，現在我想藉此來談回佛合作如何達成對地球的療癒。

先知穆罕默德說：「這世界是綠色美麗的。真主只派你作為信託人，看你如何回應。」我現在要跟各位報告的部分，是一段東南亞間的宗教關係，回佛在當地有什麼樣

的生態危機？回佛有什麼問題？如何合作？回佛如何對地球的療癒作出貢獻？

　　在印度、馬來西亞、汶萊等地穆斯林比例極高，緬甸、泰國、新加坡、寮國則較少。東南亞的穆斯林有很多種族，有不同語言、不同文化、不同種族，他們都跟印度教徒、佛教徒、基督教徒，共同生活在一起。就我觀察回佛之間在東南亞的關係，他們是能夠互相生活在一起的，只是他們之間很少有對話，頂多是在市場、商業上面的互動。之所以沒有對話，是因為不認為有其必要性，那麼泰國的穆斯林與佛教徒彼此是如何看待對方呢？他們彼此都認為對方是非教徒、多神論、不淨的，這是很傳統的錯誤觀點，這其中有很多的無知和不瞭解。早期在中亞，因為穆斯林曾對佛教徒進行大屠殺，使其消失好一陣子；後來，巴米揚大佛被毀掉時，大家對穆斯林的印象更不好。但是其實在七世紀及十二、三世紀，就有回佛的社區，在巴基斯坦也有一些佛教的蹤影。他們認為佛教徒是相當具有包容性的，對生活有正面的態度，同時也有證據顯示先知認為佛教徒是慈悲的。傳統穆斯林學者根據比較宗教學，他們發現佛陀是尋求覺悟的行者，在伊斯蘭世界裡認為佛陀是一個先知者。可是為什麼《古蘭經》裡面沒有提到佛陀呢？是因為他們認為每個宗教都有自己的疆界，在過去通訊難以流通的情況下，提到佛陀可能會讓穆斯林有所誤解，所以其實伊斯蘭教對佛陀是非常尊敬的。

　　東南亞的生態近年來處在危機之中，很多東南亞國家的經濟高度發展，導致工業污染嚴重，而這對於生態是很不好的，所以大家逐漸認識此議題，很多環保團體、佛教

團體也都開始介入環保的問題。一般大眾沉迷於物質享受，造成很多負面的衝擊和浪費，例如有很多的雨林漸漸消失、豐富的水資源也被污染了。二十一世紀都市人口的高密度成長，加上經濟、都市不斷地發展，導致生態環境愈來愈惡化，即使是擁有豐富雨林生態的印尼也是如此。野生動物的絕種、水旱災的發生、環境的惡化、疾病的產生，對此，伊斯蘭教的看法又是什麼呢？

《古蘭經》認為這些都是因為人的貪婪所造成的，因此，人類要負起此責任。然而大家的態度是兩極化的，在伊斯蘭教的世界有一部分的人認為環境是給我們享用的，另一部份則認為我們應該善待環境對此負起責任。所以，伊斯蘭應該要發展新的態度，要對地球有更多好的連結，我們可以對先知穆罕默德的想法來重新詮釋，秉持尊重的態度，對《古蘭經》有新的解讀，接受環保相關的新訊息，了解環境的改變，對科學技術應用也要有新的看法。我們對自然要有更多的關懷，也要注意資源傷害的問題。伊斯蘭認為真主創造宇宙交到人的手上，讓人代表真主，人類便是真主的信託。因此，我們應該對宇宙有所關懷，要有好的行為，對萬物有更好的照顧。《古蘭經》中有提到人不能傷害萬物結構，而要保持與自然的平衡，所以我們應該尊重真主的要求，對大自然的萬物善加保護。

回佛之間要怎麼樣才能對環境保護產生好的影響呢？我們必須共同負擔起這個責任，我們必須用宗教的力量，以宗教為基礎對非宗教的人進行良好的影響。宗教間必須有彼此平等的理念，穆斯林要改變對佛教負面的想法，並且要學習佛教的容忍；那佛教的出家人，也要能夠以入世

的想法教育大眾，對於環保這個議題的緊急需求要有所了解。透過各宗教的NGO組織來讓大家有所共識，藉由回佛對談的管道將此話題開啟。佛陀與先知，回佛之間對生態的危機皆展現出強烈的關懷，各自為政並非好辦法，而是應該對此挑戰，要共同攜手面對。

　　阿拉的使者說：「大眾要手牽手強化個人的力量，以此補足對方的弱點，打從心底互相尊重、信任。」我們應該共同對生態問題進行彌補，對於環保的作法建議，我們也可以來推動，讓回佛和其他宗教連結合作，共同為地球謀福利。

珍‧裘任‧貝斯

　　很多人被原子彈直接或間接地造成傷害，那種實質的污染對地球環境造成毀滅性的破壞。今天我們的對話有不同的討論，很多不同宗教文化共同面對面，其實這樣的作法，對於我們共同分享的地球有好的影響、避免惡化。請您看看您的週遭，您的眼睛所及都來自地球資源，無論是桌子、椅子、紙、衣服，還是使用金屬製造的手機，或是用石油做出的塑膠都來自地球；我們吃的用的、無以計數的東西都是。沒有水、沒有樹、沒有氧氣，我們都會死亡，沒有一個人可以不需要地球而能生存，我們死了之後也是回歸地球，重新滋養我們的土地和眾生。佛陀教導我們：每一個創造體都是互相依賴、不可分割的；而伊斯蘭也有這樣的講法。我們人的身體其實存在著很多生命，有十個十五次方的生命生活在我們每一個人的身體中，有細胞數目十倍以上的細菌在我們身體裡，很多細菌是有益

的，有數以萬計的細菌都互相依存。

在我十二、三歲的校外教學時進入閃閃發光的聯合國，大家都很興奮，聯合國不是一個寺院、教堂或是清真寺，但卻是一個神聖的地方，因為它以我們生存互相依賴不可分割的原則真理，在危機中建立起來的。以禪宗來說，我們有三具淨戒，跟伊斯蘭基本原則是一樣的：不殺生以滋養萬物、不偷盜以互相尊重、不要輕易奪取別人的東西，不貪婪，要施捨。物質如此，精神如此，個人也如此，國家更是如此，我們有責任要幫助其他未開發國家，不要再製造核子試爆，富裕國家有責任提供乾淨的能源，提供健康的食物和乾淨的水、避免暴力。聯合國的網站雖然做得很好很漂亮，但卻並未提出對於女性、孩童的權力申張，可是卻沒有談到孩童受迫害的問題，有些孩童被迫參加戰爭，或是作為人肉炸彈。開發中的國家也有相同的責任，我們都不應該以自我為中心，人類的活動會影響地球，對其造成傷害，這個事實越來越清楚了。我去年在中國及印度的時候，感覺空氣跟我居住的洛杉磯一樣烏煙瘴氣，這造成很多孩童支氣管的問題，而北京、新德里都有這樣嚴重的污染。之前，只有抽煙的人肺是黑色的，一般人都是粉紅色的，但是現在每個住在城市的人肺都是灰色或黑色的。我們不能再忽視這樣的傷害了，並必須共同分擔這樣的責任。我們都開車，亂丟紙張，用很多染料污染環境，我早上在這個房間發現大家丟棄的塑膠杯、塑膠袋，想想看，我們昨天就製造了多少垃圾？

禪修時，我們就發現這些問題，重點是我們如何作好的選擇？還是逐漸走向地獄？就像印帝耶茲·尤斯福教授

所提到的，這世界是綠色美麗的，先知將世界交到你的手上，希望你做一些好的行為，同時觀察你的作為。所以，我們每個人都必須負起對地球的責任。大部分年輕人來我們的禪修中心時，對於自然界都了解不多。因此，早上就讓他們上生態課，學習相關知識。我們最近就學到，有專家指出，若將太平洋裡的垃圾收集堆集起來，會形成一個塑膠島，面積比整個美國還大。這是因為太平洋沿岸國家生產很多垃圾，大部分都不能做生物分解，這些不能被分解的垃圾對浮游動物傷害很大，而海洋的垃圾比浮游生物多出七倍，大量傷害到整個生物鏈。人類也在不知不覺之中受到了污染的傷害。我是一位小兒科醫生，我發現有些小女孩八歲就進入青春期、男性精子數量也愈來愈少，整個生態系統都變得不平衡。很多塑膠垃圾，例如DDT、PCP都是有毒的，海洋生物吃了這些，我們又吃這些海洋生物，我們也被毒害了，這都是互相有聯結的。當我們在污染地球、空氣、海洋的同時，也是在毒害我們自己後代子孫。

現在，我們道場的朋友就有共識要大量減低這些塑膠物，盡量使用環保用具，減少垃圾。這是一個開始，剛開始要習慣是很困難，但是至少要開始推動。聯合國有推動很多全球環保計畫，我希望更多伊斯蘭教、佛教組織能夠加入，且共同努力，否則難以達到健康的地球家，也難以對地球資源有所保護。

娜娃‧阿邁兒

　　我從哲學框架中來談談我的看法，伊斯蘭教對生態療癒及地球權利有什麼貢獻？在全球的伊斯蘭教國家有超過二十個武裝衝突，這些國家的出生率只比一般國家多出一個百分點，開羅的污染相當嚴重，因此，穆斯林對於環境保護的急迫性是可以了解的，有人認為生態危機是真主所說的已到了審判的末日，有人不以為然，這是極具有爭議性的。我自己並不認為生態危機是地球終止日的到來。八〇年代初期就有學者提到，啟示裡面的預言便已提出很多的法則，《古蘭經》中寫道：「阿拉真主不會改變人的狀況，除非人自己改變。」我們聽到印帝耶茲‧尤斯福教授的講法，更深覺的確在於「人為」，端看人類的作法是怎麼樣進行的。

　　關於整個地球的療癒，我們到底能不能有平衡正義的作法？很多作法都是一個挑戰，穆斯林又要如何保持平衡呢？其實就端看我們怎麼貢獻。要如何保持地球的平衡，並同時可以享用之，其作法是我們必須來研究的。《古蘭經》有提到金錢跟孩童是生命中美好的事物，必須要傳承到下一代。另外，《古蘭經》也有提到穆斯林對地球療癒能夠有所貢獻的，例如：「自然萬物是平等的」的觀念。伊斯蘭的二元論包含有神論、非神論，有神論是談到萬物的創造者真主阿拉，非神論是講到人類、大自然和動植物，而這兩者之間的關係是平等且互相關連的。《古蘭經》對此有充分的闡述，裡面有提到真主的一面，也有萬物的一面，所有的生物都是從水這個共同的來源所創造出來的，而創造是有目的、有功能、有次序的。真主創造萬

物都有其理由，《古蘭經》裡有解釋，先知穆罕默德說：
「接近麥加的屋哈聖山，這山愛我們，我們也必須愛它；
我們也要愛護樹，對它祝福。」人是被眞主創造出來，所
以要接受眞主交付的責任，對於地球萬物都要有責任，人
和萬物都是眞主創造的、都是平等的，所以不是互相獨
立，而是互相依賴的。《古蘭經》提及宇宙是平等的觀
點，生物萬物都是平等的，環境是互相連接的，也有提到
人類要如何動作反應，在人群中必須有秩序，對整體行爲
要負起責任。如果見證到罪惡，要用手用心用嘴來進行改
善。這些其實都是有關於「正義」的，阿拉也談到正義，
要有好的行爲、禁止罪惡，而這些正義的議題其實都是有
相關性的。很多穆斯林社區有暴亂，或是受到歧視，這都
是不對的。2006年的歐洲伊斯蘭論壇中就有討論到，其實
伊斯蘭教有要求大家維持一個平衡、互相瞭解的觀點。
《古蘭經》也有提到中道、平衡，我們必須保持正義、採
取中道；維持自然界的平衡，不要過渡消費，這些都是
《古蘭經》有提到的。關於中道，便是指不要浪費，要珍
愛萬物，不要極端等等，這些都是非常重要的觀點。總
之，我們要推動下一代的道德觀，去除人爲中心的思想，
對萬物要充滿珍惜與愛護的精神。

娜娃・阿邁兒

　　我個人認為，伊斯蘭教國家裡有很多團體投入金錢的資助去關心地球生態的問題，也提出很多觀點來做研究，特別是對於水、疾病、沙漠土壤的科學研究等議題；除此之外，也有對埃及、黎巴嫩等國進行該地的環境研究。伊斯蘭並不是唯一的力量，但是目前伊斯蘭還沒有跟其他團體有很多的互動，因此，我們必須創造出一些具有草根性的運動，讓大家能共同努力配合，這是我們有待加強的部份。但是在伊斯蘭領導這個層次，其實有很多人做了環境保護的實質工作。

珍・裘任・貝斯

　　娜娃・阿邁兒教授說得很好，伊斯蘭對事物上有很多不同的解讀，但是我們有時候只關注在以人為中心的議題；事實上，關於自然、保護自然，在伊斯蘭的看法中，有很多清楚的教導和指示，絕對不要破壞樹、破壞地球上的資產，要愛護山川萬物，要即時行善，要用永續經營的概念來保護地球。我們和環境是習習相關的，不論是真主還是佛陀都提到要人類愛護環境的理念，這也是我們回佛要合作的重要工作，也希望在座的各位在今後能為這方面、為地球的未來繼續努力。謝謝大家！

（全文摘錄整理於2008年9月3日至4日紐約聯合國總部「回佛對談」會議記錄。）

回佛對談紀實❷

迴響 Responding

國家圖書館出版品預行編目資料

迴響：回佛對談紀實／釋了意主編．
——初版.——
臺北縣永和市：靈鷲山般若出版：靈鷲
山般若出版，2009.11　　面；　公分
ISBN 978-986-6324-01-7（精裝）
1.宗教 2.文集
207　　　　　　　　　　　98019407

主　　編	釋了意
責任編輯	范旭丹、鄭芷芸
助理編輯	孫天牧
潤　　稿	釋鴻持、陳俊宏、楊甯
翻　　譯	章明儀、孫天牧
封面設計	王鳳梅
美術設計	王鳳梅
資料‧圖片提供	靈鷲山文獻中心、國際事務部、靈鷲山攝影組義工

法律顧問	永然聯合法律事務所
發 行 人	楊麗芬
發　　行	地球書房文化事業股份有限公司
出 版 者	財團法人靈鷲山般若文教基金會附設出版社
地　　址	23444台北縣永和市保生路2號17樓
電　　話	（02）2232-1008
傳　　真	（02）2232-1010
網　　址	www.093.org.tw

印　　刷	沈氏藝術印刷股份有限公司
電　　話	（02）2270-6161～5
傳　　真	（02）2270-6110

總 經 銷	成信文化事業股份有限公司
地　　址	23148台北縣新店市中正路四維巷二弄2號4樓
電　　話	（02）2219-2080
傳　　真	（02）2219-2180

劃撥帳戶	地球書房文化事業股份有限公司
劃撥帳號	19888178
初版一刷	2009年11月
定　　價	280元
I S B N	978-986-6324-01-7（精裝）